निराला का गद्य साहित्य और स्वाधीनता की चेतना

निराला का गद्य साहित्य और स्वाधीनता की चेतना

डॉ. नन्दिता सिंह
एम.ए. डी. फिल.

लोकभारती प्रकाशन
पहली मंजिल, दरबारी बिल्डिंग, महात्मा गांधी मार्ग, इलाहाबाद-1

लोकभारती प्रकाशन
पहली मंजिल, दरबारी बिल्डिंग, महात्मा गांधी मार्ग
इलाहाबाद-211 001
वेबसाइट : www.lokbhartiprakashan.com
ईमेल : info@lokbhartiprakashan.com
शाखाएँ : 1-बी, नेताजी सुभाष मार्ग, दरियागंज
नई दिल्ली-110 002
अशोक राजपथ, साइंस कॉलेज के सामने
पटना-800 006 (बिहार)

प्रथम संस्करण : 2012

इण्डियन प्रेस प्राइवेट लिमिटेड
इलाहाबाद-211002 द्वारा मुद्रित

NIRALA KA GADYA SAHITYA AUR
SWADHINTA KI CHETNA
by Dr. Nandita Singh

ISBN : 978-81-8031-710-1

मूल्य : ₹ 350

आदरणीय स्वसुर
श्री राजबहादुर सिंह जी
को
अत्यन्त श्रद्धा के साथ

विषय-सूची

भूमिका

निराला के व्यक्तित्व में एक आश्चर्यजनक अन्तर्द्वन्द्व वर्तमान है। वे आधुनिक हिन्दी साहित्य के शीर्ष छायावादी कवि हैं और छायावादी कविता का विश्लेषण करनेवाले अधिकांश आलोचक उनकी अन्तमुर्खता, उन्मुक्त दिवास्वप्नों से मण्डित कल्पनाशीलता-जैसी प्रवृत्तियों का विश्लेषण करते हैं। इन सबको ध्यान में रखकर यदि निराला के गद्य साहित्य का अध्ययन किया जाय तो इन तत्त्वों के ठीक प्रतिकूल निराला के निबन्धों, उपन्यासों तथा कहानियों में प्रखर ओजस्विता, बहिर्मुख सामाजिकता, समाज के यथार्थपरक संकटों को झेलने तथा उसके लिए समाज को तैयार रखने के साथ-ही-साथ घोर यथार्थवादी चेतना दिखायी पड़ती है। निराला का यह बहिर्मुख व्यक्तित्व उनके गद्य साहित्य में सर्वत्र दिखायी पड़ता है। निराला का बहिर्मुखी व्यक्तित्व उनकी काव्य रचनाओं में भी कहीं-कहीं झलकता है किन्तु हिन्दी के आलोचक यदि निराला की कविता का विश्लेषण गद्य साहित्य में अभिव्यक्त, उनकी मनोधारा के साथ जोड़कर करें तो उनकी क्रान्तिकारी छवि कुछ और बनती दिखायी पड़ती है अर्थात् एक वह निराला जो छायावाद की अन्तर्मुखता के अन्तर्गत रहकर भी उसके बाहर हैं।

निराला के व्यक्तित्व में वर्तमान इस अन्तर्द्वन्द्व का मूल कारण उनकी अपनी विवेक शक्ति तथा सामर्थ्य है जो उन्हें बराबर आत्मनिर्णय के लिए प्रेरित करती रही है। निराला स्वविवेक से प्रेरित आत्म निर्णयों को अपने सृजन तथा जीवन दोनों के लिए आधार बनाते हैं। यहीं से, उनकी स्वाधीनता की चेतना का आरम्भ होता है। इस प्रकार, स्वाधीनता की चेतना जैसे उनको नैसर्गिक धरोहर के रूप में प्राप्त हुई है। निराला के गद्य साहित्य में स्वाधीनता की चेतना का स्वरूप-विषयक यह कार्य हिन्दी विभाग, इलाहाबाद विश्वविद्यालय की ओर से मुझे डी. फिल्. शोध के निमित्त सौंपा गया था, जिस पर सन् 2002 में (डी. फिल्.) उपाधि प्राप्त हुई।

प्रस्तुत शोध प्रबन्ध, निराला के सृजनधर्मी व्यक्तित्व तथा कृतित्व के अध्ययन का प्रयास है। शोध प्रबन्ध का शीर्षक है—"निराला के गद्य साहित्य में स्वाधीनता की चेतना का स्वरूप" और इस प्रबन्ध के माध्यम से मुक्तिकामी निराला के गद्य साहित्य के अध्ययन का विशेष अवसर प्राप्त हुआ है। इस प्रकार, यह अध्ययन निराला के गद्य साहित्य में वर्तमान उनके मुक्तिकामी व्यक्तित्व के विश्लेषण का एक प्रयत्न मात्र है।

शोध प्रबन्ध के **प्रथम अध्याय** के अन्तर्गत स्वाधीनता और स्वाधीनता की चेतना का विस्तारपूर्वक अध्ययन करने का प्रयत्न किया गया है। स्वाधीनता की अवधारणा

का अध्ययन करते हुए निराला के देशकाल में वर्तमान सम्बन्धित सन्दर्भों का विवेचन किया गया है। इस विवेचन का मन्तव्य यह बताना है कि निराला स्वयं उन सबसे कैसे जुड़े हैं; विशेष रूप से, निराला के जीवन काल की राजनीतिक स्वाधीनता के आन्दोलन, साम्प्रदायिक संघर्ष, किसान, मजदूर तथा नारी जाति की दासता तथा शिक्षा, अखबार एवं संचार माध्यमों आदि की स्थितियों पर भी प्रकाश डाला गया है, ताकि स्वाधीनता के मन्तव्य की भलीभाँति व्याख्या की जा सके।

इसी के साथ ही, इस प्रथम अध्याय में निराला के स्वाधीनता प्रेमी व्यक्तित्व का विश्लेषण करते हुए उनके गद्य साहित्य का भी संक्षिप्त परिचय भी दिया गया है।

अध्याय दो के अन्तर्गत निराला के गद्य साहित्य में व्यक्त स्वाधीनता की चेतना विषयक मान्यताओं और उनके वैचारिक स्वरूपों का अध्ययन किया गया है। निराला साहित्य में राजनीतिक, आन्तरिक एवं बाह्य स्वाधीनता के सन्दर्भों का अनेकशः उल्लेख है। वे सामूहिक तथा वैयक्तिक स्वाधीनता पर भी विचार करते हैं। उनका विशेष दबाव वैचारिक स्वाधीनता पर है, जिसे वे स्वस्थ नागरिकता का लक्षण मानते हैं। निराला के सम्पूर्ण गद्य साहित्य के चिन्तन के बाद उनकी स्वाधीनता विषयक अवधारणा के सात पक्ष बनते हैं—

जनता का निर्णय, जातिविहीन व्यवस्था, आध्यात्मिक समतावाद, हिन्दू-मुस्लिम भेदभाव की समाप्ति, छुआछूत तथा वर्णभेद की समाप्ति, नारी जागरण और स्वाधीन राष्ट्र की अपनी राष्ट्रभाषा।

अध्याय तीन के अन्तर्गत उनके निबन्ध साहित्य में अन्तर्निहित उनकी स्वाधीनता की चेतना के विविध पक्षों का विश्लेषण किया गया है। भारतीय नेता, राजनीति तथा भारतीय जनता, सरकार और स्वाधीनता, कृषक एवं श्रमिक मुक्ति, अन्तरराष्ट्रीय राजनीति और भारत, नारी जागरण, राष्ट्रभाषा आदि जैसी समस्याओं को उनके निबन्धों के माध्यम से विश्लेषित किया गया है। यही नहीं, उनके साहित्यिक निबन्धों द्वारा उनके मुक्तिकामी सृजनधर्मी व्यक्तित्व का भी इसी अध्याय में विश्लेषण है।

अध्याय चार में स्वाधीनता की चेतना तथा निराला के कथा साहित्य का विश्लेषण किया गया है। उनकी कहानियों में स्वाधीनता के चार पक्ष विशेष रूप से व्यक्त हैं—राजनीतिक स्वाधीनता, सामाजिक स्वाधीनता, धार्मिक स्वाधीनता और आर्थिक स्वाधीनता।

अध्याय पाँच का मन्तव्य निराला के उपन्यास साहित्य में अभिव्यक्त उनकी स्वाधीनता की चेतना का विश्लेषण करना है। निराला के उपन्यास साहित्य में नारी विषयक स्वाधीनता की मान्यताएँ विशेष रूप से प्रबल बनकर प्रकाश में आयी हैं। भारतीय नारी मुक्ति के विविध सन्दर्भों को निराला ने अपने साहित्य में विस्तारपूर्वक रखा है और बताया है कि नारी मुक्ति आधुनिक भारतीय समाज की सबसे गम्भीर समस्या है। उनके उपन्यासों में राजनीतिक स्वाधीनता के विविध पक्षों का विश्लेषण करते हुए उनकी क्रान्तिकारी चेतना पर अधिक बल दिया गया है। इसके अतिरिक्त धर्मान्धता, रूढ़ियों और अन्य पाखण्डपूर्ण व्यवस्थाओं से मुक्ति की भावना इन

उपन्यासों में विस्तारपूर्वक अभिव्यंजित है। यह अध्याय निराला के उपन्यासों में इंगित मुक्ति चेतना के विविध पक्षों का विश्लेषण प्रस्तुत करता है।

अन्त में, **उपसंहार** के अन्तर्गत निराला की मुक्तिकामी चेतना और गद्य साहित्य में उसकी अभिव्यक्ति से सम्बन्धित सम्पूर्ण निष्कर्षों को रखने का प्रयास किया गया है। यहाँ निष्कर्ष रूप से बताया गया है कि—

1. निराला को स्वाधीनता की चेतना-जैसी प्रवृत्ति जन्मजात संस्कार रूप में मिली थी। वे सर्वत्र अपने जीवन, काव्य तथा गद्य साहित्य में स्वविवेकानुसार सोचे-समझे निर्णयों को स्थापित करने के पक्षधर हैं।

2. वैचारिक स्वाधीनता निराला के चिन्तन तथा सृजन की मूलपीठिका है।

3. निराला भारतीय स्वाधीनता के सन्दर्भों को दुहरे अर्थों में लेते हैं—प्रथम देशमुक्ति तथा द्वितीय देश की जातीय दासता, अशिक्षा, अज्ञान, जातिवादी दुर्व्यवस्था, सामन्तवादी एकाधिकार, नारी पराधीनता से मुक्ति आदि।

4. निराला के जीवनकाल में दो वर्ग प्रमुख थे—एक था, आतंकित करनेवाला जैसे-विदेशी अंग्रेज, उनका प्रशासन, सामन्त, जमींदार तथा उनके लठैत और कारिन्दे तथा दूसरा था, आतंकित वर्ग-जैसे कृषक, मजदूर, नारी जाति तथा प्रजावर्ग। निराला इस द्वितीय वर्ग तथा पुलिस तथा प्रशासन से प्रथम वर्ग से मुक्ति चाहते थे। यही नहीं, उनकी मुक्ति की अवधारणा का सन्दर्भ था—इस उपेक्षित तथा दलित वर्ग को समाज रचना की केन्द्रीय धुरी में रखना।

कुल मिलाकर, निराला की स्वाधीनता की चेतना के अन्तर्गत भारत की पीड़ित तथा आतंकित जनसमुदाय की मुक्ति की भावना का सन्दर्भ वर्तमान है। वे मुक्ति के बाद स्थापित भारतीय समाज को भारतीय संस्कारिता के रंग में रंगने के पक्षधर हैं। निराला कभी भी पश्चिमी संस्कारों के पक्षधर नहीं रहे। उनके अनुसार भारतीयता की मूल चेतना त्याग तथा श्रेष्ठ मानवीय मूल्यों की स्थापना है, अर्थसंचय नहीं।

हिन्दी विभाग के अन्तर्गत गुरुवर प्रो. डॉ. सत्यप्रकाश मिश्र एवं प्रो. डॉ. राजेन्द्र कुमार जी ने मुझे इस विषय पर शोध के निमित्त विभाग की विदुषी डॉ. निर्मला अग्रवाल के निर्देशन में सौंपा था। उन्होंने नितान्त आत्मीयता तथा निष्ठा के साथ मुझे इस कार्य को आगे बढ़ाने तथा व्यवस्थित अध्ययन के निमित्त निर्देशित किया, उसके लिए मैं, उनके प्रति अत्यन्त आभारी हूँ। विभाग के अन्य गुरुजनों में प्रो. रामकिशोर शर्मा, हिन्दी विभाग के प्रति भी आभारी हूँ—जिन्होंने समय-समय पर आये अवरोधों को दूर करने में मेरी मदद की है। मेरे स्वसुर आदरणीय श्री राजाबहादुर सिंह तथा आदरणीया सास श्रीमती राधा सिंह तथा परिवार के समस्त आत्मीयजनों ने अत्यन्त आत्मीयतापूर्वक मुझे इस शोधकार्य के लिए अवसर प्रदान किया, मैं उन सभी के प्रति हृदय से आभार प्रकट करती हूँ।

मेरे पिता प्रो. डॉ. योगेन्द्र प्रताप सिंह तथा माँ श्रीमती अवधेश कुमारी जी से समय-समय पर जो सहायता प्राप्त हुई है, उसके लिए मैं उनके प्रति आजीवन ऋणी

हूँ। मेरे पति श्रीमान् शरद सोमवंशी जी का अध्ययन के प्रति निरन्तर प्रोत्साहन, मेरा मार्ग प्रशस्त करता रहा है।

अन्त में, इस शोध प्रबन्ध में सहयोग करनेवाले उन समस्त बन्धुओं के प्रति कृतज्ञता व्यक्त करता हूँ, जिनकी कृपा मेरे प्रति बराबर बनी रही है।

दिनांक 26 जनवरी, 2012 —नन्दिता सिंह

37/16 मुल्ला का हाता
स्टैनली रोड, इलाहाबाद

प्रथम अध्याय

स्वाधीनता का अर्थ और विश्लेषण

स्वाधीनता शब्द के लिए हिन्दी में स्वतन्त्रता, अपराधीनता, मुक्ति आदि अर्थ दिये हैं। अंग्रेजी में से इसके लिए दो शब्द के प्रयोग मिलते हैं, लिबर्टी (Liberty) तथा फ्रीडम (Freedom)। यद्यपि दोनों शब्दों को प्रायः समानार्थी बताया गया है फिर भी दोनों की विभिन्नताओं की ओर पश्चिम के विद्वानों ने ध्यान आकर्षित किया है।[1]

फ्रीडम (Freedom) का प्रयोग सामाजिक सन्दर्भों से जुड़ी सामूहिक स्वतन्त्रता के लिए है—जैसे राजनीतिक, जातिगत स्वतन्त्रता आदि।

लिबर्टी (Liberty) इस शब्द का प्रयोग वैयक्तिक एवं सामाजिक दोनों सन्दर्भों से जुड़ा है फिर भी, यह सैद्धान्तिक स्तर पर वैयक्तिक स्वतन्त्रता का वाचक शब्द है।[2]

संस्कृत में स्वतन्त्रता के लिए शब्द हैं, स्वाधीनता, स्वायत्तता तथा अपराधीनता और यहाँ इस प्रकार का सामाजिक तथा वैयक्तिक विभेद नहीं किया गया है। सामान्य रूप से भारतीय सन्दर्भ में स्वाधीनता का अर्थ है, बिना किसी बाह्य दबाव के स्वविवेकानुसार निर्णय लेने की वैयक्तिक या सामूहिक मनोवृत्ति। हम इसे स्वविवेक के निर्णय के रूप में इंगित करते हैं, यद्यपि इस बिन्दु पर पर्याप्त मतभेद हैं क्योंकि विवेकानुसार निर्णय करने की जिस मानसिक धारणा की बात हम करते हैं, उसके पीछे अनेक सन्दर्भ तथा संस्कार छिपे हुए हैं और वे तत्त्व हमारे निर्णय को अनेक रूपों में प्रभावित करते हैं। मनुष्य के निर्णय लेने की सामर्थ्य के विषय में नीति, दर्शन, सामाजिक व्यवस्था, मनोविज्ञान, आर्थिक-सामाजिक परिवेश तथा परम्परावाद आदि ऐसे सन्दर्भ हैं जो व्यक्ति के 'स्व' को प्रभावित करते रहते हैं। इसी के साथ ही, व्यक्ति के अपने स्वार्थ और अपनी प्रासंगिकताएँ भी उनके 'स्वनिर्णय' को नियोजित करती हैं। वैयक्तिक स्तर पर भी इसी प्रकार के सन्दर्भ देखे जा सकते हैं और कुल मिलाकर आत्मानिर्णय के पीछे सामूहिक तथा वैयक्तिक स्तर पर 'मुक्ति' की अवधारणा का विशेष महत्त्व है। मार्क्सवादी दर्शन कोश[3] के अन्तर्गत 'स्वतन्त्रता' को सामान्य अर्थ में लेते हुए उसके पाँच स्वरूपों की चर्चा की गयी है—

1. प्रत्ययवादियों के अनुसार स्वतन्त्रता मानव जाति का मुक्त संकल्प है, यह (संकल्प) कार्य करने की सम्भावनाओं से उपजता है।

2. अस्तित्ववादियों के अनुसार अतिआत्मवादी अवधारणा है अर्थात् जिसका सम्बन्ध नितान्त अपनेपन से है।

क्योंकि बाह्य परिस्थितियों के कारण उन पर उनका कोई असर नहीं पड़ता है। मनुष्य का निर्णय परिस्थितियाँ निर्धारित करती हैं—और उसका विवेक उन्हीं परिस्थितियों की उपज है।

4. हीगेल के अनुसार आवश्यकता तथा स्वतन्त्रता की द्वन्द्वात्मक एकता से मुक्त के निर्णय निर्धारित होते हैं और वे परस्पर एक-दूसरे से सम्बद्ध हैं।

5. साम्यवादी चिन्तन-स्वतन्त्रता का अपना भिन्न अर्थ लेता है। उसके अनुसार जीवन की विविध अवस्थाएँ जो अन्ध-प्राकृतिक शक्तियों के रूप में हावी रहती हैं—वे सभी मनुष्य के नियन्त्रण में आ जाती हैं और फिर उन पर नियन्त्रण डालकर आवश्यकता के क्षेत्र में छलांग लगायी जा सकती है—इसको और भी स्पष्ट करते हुए साम्यवादी चिन्तकों ने बताया कि—

"यह सब लोगों को, वस्तुगत नियमों को, अपने कार्यकलापों को, अपने वस्तुगत नियमों को, अपने व्यावहारिक क्रियाकलापों में लाने की, समाज का विकास विवेकसंगत तथा व्यवस्थित ढंग से निर्देशित करने की—

समाज तथा प्रत्येक व्यक्तित्व के सर्वतोमुखी विकास के लिए यानी कम्युनिस्ट समाज के आदर्शों के रूप में सच्ची स्वतन्त्रता को मूर्त रूप देने के लिए—

सारे आवश्यक भौतिक और आत्मिक पूर्वाधारों (साम्यवादी व्यवस्था के अन्तर्गत व्यवस्थित) का निर्माण करने की सम्भावना प्रदान करता है।[4]

इस प्रकार 'स्वाधीनता' समाज द्वारा निर्धारित व्यवस्थित समाज रचना के मानकों की स्थापना में पूर्वाग्रहरहित, स्वविवेकसम्मत व्यक्तिगत तथा सामूहिक निर्णय है।

भारतीय लोकतन्त्र संवैधानिक स्वतन्त्रता के अन्तर्गत प्रत्येक नागरिक को धर्मनिरपेक्ष, भेदभाव-रहित तथा बिना किसी दबाव के समता तथा समानता, न्याय एवं अभिव्यक्ति की सार्वजनीन स्वतन्त्रता की अवधारणा को इससे आबद्ध करता है। लोकतान्त्रिक व्यवस्था की दृष्टि से स्वतन्त्रता का यही अर्थ है।

पश्चिम के विचारकों में स्वतन्त्रता के विषय में प्रो. लास्की का मत विशेष महत्त्वपूर्ण माना जाता है। उन्होंने बताया है कि—"स्वतन्त्रता से मेरा अभिप्राय है कि व्यक्ति समाज में उस वातावरण को स्थापित कर सके जिसके अन्तर्गत सारे समाज के मनुष्य अपनी पूर्णता का अवसर प्राप्त कर सके।"

"By liberty I mean the eager maintenance of that atmosphere in which men have the opportunity to be there bestselves."[5]

सामान्य रूप से स्वाधीनता के अन्तर्गत वैयक्तिक तथा सामाजिक व्यवस्था के क्रम में अधोलिखित सन्दर्भ आते हैं—

1. सामाजिक स्वाधीनता
2. वैयक्तिक स्वाधीनता
3. नागरिक स्वतन्त्रता
4. आर्थिक स्वतन्त्रता

सामाजिक स्वाधीनता का दायरा बहुत बड़ा ही व्यापक है क्योंकि समाज रचना के सम्पूर्ण आदर्श जिसमें वैयक्तिक स्वाधीनता में स्वयं समाहित है, इसके वृत्त को निरन्तर व्यापक बनाते रहते हैं, नागरिक तथा आर्थिक स्वतन्त्रता मूलतः सामाजिक स्वतन्त्रता के अन्तर्गत अन्तर्भुक्त किये जा सकते हैं। सामाजिक स्वाधीनता के अन्तर्गत ये बातें आती हैं—

समाज की सामाजिक रचना के लिए—

(क) पूर्वाग्रहों एवं पुरातन रूढ़ियों से मुक्ति

(ख) भौतिक, व्यावहारिक एवं बौद्धिक अवरोधों के विरुद्ध मुक्ति के वातावरण का निर्माण

(ग) नैतिक स्वतन्त्रता

(घ) राष्ट्रीय स्वतन्त्रता

(ङ) अन्तरराष्ट्रीय स्वतन्त्रता

(च) नागरिक स्वतन्त्रता

(छ) आर्थिक स्वतन्त्रता

वैयक्तिक स्वाधीनता का सन्दर्भ इस प्रकार है—

(क) स्वार्थ के दबाव का अभाव

(ख) निर्भयता

(ग) निर्णय लेने की सामर्थ्य

(घ) अभिव्यक्ति की स्वाधीनता

(ङ) आजीविका चयन एवं निर्वाह की स्वतन्त्रता अर्थात् आर्थिक स्वतन्त्रता

(च) सांस्कारिता से मुक्ति

स्वाधीनता तथा मुक्ति की अवधारणा

वैयक्तिक तथा सामाजिक स्वाधीनता का सर्वाधिक महत्त्वपूर्ण पक्ष मुक्ति की चेतना है क्योंकि स्वाधीनता का स्वरूप मुक्ति से इंगित होता है किन्तु इस मुक्ति के पीछे 'निर्णायक की इच्छाशक्ति' के स्वरूप को देखना अत्यन्त आवश्यक है। स्वविवेकानुसार निर्णय की इच्छा शक्ति तथा लिया गया निर्णय का सम्बन्ध स्वाधीनता या मुक्ति से है। इस निर्णय में नैतिक शक्ति आवश्यक है। मुक्ति के स्वरूप में यदि नैतिक नियन्त्रण शक्ति तथा सद्-असद् का विवेक नहीं होगा तो वह स्वाधीनता उच्छृंखलता की श्रेणी में पहुँच सकती है। इसीलिए स्वाधीनता को परिभाषित करते हुए चिन्तकों ने मुक्ति के स्वरूप के पक्ष पर भी विचार किया है। स्वतन्त्रता के विख्यात विचारक प्रो. मैकेन्जी कहते हैं कि—

"Freedom is not the absence of all restrains but rather the substantial of rational ones for irrational."[6]

इस प्रकार, स्वाधीनता अविवेकपूर्ण प्रतिबन्धों पर विवेकपूर्ण मुक्ति है।

सामान्यतया मुक्ति का सन्दर्भ व्यापक, उदार तथा मानवीय समाज रचना के अनुकूल व्यक्ति के विवेकपूर्ण निर्णय की अवधारणा से सम्बन्धित है और यहाँ

स्वाधीनता के साथ जिस मुक्ति की चर्चा की जाती है, वह जड़ीभूत, संस्कारग्रस्त, पुरातन, अविवेकपूर्ण, साम्प्रदायिक तथा जर्जर मान्यताओं से सम्बद्ध है।

इस प्रकार, स्वाधीनता की अवधारणा किसी देश की भौगोलिकता, सम्प्रदायवाद तथा अधिनायकवाद से ही सन्दर्भित नहीं है। स्वाधीनता इन सबसे ऊपर मानवीय समाज रचना की वृहत्तर आवश्यकताओं की पूर्ति के लिए आर्थिक, सामाजिक, वैचारिक साम्प्रदायिक तथा बौद्धिक संकीर्णताओं से स्वयं को तथा सम्पूर्ण समाज को मुक्ति दिलाने की अति संकल्पबद्ध निर्णयात्मक प्रतिबद्धता है। इस प्रतिबद्धता में समाज तथा व्यक्ति विशेष दोनों की समवेत् तथा सम्मिलित भूमिकाओं का महत्त्वपूर्ण योगदान है।

मुक्ति का अर्थ मनमानीपन तथा नियन्त्रणविहीन स्वच्छन्दता से नहीं है। इस स्वच्छन्दता से मुक्ति पाने के लिए ही तो रूसो ने कहा है—उन विधियों का मानना जिनकी हमने स्वयं व्यवस्था की है—स्वतन्त्रता है।''[7] सम्पूर्ण मानवजाति को स्वविवेक के अनुसार निर्णय लेने तथा आचरण करने की स्वतन्त्रता है और यही स्वतन्त्रता की कामना एक प्रकार से मानव जाति के लिए मुक्तिकामिता से भी सम्बद्ध है।

निष्कर्ष रूप से, इस प्रकार जब हम स्वाधीनता की चेतना की चर्चा करते हैं तो उसका सन्दर्भ उस मुक्तिचेतना से है, जो परम्परित, सांस्कारिक तथा रूढ़िवादी व्यवस्थाओं से स्वयं को मुक्ति पाने तथा समाज को मुक्ति दिलाने की भावनाओं से जुड़ा है। यह एक प्रकार से, वैयक्तिक तथा सामाजिक आकांक्षाओं का एक संकल्प है, जो इसे बृहत्तर मानवहितों तथा उसके समुचित विकास के महिमामय संकल्पों से जोड़े रहता है।

निराला का युग तथा राजनीतिक स्वाधीनता का आन्दोलन

निराला का जन्म डॉ. रामविलास शर्मा के अनुसार सन् 1899 ई. में हुआ और मृत्यु हुई, सन् 1961 ई. में। निराला ने अपने जीवन के लगभग 62 वर्ष भोगे थे। सामान्यतया निराला का यह जीवन काल भातरीय समाज का संघर्षों भरा कालखण्ड रहा है। निराला का सम्बन्ध प्रारम्भिक दिनों में बंगाल (महिषादल) से रहा और जीवन भर उत्तर प्रदेश तथा बंगाल से जुड़े रहे हैं। उनके जीवन का फैलाव प्रायः इन्हीं क्षेत्रों तक था।

निराला का युग सामन्तवादी अवशेष तथा अंग्रेजी सत्ता के प्रबल दबाव से जुड़ा हुआ दिखायी पड़ता है। निराला इन दोनों संकटों को बार-बार अपने गद्य साहित्य तथा कविताओं में नाना रूपों में रखते हैं। उनकी तुलसीदास शीर्षक कविता का—'भारत के नभ का प्रभापूर्ण वाक्य केवल मुसलमान शासन के लिए ही नहीं है। उसकी व्यंजना अंग्रेजी हुकूमत के लिए भी है। निराला भारत की गुलामी के प्रति निरन्तर जागरूक हैं और उनके अनुसार भारतीय हिन्दू जाति हजारों वर्षों से गुलाम है। वे इस गुलामी से

उत्पन्न सामन्तवादी से एक ओर मुक्ति तो दूसरी ओर दासता भरे इस शास्त्रवाद एवं धर्मान्धता आदि को भारतीय समाज से छुड़ाना चाहते हैं। उनके युग में अंग्रेजी शासन, राजा एवं जमींदार सभी एक कड़ी से जुड़े थे और सम्पूर्ण भूमि व्यवस्था अंग्रेजों के माध्यम से जमींदार के पास थी। जमींदार अंग्रेज को लगान का एक हिस्सा देकर भूमि अपने स्वामित्व में रखते थे और कृषक उनसे लगान पर कृषिकर्म करते थे। भूमि पर कृषि कर्म करते हुए भी उन्हें भूमि पर स्वामित्व का अधिकार नहीं था। इस प्रकार, अंग्रेज, राजा एवं जमींदारवर्ग का एक प्रबलतम् दबाव सम्पूर्ण भारतीय समाज पर था और कृषक तथा मजदूर प्रजा का रियाया थी जो वार्षिक लगान पर अपनी जीविका के लिए भूमि का उपयोग करती थी और उसे किसी भी समय में बेदखल किया जा सकता था। निराला इसी सामन्तवादी व्यवस्था के स्वयं शिकार थे तथा वे उन्नाव के अपने गाँव गढ़ाकोला में महिषदल से आकर कृषि व्यवस्था से जुड़े। निराला अपने युग के इस भूमि व्यवस्थावाद के यथार्थवादी भोक्ता थे। इसी व्यवस्था के दबाव में उन्होंने कृषक आन्दोलन से अपने को जोड़ा तथा किसानों की विविध समस्याओं को अपनी रचनाओं में विविध रूपों में उठाया। निराला ने सामन्तवादी व्यवस्था का एक रूप महिषदल राज्य में देखा था। वे उस सामन्तवादी व्यवस्था से मुख्यरूप से जुड़े हुए थे। सामन्तवादियों के छल, फरेब, नाच, गाने, विलासिता तथा आडम्बरपूर्ण जीवन-पद्धति को निराला ने यहाँ बहुत नजदीक से देखा-समझा था। निराला की स्वाधीनता की चेतना ने उन्हें अपने युग के इस सामन्तवाद के विरोध में उठ खड़े होने के लिए विवश किया। निराला के साहित्य का एक महत्त्वपूर्ण भाग उनके इस अनुभव से जुड़ा हुआ है।

स्वाधीनता के सन्दर्भ में यदि निराला के समाज को देखें तो निश्चित रूप से उसमें राजनीतिक, आर्थिक तथा सांस्कारिक स्वाधीनता की कसमसाहट ही नहीं—भयंकर उथल-पुथल भी दिखायी पड़ती है। बंगाल के इस संघर्ष में निराला का बाल्यकाल बीता ,था लेकिन वे समझदार होने पर इस सब घटनाचक्रों से बखूबी परिचित हो चुके थे और आगे चलकर उन्होंने अपने निबन्धों में भी इन सबका यथास्थल उल्लेख भी किया है।

राजनीतिक स्वाधीनता की लहर की शुरुआत बंगाल में सन् 1859-60 ई नील आन्दोलन से शुरू हुई। यह ब्रिटिश सत्ता के विरुद्ध किसानों का आन्दोलन था। इस आन्दोलन की प्रेरणा बंकिमचन्द चट्टोपाध्याय, आर. सी. दत्त तथा हिन्दू पेट्रियाट के सम्पादक श्री हरिश्चन्द्र मुखर्जी आदि बुद्धिजीवियों ने दी थी।[8] इस किसान आन्दोलन की सफलता का प्रभाव देश पर पड़ा और महाराष्ट्र तथा असम के किसानों में भी इसी प्रकार किसानों के संघर्ष का उदय हुआ और उन्हें सफलता मिली।

सन् 1885 में ए. ओ. ह्यूम की अध्यक्षता में कांग्रेस की स्थापना हुई और इस प्रकार ब्रिटिश हुकूमत की छद्म सहायता के निमित्त भारत का प्रथम राष्ट्रीय मंच तैयार हुआ। धीरे-धीरे यह मंच भारतीय राजनीतिक जागरण का मंच बन गया। सन् 1903 में अंग्रेजों ने बंगाल विभाजन की योजना बनायी तथा इसके अन्तर्गत बंगाल तथा

उड़ीसा जो एक साथ ही संयुक्त थे—उनको अलग करना चाहा। 19 जुलाई, 1905 को इस निर्णय को घोषित भी कर दिया गया और अंग्रेजों के इस निर्णय के विरुद्ध बंग-भंग आन्दोलन पहली बार स्वदेशी आन्दोलन के रूप में उसी वर्ष, अर्थात् 1905 में बंगाल से शुरू हुआ। इस आन्दोलन की लहर पूरे देश में फैली। बम्बई, पुणे, पंजाब, उत्तर प्रदेश, मद्रास, दिल्ली अर्थात् प्रायः सम्पूर्ण भारत तक यह आन्दोलन फैला और लोकमान्य तिलक, लाला लाजपत राय, विपिन चन्द्र पाल, गोखले, अरविन्द घोष-जैसे गरमपन्थी यशस्वी नेताओं ने इसे जनसंघर्ष का स्वरूप दिया। इस आन्दोलन के समय निराला केवल 6 वर्ष के रहे होंगे। बंगाल में इस आन्दोलन को तेज करने के लिए 'स्वदेशी बान्धव समिति' की स्थापना की गयी। यह स्वदेशी आन्दोलन सन् 1908 तक चला था और इसकी केन्द्रीय धुरी बंगाल ही रही है।[9]

सन् 1914 में प्रथम विश्वयुद्ध की विभीषिका ने भारतीय स्वदेशी आन्दोलन को और भी बल दिया और विशेष रूप से प्रवासी भारतीय ने 1911 से लेकर 1914 तक अमेरिका में रहकर भारत में ब्रिटिश साम्राज्यवाद के प्रति आक्रोश तथा गरमाहट का वातावरण बनाया और इसके नायक लाला हरदयाल ने सन् 1913 में सैनफ्रांसिस्को (अमेरिका) से 'गदर' नाम से एक उर्दू में पत्रिका निकाली और फिर यह गुरुमुखी में निकली और इस आन्दोलन का लक्ष्य भारत से अंग्रेजों को भगाना था—इसका भारत पर पर्याप्त प्रभाव पड़ा। इसे गदर या क्रान्ति के नाम से पुकारा गया।

सन् 1915-16 में 'होमरूल लीग' आन्दोलन का जन्म हुआ। इसके माध्यम से भारतीयों ने अंग्रेजी प्रशासन में अपनी जिम्मेदारी माँगी तथा अभिव्यक्ति की स्वतन्त्रता की भी माँग की। पूरे देश भर में 'होमरूल लीग' आन्दोलन का प्रभाव दिखायी पड़ा। होमरूल लीग में भारत में जिन सुधारों की बात कही गयी थी, उसमें से दबे मन से कुछ को अंग्रेजों द्वारा स्वीकार भी किया गया।

इस आन्दोलन की सबसे बड़ी विशेषता यह है कि इससे देश की स्वाधीनता के लिए एक व्यापक जुझारू मंच तैयार हुआ और प्रायः भारत में राष्ट्रीयता और राष्ट्रीय आन्दोलन का भाव उपजा। यह आन्दोलन लगभग 1919 में समाप्त हुआ। इसी सन्दर्भ में यह भी स्मरणीय है कि गाँधी जी ने 1919 में सबसे पहली बार देश में सत्याग्रह आन्दोलन की शुरुआत की।

गाँधी जी अफ्रीका से भारत सन् 1915 में लौटे थे। उन्होंने सन् 1917 से सन् 1919 तक चम्पारन (बिहारी नील की खेती) अहमदाबाद और खेड़ा (गुजरात) (मजदूरों का आन्दोलन) में संघर्ष की शुरुआत की।

देश में भारतीयों की तथाकथित आतंकवादी गतिविधियों को दबाने तथा अभिव्यक्ति की स्वतन्त्रता पर प्रतिबन्ध लगाने के लिए अंग्रेजों ने 1919 में रौलेट एक्ट लगाया था—जिसका सर्वप्रथम विरोध गाँधी जी ने प्रारम्भ किया। गाँधी जी ने इसके लिए सत्याग्रह का आधार ग्रहण किया था और इसी वर्ष 13 अप्रैल को जलियाँवाला बाग काण्ड पंजाब में हुआ। सन् 1920 में उन्होंने अपना व्यापक

आन्दोलन छेड़ और सम्पूर्ण देश भर में हड़ताल करायी गयी और इसका मुख्य केन्द्र बिन्दु था—असहयोग आन्दोलन-अर्थात् हिंसक, बर्बर शासक को देश तथा जनता का पूर्ण असहयोग। सन् 1920 इस प्रकार स्वाधीनता आन्दोलन की दृष्टि से सर्वाधिक महत्त्वपूर्ण वर्ष बन गया। इस वर्ष भारतीयों ने अंग्रेजों द्वारा दी गयी उपाधियों, प्रशस्तियों, उनके द्वारा स्थापित स्कूल-कालेजों तथा उनके द्वारा उत्पादित वस्तुओं के उपभोग का पूर्णतः बहिष्कार का आन्दोलन शुरू किया। इसी वर्ष स्कूल-कालेजों की पढ़ाई छोड़-छोड़कर अनेक छात्र इस स्वदेशी तथा असहयोग आन्दोलन से जुड़ने लगे।

सन् 1921 में 'प्रिंस ऑफ वेल्स' भारत में आये। असहयोग आन्दोलन के तहत बड़ी उदासी के साथ भारत में उनका स्वागत किया गया। इस अवसर पर बंगाल में उनके स्वागत का प्रभाव कमजोर था क्योंकि असहयोग आन्दोलन का प्रभाव सबसे अधिक वहीं था। सन् 1922 में यह असहयोग आन्दोलन समाप्त हो गया। इसी वर्ष चौरी-चौरा गोलीकाण्ड ने इस आन्दोलन को प्रभावित किया और वह थोड़े दिनों के लिए रुक गया।

सन् 1922 में यह असहयोग आन्दोलन वापस ले लिया गया क्योंकि इसी वर्ष गाँधी जी को सरकार ने छः महीने के लिए जेल में डाल दिया था। इसी वर्ष (1922) में मोती लाल नेहरू तथा सी. आर. दास ने 'स्वराज्य पार्टी' बनायी और विधान परिषद् की भारतीय हिस्सेदारी का समर्थन किया। कांग्रेस इससे सन्तुष्ट नहीं थी। उस पर गाँधी जी के पूर्व बहिष्कार का प्रभाव था। सन् 1924 में अपनी रिहाई के बाद गाँधी जी ने कोशिश की कि 'स्वराज्य' एवं 'कांग्रेस' के बीच की खाँई पाट दी जाय और इसमें उन्हें सफलता मिली। सन् 1930 में सविनय अवज्ञा आन्दोलन छिड़ने पर स्वराजियों ने प्रायः अपने को इससे जोड़ना शुरू किया और एक बार फिर भारतीय जनमानस पर गाँधी जी का प्रभाव दिखायी पड़ने लगा।

असहयोग आन्दोलन की शन्ति के बाद एक बार पुनः पंजाब, उत्तर प्रदेश, बिहार एवं बंगाल में क्रान्तिकारी आन्दोलन के बीच पनपे और सशस्त्र विद्रोह द्वारा भारत से अंग्रेजों के भगाने का कार्यक्रम क्रान्तिकारियों द्वारा बनाया गया। शहीद भगतसिंह, जतिनदास, राजगुरु, गोपीनाथ साहा, चन्द्रशेखर आजाद, सुभाष चन्द्र बोस आदि ने इस आजादी की लड़ाई का मुख न केवल हिंसक क्रान्ति की ओर मोड़ा अपितु उसके लिए एक सशक्त चिन्तन भी दिया। बंगाल में यह क्रान्तिकारी संगठन अपने कार्यों में स् 1932 तक लगा रहा। ये अपने को 'रिपब्लिकन आर्मी' के नाम से पुकारते थे और इसके समर्थक बंकिम चन्द चटर्जी, यशपाल-जैसे उपन्यासकार एवं अन्य बुद्धिजीवी भी थे। गाँधी जी के दबा से ही नवम्बर सन् 1927 में साइमन कमीशन की घोषणा हुई और यह जनवरी, 1928 को भारत में आया। इस साइमन कमीशन का पूर्ण विरोध हुआ। इसी बीच सन् 1927 में कांग्रेस ने इसका बहिष्कार करते हुए 'पूर्ण स्वराज्य' का प्रस्ताव पारित किया। इसका समर्थन जवाहरलाल नेहरू, सुभाषचन्द्र बोस आदि ने किया। सन् 1930 में सविनय अवज्ञा आन्दोलन शुरू किया गया और इसी वर्ष नमक कानून तोड़ने के लिए गाँधी जी ने दाण्डी यात्रा की और उनके इस

(सिविल नाफ़रमानी) सविनय अवज्ञा आन्दोलन का सम्पूर्ण देश पर प्रभाव पड़ा। 15 मार्च, 1931 में गाँधी-इरविन समझौता हुआ, जिसको शान्ति-समझौते के रूप में माना गया।

सन् 1933 में गाँधी जी ने साबरमती आश्रम छोड़ दिया और प्रतिज्ञा की, कि वे स्वाधीनता के बाद ही वहाँ लौटेगे। इस क्रम में वे नौ महीने तक बराबर भारत में 'पूर्ण स्वराज्य' के लिए नवजागरण का कार्य करते रहे। इस आन्दोलन का मुख्य केन्द्र बिन्दु 'हरिजन' उद्धार भी था और छुआछूत निषेध आन्दोलन का उन्होंने देशभर में प्रचार किया। प्रतिक्रियावादी तत्त्वों द्वारा उनके हरिजन आन्दोलन का तीव्र, आक्रोश प्रकट किया गया और सन् 1934 में हरिजनों के लिए मन्दिर प्रवेश विधेयक विधान परिषद् में स्वीकार किया गया। गाँधी जी ने माना कि हरिजन आन्दोलन राजनीतिक आन्दोलन नहीं है। यह हिन्दूवाद और हिन्दू समाज के शुद्धीकरण का आन्दोलन है।

सन् 1936 में नेहरू तथा सुभाषचन्द्र बोस दोनों कांग्रेस के अध्यक्ष चुने गये। सन् 1939 में सुभाषचन्द्र बोस, पट्टाभिसीतारमैय्या को पराजित करके कांग्रेस के पुन अध्यक्ष बने और इसी वर्ष कांग्रेस सोशलिस्ट पार्टी भी प्रकाश में आयी। स्वाधीनता के इस दूसरे चरण में किसानों को इस आन्दोलन में मिलाने का प्रयास किया गया। यही नहीं, अंग्रेजों द्वारा समय-सयम पर भारतीय आजादी के लिए जो छोटे-मोटे प्रलोभन दिये जाते थे, उनको ठुकराकर पूर्ण आजादी की माँग की उसका एक लक्ष्य यह भी था कि रणनीति के तहत संसद् में घुसकर सरकारी कदमों का विरोध करना। इस निर्णय के फलस्वरूप कांग्रेस में दो दल हो गये—वह एक जो समझौता संघर्ष की नीति का समर्थक था और दूसरा, संघर्ष का समर्थक। कांग्रेस के बहुसंख्यक सदस्य शासन में साझेदारी चाहते थे। अतः उन्होंने चुनाव में भाग लेकर अपने प्रतिनिधियों को बड़े समूह में परिषद् एवं संसदों में भेजा लेकिन संघर्षवादी खेमा ठीक इसके विरोध में डटा रहा। गाँधी जी भी सत्ता की इस भागीदारी से पूरी तरह सहमत नहीं थे। उन्होंने इस सत्ता की भागेदारी को एक महत्त्वपूर्ण दायित्व सौंपा, वह था—पुलिस तथा फौज में भयमुक्त वातावरण बनाना।

स्वाधीनता के इस युद्ध के दौरान कृषकों की एकता बड़ी ही महत्त्वपूर्ण रही है। सविनय अवज्ञा आन्दोलन के दौरान किसानों को सरकार को लगान न देने की शुरुआत की गयी थी। सन् 1936 में लखनऊ में 'अखिल भारतीय किसान' सभा मंच की स्थापना की गयी। इस संगठन में राममनोहर लोहिया, जयप्रकाश नारायण-जैसे व्यक्ति भी सम्मिलित थे। सन् 1937 में कांग्रेस के वार्षिक अधिवेशन में यह मुख्य मुद्दा बना तथा देश के बहुसंख्यक राज्यों में किसान आन्दोलन की शुरुआत की गयी। इसमें मुख्य प्रश्न थे—बेदखली से मुक्ति, लगान में 50 प्रतिशत की कमी, ऋणों की वसूली को रोकना, सामन्ती वसूलियों एवं बँधुओं मजदूरी तथा उत्पीड़न की समाप्ति और सन् 1938 में जमींदारी उन्मूलन की माँग पहली बार कांग्रेस आन्दोलन के अन्तर्गत रखी गयी। इस प्रकार, सन् 1938 तक किसान आन्दोलन भी भारतीय स्वाधीनता आन्दोलन का अंग बन गया।[10]

अंग्रेजों के ही शासनकाल में कतिपय देशी रियासतें भी थी और उन पर राजाओं का ही आधिपत्य था। भारत का चौथाई भाग इन देशी रियासतों से ही सम्बद्ध था और उन्हें ब्रिटिश साम्राज्य का सुरक्षा कवच तथा वरदहस्त प्राप्त था। कांग्रेस ने यद्यपि सन् 1920 में ही इन रियासतों के प्रति अपनी नीति-सम्बन्धी प्रस्ताव पास कर रखा था, लेकिन उस दिशा में अभी तक कोई विशेष कार्यक्रम नहीं बनाया था। सन् 1935 में कांग्रेस प्रतिनिधियों के दबाव से भारत के संघीय स्वरूप निर्माण की बात कही गयी। कांग्रेस की ही भागीदारी से कई राज्यों में 'प्रजामण्डल' का गठन किया गया-जयपुर, कश्मीर, राजकोट, पटियाला, हैदराबाद, मैसूर आदि राज्यों में ब्रिटिश राज्य के पैटर्न पर चुनी हुई जनता 'प्रजा-मण्डल' (समिति) राजाओं को राजकार्य में मदद करने के लिए सामने आयी।

सन् 1939 के पूर्व तक स्वाधीनता का जो आन्दोलन ब्रिटिश सत्ता के प्रति था, वह देशी रियासतों से जुड़ गया और स्वयं कांग्रेस ने अपने तिरुपति आन्दोलन में इस प्रकार निर्णय लिया कि रियासतें और देश के नागरिक मिलकर आजादी का आन्दोलन शुरू करेंगे और सन् 1942 में 'भारत छोड़ो' आन्दोलन देशव्यापी तथा व्यापक लोक चेतना पर आधारित तैयार होकर आया। इस आन्दोलन में विद्यार्थी, अध्यापक, वकील, नेता, कतिपय राज्यों के राजा, जमींदार, कृषक, मजदूर, कर्मचारी मिलकर खड़े हुए और इसी समय देशी रियासतें तथा देश के शेष हिस्सों को जोड़कर एक वृहत्तर भारत की तस्वीर बनायी गयी। इस आन्दोलन को 'अगस्त की क्रान्ति' के नाम से भी पुकारा जाता है।

सन् 1942 में आजाद हिन्द फौज की स्थापना हुई। यह सेना 'मलाया' से शुरू होकर सिंगापुर तथा भारत के पूर्वी हिस्से तक रही। प्रथम चरण की अगुआई मोहनसिंह ने की थी किन्तु उनके गिरफ्तार होने के बाद 2 जुलाई, 1943 को सुभाषचन्द्र बोस सिंगापुर आये। आजाद हिन्द फौज के माध्यम से उन्होंने 21 अक्टूबर, 1943 को स्वाधीन भारत की सरकार भी रंगून में गठित की और यह सन् 1944 तक रही। सन् 1944 तक जापानियों की लापरवाही तथा उपेक्षा से आजाद हिन्द फौज का मनोबल टूट गया और उसके बाद नेता जी की मृत्यु तथा फौज की पराजय से भारतीयों का यह विश्वास टूट गया कि भारत की आजादी इस आजाद हिन्द फौज से नहीं मिल सकती है। इसी सन् 1942 में 'अंग्रेजों भारत छोड़ो' का भी आन्दोलन शुरू हुआ था।

सन् 1945 में द्वितीय विश्वयुद्ध की समाप्ति के बाद इंग्लैण्ड में लेबर पार्टी की सरकार सत्ता में आयी और उसके बाद राष्ट्रीय आन्दोलन की लहर सम्पूर्ण भारत में व्याप्त हो उठी। सन् 1945 से 1946 तक का समय इस दृष्टि से बड़ा महत्त्वपूर्ण माना जाता है। इस महत्त्वपूर्ण घटना की शुरुआत भी बंगाल से हुई। ब्रिटिश सत्ता की फौज और पुलिस से नवम्बर, 1945 में एक भयंकर मुठभेड़ में दो छात्रों की मृत्यु तथा 52 छात्रों के घायल होने के समाचार ने पूरे देश को आन्दोलित कर दिया। 1946 में रायल इण्डियन नेवी का विद्रोह हुआ। नेवी आन्दोलन का प्रभाव अनेक

तटवर्ती प्रान्तों पर पड़ा। इस नेवी हड़ताल का प्रभाव भारतीय सैनिकों पर भी पड़ा और देशव्यापी हिंसक आन्दोलन की शुरुआत में अंग्रेजी शासकों का मनोबल टूटने लगा। इस विद्रोह में साम्प्रदायिक एकता पूरी तरह कायम थी। इसी प्रकार, इसी बीच में पंजाब का किसान आन्दोलन, दक्षिण में तेलंगाना संघर्ष, कांग्रेसी नेताओं के उद्धत भाषण, गाँधी का 'करो या मरो' आन्दोलन आदि-आदि भारतीय स्वाधीनता का वातावरण बनाने के मुख्य साक्ष्य हैं। 15 अगस्त, 1947 को भारत को आजादी मिली। अंग्रेजों ने इस आजादी के साथ संघीय भारत को हिन्दू तथा मुसलमान-भारत तथा पाकिस्तान-जैसा दो टुकड़ों में करके हमेशा के लिए जैसे एक स्थायी संघर्ष के बीच का वमन कर दिया।

साम्प्रदायिक संघर्ष और मुक्ति चेतना

भारत का स्वाधीनता आन्दोलन केवल विदेशी शक्ति से स्वदेश को मात्र मुक्त करानेवाला आन्दोलन मात्र नहीं था। हजारों वर्षों से इस देश में चली आ रही धार्मिक जातिवादी तथा अव्यवस्थित अर्थव्यवस्था से समाज को छुटकारा देकर उसकी सर्वाधिक कल्याणकारी व्यवस्था को स्थापित करने की भावना भी इसी स्वाधीनता की भावना से जुड़ी हुई थी। सामान्यतया अंग्रेजों की हुकूमत आने पर पहली बार भारत में राष्ट्रीयता-जैसी अवधारणा का यहाँ जन्म हुआ और राष्ट्रीय अपेक्षाओं के अनुकूल परम्परित रूढ़ियों, धार्मिक जर्जर संस्कारों, आर्थिक व्यवस्था के असन्तुलन तथा जाति-पाँति के घिनौने आडम्बरों के विरुद्ध उनसे मुक्ति के लिए व्यवस्थित ढंग से आन्दोलन भी चलाये गये—जैसा विदेशी ताकतों से मुक्ति का आन्दोलन था। सामाजिक सुधार व्यवस्था से जुड़े इस मुक्ति-संघर्ष का इतिहास आजादी के संघर्ष से कम महत्त्वपूर्ण नहीं है।

हिन्दू तथा मुस्लिम संघर्ष

सन् 1857 की प्रथम भारतीय जनवादी क्रान्ति के तथा अंग्रेजों द्वारा दिल्ली से मुसलमानों को सत्ताच्युत करने के बाद हिन्दू भावना को प्रोत्साहन मिला था। किन्तु हिन्दुओं का सामूहिक जागरण देखकर उनकी दृष्टि समाज में पिछड़े मुसलमानों की ओर गयी और उनके द्वारा नीति बनायी गयी कि भारत में मुसलमान और हिन्दू इन दोनों को समान शक्ति सन्तुलन से मण्डित करके एक-दूसरे के विरुद्ध प्रेरित करके अपने व्यापक अस्तित्व के लिए उनका उपयोग किया जा सकता है[11] क्योंकि शताब्दियों के अपने पुराने भारतीय राज्य छिन जाने के कारण उनके मन में जो आक्रोश था,उसे अन्य किसी माध्यम से दूर करमा अंग्रेजों के लिए सम्भव नहीं था, दूसरी ओर, जागरण से जुड़े भारतीय जनमानस को दबाने के लिए इससे उपयुक्त कोई हथियार भी नहीं था। इस सन्दर्भ में अंग्रेजों ने मुसलमानों को शिक्षित करने के निमित्त सन् 1858 से 1878 के बीच पहली बार कलकत्ता मदरसा स्थापित किया और इस बीच 1373 व्यक्तियों को स्नातक की डिग्री मिली।[12]

अंग्रेजों के प्रोत्साहन से अब्दुल लतीफ ने सन् 1863 में 'मुहम्मद लिटरेरी सोसाइटी एण्ड साइण्टिफिक सोसाइटी' तथा सर अमीर अली ने 1878 में 'नेशनल

मोहम्मद एसोसिएशन्स' की स्थापना की। सर सैय्यद अहमद का यह मुस्लिम उत्थान कार्य अलीगढ़ आन्दोलन के रूप में जाना जाता है। वहीं पर, मुहम्मडन एंग्लो ओरिएण्टल कालेज की सन् 1870 में उन्होंने स्थापना की और फिर यही, अलीगढ़ मुस्लिम यूनिवर्सिटी में बदला। 1906 में ढाका में मुस्लिम लीग की स्थापना हुई और उसका पहला अधिवेशन अलीगढ़ में हुआ। बाद में, मुस्लिम लीग की शाखा देश के प्रत्येक राज्यों में स्थापित की गयी।

हिन्दू-मुस्लिम वैमनस्य तथा संघर्ष की मूल भूमिका मुस्लिम लीग की रही है। यद्यपि प्रारम्भिक दिनों में इसने अपना विरोध तथा सत्ता में अस्तित्व की कामना को कांग्रेस से पृथक् रखा किन्तु गाँधी जी के सविनय अवज्ञा आन्दोलन अर्थात् सन् 1922 तक राष्ट्रीय आन्दोलन में कांग्रेस का साथ दिया।

अंग्रेजों के स्वशासन योजना में विधान परिषदों तथा संसद् के लिए हुए चुनाव में मुस्लिम की लगातार घटती हुई संख्या के कारण अंग्रेजों ने मुसलमान सदस्यों की सीट अलग कर दी और तब से पुनः कांग्रेस तथा मुस्लिम लीग के बीच पारस्परिक प्रतिद्वन्द्विता तथा विरोध का भाव बढ़ा। बंगाल तथा लाहौर का व्यापक जातीय खूनी संघर्ष एवं भारत पाकिस्तान का बँटवारा इसके मुख्य परिणाम हैं। सन् 1937 के बाद हिन्दू महासभा (श्री गोवलकर) के बाद जिन्ना के दबाव के कारण भारत में उग्रवाद का दबाव और अधिक बढ़ा। प्रो. विपिन चन्द्र ने इस सन्दर्भ में इस प्रकार की टिप्पणी दी है कि 'उग्रवादी साम्प्रदायिकता का जन्म घृणा, भय और आतंकिकता की राजनीति में हुआ।[13] इसको और अधिक स्पष्ट करते हुए वे कहते हैं कि, 'डब्ल्यू. सी. स्मिथ के शब्दों में सम्प्रदायवादी दूसरे समुदायों पर जोश, भय, अवमानना और उग्र घृणा के साथ आक्रमण करने लगे। सन् 1937 के बाद में इस फासीवाद साम्प्रदायिक दौर में जुल्म, दमन का हावी हो जाना, कुचल डालना, धरती पर अस्तित्व ही मिटा देना आदि मुहावरों का खुलकर इस्तेमाल होने लगा। इस सन्दर्भ में कलकत्ता का दंगा (1936), नोआखाली (1946), बिहार (1947), उत्तर प्रदेश (1946) पंजाब (1945-46) आदि की उग्र घटनाएँ साम्प्रदायिकता के तनाव को क्रूरता में परिणत करती हैं। महात्मा गाँधी ने अथक प्रयास करके इस हिंसक वातावरण को शान्त करने का प्रयास किया और इस प्रकार सत्ता के अन्ध मोह तथा अंग्रेजों के कूटनीतिक दुष्चक्र के कारण भारत में साम्प्रदायिक विद्रोह अपने उग्र रूप में पहुँचा।

यह सत्य है कि भारती में साम्प्रदायिक सद्भाव का वातावरण, भारतीय समाज सुधारकों तथा नेताओं द्वारा पण्डित मदन मोहन मालवीय, लाला लाजपत राय, महात्मा गाँधी, डॉ. राजेन्द्र प्रसाद, पं. जवाहरलाल नेहरू, डॉ. जयप्रकाश तथा डॉ. राममनोहर लोहिया आदि द्वारा समय-समय पर बनाया गया। भारती की स्वाधीनता के पूर्व वामपंथी दलों के उदय एवं आज तक उसके अथक प्रयास से भी इस साम्प्रदायिक एकता को सफलता नहीं मिल सकी है और जहा तक निराला का प्रश्न है, उन्होंने हिन्दू-मुस्लिम, साम्प्रदायिक विरोध तथा पारस्परिक सद्भाव के प्रत्येक पक्षों को बड़े ही समीप से देखा और उनमें गाँधीवादी या सुधारवादी मानवीय दृष्टि इस सन्दर्भ में विशेष से उन्हें सक्रिय दिखायी पड़ती है।

जातीय संघर्ष तथा स्वाधीनता की चेतना

भारतीय स्वतन्त्रता के इतिहास को स्पष्ट करते हुए दिल्ली विश्वविद्यालय के इतिहासकार प्रो. डॉ. रामलखन पाण्डेय कहते हैं कि—"भारत के समसामयिक ऐतिहासिक परिप्रेक्ष्य में स्वतन्त्रता का अथ्र मात्र बौद्धिक चिन्तन की स्वतन्त्रता ही नहीं बल्कि असमानता, शोषण तथा अत्याचार से मुक्ति से भी था।[14] इस सन्दर्भ में जातिगत, धर्मगत तथा आर्थिक शोषण भारतीय राष्ट्र को स्वाधीन देखने के स्वप्न के साथ-साथ वहाँ के जनजीवन को प्रत्येक प्रकार के शोषण तथा आतंक से मुक्त करने के लिए किये गये व्यक्तिगत तथा सामूहिक प्रयासों को इस स्वाधीनता आन्दोलन से हम अलग नहीं कर सकते क्योंकि प्रत्येक राष्ट्र की सत्ता का आधर नागरिक बोध और उसकी स्वसंकल्प से प्रेरित निर्णय-दृष्टि से जुड़ा हुआ है। राष्ट्र केवल भूगोल मात्र नहीं है।

जातिगत रूढ़िवादिता तथा उससे मुक्ति का प्रश्न भारत की सर्वाधिक महत्त्वपूर्ण समस्याओं में से एक अत्यन्त विचारणीय समस्या है। आस्था, धर्म, आध्यात्मिकता, पुरातन-संस्कार आदि के साथ-साथ जाति व्यवस्था का प्रकरण यहाँ हजारों-हजारों वर्षों से भी अधिक समय से चला आ रहा है। ब्राह्मण, क्षत्रिय, वैश्य, शूद्र तथा आर्य एवं अनार्य हिन्दू तथा म्लेच्छ-जैसा बँटवारा भारतीय मन में आज तक के उनके संस्कार के रूप में बैठा है। वैदिक काल से लेकर आज तक ये समस्याएँ भारतीय जनमानस को कुरेद रही हैं।

उन्नीसवीं शती में पश्चिमी सभ्यता के भारत में विकसित होने के फलस्वरूप भारतीयों में आत्मनिरीक्षण द्वारा अपने पिछड़ेपन का अनुभव हुआ। इसके मूल में पश्चिम की बौद्धिकता, वैज्ञानिक दृष्टि, रेल, तार, डाक, राष्ट्रीय भाव बोध, समाचार-पत्र, प्रेस तथा प्रकाशन, नये स्कूल तथा कालेज आदि थे। इसके परिणामस्वरूप कई सुधारवादी आन्दोलन उन प्रारम्भिक दिनों में पनपे। इस काल में सुधार सम्बन्धी निम्नलिखित संस्थाएँ भारत में जन्मीं थी—

1.	ब्रह्म समाज	राजाराम मोहनराय,	सन् 1814 बंगाल
2.	आत्मीय सभा	राजाराम मोहनराय,	सन् 1829 बंगाल
3.	तत्त्वबोधिनी सभा	देवेन्द्र नाथ ठाकुर,	सन् 1839 बंगाल
4.	प्रार्थना समाज	गोपाल हरि देशमुख	सन् 1840 महाराष्ट्र
5.	दकन एजूकेशनल सोसायटी	महादेव गोविन्द रानाडे,	सन् 1842 महाराष्ट्र
6.	मानव धर्म सभा	मेहताजी दुर्गाराम मंचाराम,	सन् 1844 गुजरात
7.	यूनिवर्सल रिलिजियस सोसाइटी	मेहताजी दुर्गाराम मंचाराम,	सन् 1872 गुजरात
8.	वेदा समाज	श्रीधर लू नायडू,	सन् 1872 गुजरात
9.	रामकृष्ण मिशन	स्वामी विवेकानन्द,	सन् 1897 बंगाल
10.	थियोसोफिकल सोसाइटी	मैडम हेलना पेट्रोवना ब्लावरस्की	सन् 1875 अमेरिका

इसी सन्दर्भ में महर्षि अरविन्द जी का भी उल्लेख आवश्यक है। बाद में, उनके दृष्टिकोण को 'अरविन्द सोसाइटी' के माध्यम से स्पष्ट करने की चेष्टा की गयी है।

इस प्रकार भारतीय राष्ट्रीय स्वाधीनता के आन्दोलन के पूर्व भारतीय समाज के इस जन जागरण का कार्य बड़ा ही महत्त्वपूर्ण था और स्वाधीनता के मुक्ति आन्दोलन को इससे विशेष रूप से शक्ति मिली है।

भारत में प्रारम्भ में जाति व्यवस्था का आधार कर्म था। परवर्ती काल में इसे कर्म से एवं गुण दोनों से जोड़ा गया। आगे चलकर, जन्म, कुल, संस्कार से इसे सम्बद्ध कर दिया गया और फिर जातियों में छोटे तथा बड़े, अगली और पिछड़ी आदि का प्रश्न उठने लगा। एक विशेष स्थिति में इस जाति को आजीविका तथा पेशे से जाना जाने लगा और बौद्धिक क्रियाकलापों पर एकाधिकार एवं सामन्तवाद के कारण इस व्यवस्था में श्रेष्ठ, कुलीन, आर्य तथा सामान्य एवं निम्न जातियाँ आयी। वर्णसंकर तथा विदेश से आनेवाली जातियों को भी प्रायः निचले वर्ग में ही रखा गया।

भारतीय संस्कृति में उन्नीसवीं शती का प्रारम्भिक काल जाति व्यवस्था के अमानवीय, घृणित तथा कुत्सित रूपों के दबाव से बोझिल दिखायी पड़ता है। इस जाति व्यवस्था से मुक्ति के लिए लड़ी गयी लड़ाई किसी भी तरह से भारत की विदेशी सत्ता को सम्प्रभुता से मुक्ति के आन्दोलन से कम महत्त्वपूर्ण नहीं है। इस लड़ाई में समाज सुधारक, नेता एवं ब्रिटिश सत्ता की सहानुभूति समानान्तर भाव से दिखायी पड़ती है क्योंकि यह समाज की आन्तरिक व्यवस्था से जड़ी हुई लड़ाई थी, जिसके भुक्तभोगी प्रायः सभी थे।

इस सांस्कृतिक जागरण काल में जाति व्यवस्था से सम्बन्धित दो सन्दर्भ विशेष रूप से मिलते हैं। दक्षिण भारत में 'ब्राह्मणत्व' की श्रेष्ठता के विरुद्ध मद्रास तथा केरल में विशेष आन्दोलन हुए। नैयर ने सन् 1917 में 'न्याय दल' (Justice Party) की स्थापना की एवं श्री पी. त्यागराज तथा टी. एस. नैयर ने दक्षिण भारतीय उदारवादी संघ (South Indian Liberal Federation) की स्थापना की। बाद में, यह न्याय दल में समाहित हो गया। दक्षिण भारत में इस आन्दोलन में इतना असन्तोष तथा उग्रता थी कि ब्राह्मणों के यज्ञोपवीत को तोड़ा गया तथा ब्राह्मण जातिवाचक पट्टिकाओं पर तारकोल पोता गया।[15] सन् 1644 में न्यायदल का ना मबदलकर सी. एन. तारकोल अन्नादुराई ने द्रविड़ कड़घम् (द्रविड़ संघ) रखा और बाद में इसे द्रविण मुन्नेत्र कड़घम् (द्रविण प्रगतिवादी संघ) रखा। इसी प्रकार केरल में उच्च जातीय लोगों में व्याप्त श्रेष्ठता के हीनतर भावों को समाप्त करने के लिए 'श्री नारायण धर्म परिपालन योगम' नाम की संस्था बनायी गयी और उसकी अनेक शाखाएँ केरल के बाहर भी खोली गयीं। उत्तर प्रदेश, बिहार, मध्य प्रदेश, राजस्थान आदि में निचली जातियों के बीच थोड़ा असन्तोष दिखायी पड़ता है। लेकिन वह उभरकर सामने नहीं आ पाता। सन् 1936 में प्रगतिशील आन्दोलन की स्थापना के फलस्वरूप साहित्य एवं पत्र-पत्रिकाओं में इस प्रकार का भाव मुखरित होकर थोड़ा-बहुत सामने अवश्य आया है।

हरिजन समस्या तथा जातीय मुक्ति आन्दोलन

महाराष्ट्र में ज्योतिराव गोविन्दराव फुले ने 1873 में 'सत्यशोभा सभा' की स्थापना की। इसका मुख्य कार्य दलित एवं पिछड़ी जातियों को आगे बढ़ाना था। उत्तर भारत, पंजाब, मध्य भारत आदि में आर्य समाज ने अछूत समस्या को लेकर 'शुद्धि आन्दोलन' चलाया। राजा राममोहन राय ने भी इस ब्राह्मणवाद को अस्वीकार करके पिछड़ी तथा दलित जातियों के उद्धार की चर्चा की। गाँधी जी ने 1933 में अपने हरिजनोद्धार आन्दोलन का कार्यक्रम प्रारम्भ किया। इसी वर्ष उन्होंने 'हरिजन सेवक संघ' की स्थापना पर बल दिया और हरिजनोद्धार के लिए देशव्यापी दौरा भी किया। उनका समर्थन मदन मोहन मालवीय जी ने बनारस में किया। इस सम्बन्ध में डॉ. भीमराव अम्बेडकर के प्रयास विशेष महत्त्वपूर्ण हैं। उन्होंने 1920 में 'सेल्फ रिसपेक्ट मूवमेण्ट' इसी सन्दर्भ में चलाया और 'अखिल भारतीय दलित वर्ग संघ' नामक राष्ट्रीय संस्था की स्थापना की। श्री भीमराव अम्बेडकर ने सन् 1930 में लन्दन में हुई तीनों गोलमेज सम्मेलनों ने 'अछूत प्रतिनिधि' के रूप में प्रतिनिधित्व किया था। आजादी के बाद संविधान के अन्तर्गत 'समता तथा समानता' का अधिकार देकर हरिजनों को सभी जातियों के समकक्षता दी। 1955 में अस्पृश्यता निवारण ऐक्ट बना तथा आरक्षण अधिनियम के साथ-साथ आज 'हरिजन उत्पीड़न ऐक्ट' विशेष प्रभावी है।

जातीय सुधार आन्दोलनों के अतिरिक्त भी समाज सुधार से सम्बन्धित अनेक जागरण इस मुक्ति आन्दोलन धारा से जुड़े दिखायी पड़ते हैं। सुधारवादी आन्दोलनों में नारी जागरण तथा उसकी स्वाधीनता का प्रश्न पुरुष वर्ग के समानाधिकार के साथ-साथ उठाया गया। सती प्रथा, बहुविवाह प्रथा, बाल विवाह प्रथा, नवजात बालिका वध विरोध, विधवा विवाह प्रथा, नारी शिक्षा तथा व्यवसाय आदि कितनी समस्याएँ नारी जागरण से जुड़ी हुई हैं।

नारी जागरण आन्दोलन में सर्वप्रथम सबसे महत्त्वपूर्ण भूमिका राजाराम मोहनराय की रही है। उन्होंने न कवल सतीप्रथा का विरोध किया अपितु उसके साथ नारियों की पर्दाप्रथा, बहुविवाह, बाल विवाह, वेश्यवृत्ति का भी विरोध किया। यही नहीं, उनके प्रयासों में नारी स्वातन्त्र्य तथा शिक्षा का भी विशेष स्थान है। उन्होंने सन् 1829 में कानून द्वारा भी सती प्रथा रुकवायी और 1930 में मद्रास में भी इसकी रोक लगायी गयी।

महाराष्ट्र में केशवचन्द्र सेन की प्रेरणा से ब्रह्म विचार, प्रार्थना समाज तथा परमहंस सभा की स्थापनाएँ की गयीं जिनका प्रमुख मुद्दा बाल-विवाह को समाप्त करना तथा विधवा विवाह के लिए आन्दोलन चलाना था।

बम्बई में, डी. के. कर्वे ने विधवा विवाह के लिए आन्दोलन चलाते हुए एक विधवा से विवाह किया। उन्होंने 1899 में पूना में विधवाओं के जीवकोपार्जन के लिए एक आश्रम स्थापित कराया तथा 1906 में भारतीय महिला विश्वविद्यालय की भी स्थापना की।

समय-समय पर नारी मुक्ति आन्दोलन में शासन से भी मदद मिलती रही है। सन् 1972 में नेटिव मैरिज ऐक्ट, सन् 1951 में आयु अधिनियम, सन् 1931 में बाल विवाह निवारण अधिनियम तथा सन् 1931 में शारदा एक्ट बनाये गये। इन सबका उद्देश्य बाल विवाह तथा बहु विवाह को रोकना था।

भारतीय जागरण आन्दोलन में नारी शिक्षा एवं उनकी मुक्ति के आन्दोलन की स्थिति सामने आयी। इस दिशा में सबसे पहले अगुआई कलकत्ता में की गयी। इस दिशा में 'तरुण स्त्री सभा' की स्थापना 1819 में की गयी। स्त्री शिक्षा के सन्दर्भ में ईश्वरचन्द्र विद्यासागर का योगदान यहा सबसे महत्त्वपूर्ण माना जाता है। यह आन्दोलन बम्बई, मद्रास तथा उत्तर प्रदेश पहुँचा और अनेकानेक कन्या महाविद्यालयों की स्थापना हुई। नारी मुक्ति के आन्दोलन में इन विद्यालयों का बहुत बड़ा योगदान है।

शिक्षा के व्यापक प्रचार-प्रसार के फलस्वरूप महिलाओं ने स्वयं आत्मविकास के कार्यक्रमों में योजनाबद्ध तरीके से अनेक को सम्बद्ध किया और एतदर्थ में 'अखिल भारतीय महिला सभा' (All Indian Women Conference) की स्थापना की।

भारत की आजादी के बाद नारी मुक्ति तथा उसके उद्धार के सन्दर्भ में अनेकानेक कानून बनाये गये जिनमें प्रमुख है—1956 का हिन्दू उत्तराधिकार अधिनियम। इसमें पिता की सम्पत्ति पर पुत्री का समानाधिकार बताया गया। सन् 1955 में हिन्दू विवाह अधिनियम बना जिसमें स्त्री तथा पुरुष दोनों को बहुविवाह से वर्जित किया गया है तथा तलाक के प्रश्न पर नारी को भी स्वेच्छाधिकार प्राप्त है। वर्तमान समय में नारी तथा पुरुष के समानाधिकार का प्रश्न सर्वत्र एक प्रमुख मुद्दा बना हुआ है स्त्री-विमर्श की चर्चा विशेष रूप से जोर-शोर से चलायी जा रही है।

इस प्रकार, सन् 1829 में राजराम मोहनराय के प्रयास से आज तक नारी मुक्ति के जागरण का प्रश्न भारत में निरन्तर उठाया जाता रहा है। इस संघर्ष का परिणाम यह हुआ कि बाल विवाह, बाल हत्या, बहु विवाह, सती प्रथा, पर्दा प्रथा आदि की समाप्त हुई तथा नारी शिक्षा का कार्यक्रम विस्तारपूर्वक देश में अपनाया गया।

एक तथ्य यह विचार करने योग्य है कि नारी मुक्ति का आन्दोलन व्यवस्था सुधार से न होकर सामाजिक जागरण से सम्बद्ध है। शतियों से शोषण एवं उत्पीड़न की शिकार इन महिलाओं के जागरण से उनकी व्यक्तिगत स्वतन्त्रता तथा समाज निर्माण में पुरुष वर्ग के समानान्तर उनकी साझेदारी तथा जिम्मेदारी से समाज निर्माण की प्रक्रिया को सुसंगठित करने तथा उनके अपने निर्णय लेने की स्वतन्त्रता का विकास इसी आन्दोलन का मुख्य प्रतिफल है।

किसान आन्दोलन

निराला जिस समाज से संस्कारतः जुड़े थे, वह मूलतः किसान समाज था और अपनी आजीविका की समाप्ति के बाद उन्हें अपने पैतृक निवास पर पुनः इस कृषक समाज से जुड़ना पड़ा। निराला ने कृषक समाज की समस्याओं तथा ग्राम्य जीवन को देखा ही नहीं था, वरन् वे वहाँ व्याप्त विषमताओं के शिकार भी थे और निरन्तर

कृषक जीवन में सुधार के पक्षपाती थे। उनके उपन्यास जीवन में कृषक की आकांक्षाओं एवं स्वप्नों की भरपूर अभिव्यक्ति मिलती है।

भारतीय कृषक समस्या का असन्तोषपूर्ण फैलाव सम्पूर्ण देशभर में देखा जाता है। भारत में अंग्रेज शासकों की दृष्टि प्रारम्भ से ही कृषक शोषण की रही है और सन् 1857 की प्रथम जनक्रान्ति में इन कृषकों ने उन्हें देशभर से बाहर निकालने में भरपूर योगदान दिया था।[16]

जनक्रान्ति के असफल हो जाने के बाद ब्रिटिश पूँजीवाद के विरुद्ध प्रथम बगावत कृषकों ने ही की थी। सन् 1860 में बंगाल तथा बिहार के नील उत्पादन के दबाव के विरुद्ध कृषक आन्दोलन शुरू हुआ और धीरे-धीरे यह सम्पूर्ण बंगाल में फैला। इस आन्दोलन में अंग्रेज और नील उत्पादक पूँजीपति हार गये तथा इसका कार्यक्षेत्र यू. पी. तथा बिहार बना। सन् 1875 में महाराष्ट्र में कृषकों ने विद्रोह किया। यह विद्रोह एक आन्दोलन के रूप में महाराष्ट्र में फैला जिसके फलस्वरूप सरकार द्वारा कृषि राहत अधिनियम बनाया गया।

सन् 1890 में पंजाब में भी यही आन्दोलन शुरू हुआ। यहाँ अन्य राज्यों की भाँति ही कृषि हस्तान्तरण की समस्या प्रमुख थी। पंजाब में भी अंग्रेजी हुकूमत को पराजय मिली और भूमि हस्तान्तरण रोकने के निमित्त पंजाब-भूमि अतिक्रमण अधिनियम बनाया गया।

इन तीनों आन्दोलनों की मुख्य समस्याएँ थी—पूँजीवादी दबाव से कृषकों को मुक्त रखने, कृषि विकास के लिए सँस्ते दर पर ऋण प्रावधान, ऋण की वसूली में सख्ती का न किया जाना तथा भूमि हस्तान्तरण में रोक। प्रो. विपिनचन्द्र ने लिखा है कि, 'किसानों के इस आन्दोलन को अखबारों तथा बुद्धिजीवियों का विशेष समर्थन मिला है और इसी सिलसिले में दीनबन्धु मित्र के नाटक 'नील दर्पण' का उल्लेख किया जा सकता है।'[17]

यह कृषक आन्दोलन उन्नीसवीं शती के अन्त तक एक व्यापक जनसंघर्ष के रूप में दिखायी पड़ता है और बंगाल, पंजाब, महाराष्ट्र, असम आदि राज्यों में परवर्ती आन्दोलन की पृष्ठभूमि के रूप में देखा जा सकता है। यह आन्दोलन आगे इसलिए नहीं चल सका कि समग्रतया कृषक एकजुट नहीं थे। उनमें दूरदृष्टि का अभाव था। वे गरीब एवं निरन्तर समस्याग्रस्त कुनबों के रूप में अपने ही संकेतों से जूझते दिखायी पड़ते हैं।

गाँधी जी ने भारत में आकर सम्पूर्ण कृषक व्यवस्था को समीप से देखा और अपने आन्दोलन की शुरुआत किसान आन्दोलन से ही की। सन् 1927 में उन्होंने चम्पारन के नील उत्पादकों के आन्दोलनों को प्राथमिकता दी। यहाँ उन्होंने कृषकों के अहिंसात्मक असहयोग आन्दोलन का निर्देशन किया। फलतः सुधार के लिए 'चम्पारन कृषि अधिनियम' पारित किया। इस आन्दोलन में गाँधी जी के साथ बाबू राजेन्द्र प्रसाद तथा आचार्य जे. बी. कृपलानी प्रमुख थे।

इसी समय उन्होंने बम्बई में केरा (खेड़ा) कृषि आन्दोलना की अगुआई की। सूखे के कारण नष्ट फसल तथा कृषकों की तबाही के विरुद्ध आन्दोलन करके जीवन निर्वाह ऋण तथा लगान माफी की व्यवस्था करायी। कृषक समस्या तथा भूमि सुधार सम्बन्धी आन्दोलनों तथा जागरण को तेज करने में वामपंथी दलों की विशेष भूमिका रही है, जिसके फलस्वरूप किसान सभाओं का गठन हुआ। इस आन्दोलन में गाँधी जी के साथ सरदार पटेल थे।

इसी के साथ मालवीय जी के अनुरोध से कलकत्ते में किसान कान्फ्रेन्स (1918) हुई और 1919 में अजमेर में और सन् 1918 के प्रयाग की किसान सभा में कृषकों की मुख्य माँगें निम्नलिखित थीं—

1. बेदखली रोकी जाय
2. दस्तूर से अधिक दबाव न हो
3. बेगारी समापत की जाय
4. जुर्माना लगाना बन्द हो
5. गैर कानूनी टैक्स न लगाये जायँ

सन् 1922 में बारदोली किसान आन्दोलन हुआ और यह आन्दोलन लगानबन्दी का था। किसानों ने 28 प्रतिशत लगान वृद्धि के विरोध में आन्दोलन शुरू किया। सन् 1930 में इस आन्दोलन को सविनय अवज्ञा आन्दोलन से जोड़ दिया गया और इस प्रकार किसान आन्दोलन राष्ट्रीय आन्दोलन का एक हिस्सा बन गया।[18] सन् 1936 में 'अखिल भारतीय किसान सभा' बनी-आचार्य नरेन्द्र देव, डॉ. राममनोहर लोहिया तथा अच्युत पटवर्धन ने इसकी अगुआई की। इसके अध्यक्ष आचार्य नरेन्द्र देव चुने गये।

यही नहीं, ठीक इसी के समानानतर 'कांग्रेस किसान सभा' भी बनायी गयी और परिणाम हुआ कि सन् 1942 के 'भारत छोड़ो' आन्दोलन में लाखों किसानों ने भाग लिया।

किसान संघर्ष के समक्ष तीन लक्ष्य विशेष रूप से महत्त्वपूर्ण थे—

1. भूमि के स्थायी स्वामित्व का प्रश्न और भूमिपतियों के अनावश्यक दबाव पर रोक
2. सन्तुलित लगान निर्धारण
3. आपदाओं में लगान माफी तथा शासन की सहायता

सन् 1937 में जब लोकप्रिय सरकारें बनी तो बिहार के कृषकों ने अपनी समस्याओं से ग्रस्त होकर 'बिहार विधानसभा' का घेराव करके माँगें उठायी थीं—

'हमें पानी दो, हम प्यासे हैं, हमें रोटी दो, हम भूखे हैं, हमारे सभी ऋण छोड़ दो, हमें जमींदारी के शोषण से बचाओ' सन् 1947 के पूर्व तीन कृषक आन्दोलन विशेष महत्त्वपूर्ण हैं—

1. बंगाल का तेभागा आन्दोलन
2. हैदराबाद दकन का तेलंगाना आन्दोलन

3. पश्चिम भारत का बर्ली आन्दोलन

4. ये सम्पूर्ण आन्दोलन जमींदारों, साहूकारों, भूपतियों एवं रियासतों के भूमि सम्बन्धी एकाधिकार के विरुद्ध थे।[19]

भारत की स्वतन्त्रता के बाद भूमि सुधार अधिनियम, 1951 बनाया गया। जमींदारी प्रथा का उन्मूलन किया गया। स्वजोत के आधार पर भूमि तथा लगान का बन्दोबस्त करके कृषकों को भूमि का स्थायी स्वामित्व सौंपा गया और इस प्रकार सदियों से चले आ रहे कृषक शोषण को स्थायी मुक्ति मिली। भारत का सम्पूर्ण कृषक समाज अब प्रायः भूमि स्वामित्व के समानाधिकार से लाभान्वित है-वैसे लगान तथा ऋण समस्या पर भी पर्याप्त उदारता बरती गयी है।

मजदूर संघर्ष

भारत सदियों से साम्राज्यवाद के प्रभुत्व में रहा है और इसके फलस्वरूप यहा दो ही वर्ग रहे हैं—राजा और प्रजा का। राजा का साथ उनका सामन्तीय प्रशासनिक परिवेश एवं प्रजा के साथ ही वैश्य, सेठ, साहूकार तथा बनिये भी थे। कृषि तथा कुटीर उद्योग आय के मूल साधन थे। कृषि के साथ पशुधन कृषि सम्पत्ति से सम्बद्ध रहा है। कुल मिलाकर, सम्पूर्ण आर्थिक सम्पन्नता सामन्त एवं राजाओं के पास थी।

भारत में अंग्रेजों के उपनिवेशवादी राज्य की स्थापना के बाद व्यवस्था में थोड़ा-सा परिवर्तन आया। ईस्ट इण्डिया कम्पनी ने सन् 1757 में कम्पनी आधिपत्य की स्थापना की तथा प्रथम चरण में कृषि की लगान की वृद्धि से कृषकों को परेशान करना तथा मजदूरी में कमी करके उद्योगों को नष्ट करना शुरू किया। इन दोनों पर नियन्त्रण के बाद ईस्ट इण्डिया कम्पनी ने भारत में व्यापार का एकाधिकार कायम कर दिया।

इसके विरोध में, भारत को अपना विशाल बाजार बनाने के लिए ब्रिटिश संसद ने भारत का सम्पूर्णतः नियन्त्रण अपने हाथ में ले लिया और भारत ब्रिटिश उपनिवेशवाद का स्थायी बाजार बन गया। भारत के कच्चे माल पर सरकारी नियन्त्रण तथा ब्रिटेन से लायी हुई वस्तु की बिक्री के कारण भारतीय उद्योग धन्धे समाप्त हो गये। सन् 1850 में प्रथम असफल जनक्रान्ति के बाद सम्पूर्ण नियन्त्रण ब्रिटिश शासन के हाथ में आ गया।

इस जनक्रान्ति के बाद अपने स्थायी अधिकारवाद की सम्पुष्टि के लिए अंग्रेजों ने रेल, तार, डाक व्यवस्था को व्यवस्थित किया। चाय, काफी, रबड़, नील, कपास, जूट की कृषि का विकास करके उसका आयात किया गया और उनसे सम्बद्ध उद्योगों के विकास का कार्यक्रम बनाया गया। भारत के औद्योगीकरण के लिए बैंक व्यवस्था की शुरुआत की गयी। इसी क्रम में उन्होंने बैंक ऑफ इण्डिया की स्थापना की।

इस सन्दर्भ में यह भी बताना महत्त्वपूर्ण है कि इंग्लैण्ड की विदेशी कम्पनियों ने अब अपना सहायक कार्यलय भारत में खेलना भी शुरू किया और लीवर ब्रदर्स, डनलप, इम्पीरियल केमिकल आदि ने अपना उपकेन्द्र बनाया।[20] इसी प्रकार अंग्रेजों ने

अपने उपनिवेशादी शिकंजे को कसने के लिए—1. देश की राजनीतिक एकता, 2. रेल तार डाक की सुनिश्चित व्यवस्था, 3. समाचार-पत्रों, विद्युत टेलीग्राफ, 4. देशी सेना, 5. शासन व्यवस्था में सहायता पहुँचाने के लिए एक विशेष प्रकार का शिक्षित वर्ग और उसकी शिक्षा की व्यवस्था, 6. इंग्लैण्ड तथा भारत को जोड़ने के लिए समुद्री जहाज व्यवस्था, 7. भूमि का जमींदारी बन्दोबस्त आदि व्यवस्थाओं को लागू किया।

अंग्रेजी उपनिवेशवाद की पूर्ण स्थापना के बाद भारत की सम्पूर्ण समाज व्यवस्था बदल गयी और समाज का पुराना वर्ग, वर्ण भेद एवं आश्रम व्यवस्था ने दूसरी शक्ल ले ली। प्रायः समाज में पूँजीपति, मध्यवर्गीय जन, जमींदार, किसान-जैसा एक विभाजन दिखने लगा और उद्योगवादी व्यवस्था के अन्तर्गत पश्चिम की भाँति उच्च वर्ग, मध्य वर्ग एवं शोषित, दलित, म्नि या सर्वहारा से समाज का बँटवारा हो गया।

इस सन्दर्भ में दो संघर्ष समानान्तर रूप से दिखायी पड़ते हैं—प्रथम संघर्ष किसान आन्दोलन का है, जिसकी चर्चापूर्व में की जा चुकी है, दूसरा संघर्ष मजदूर संघर्ष का है। यह संघर्ष उपनिवेशवाद की उद्योगवादी संस्कृति से उत्पन्न शोषण की प्रतिक्रेया से उत्पन्न हुआ है। इसी के साथ-साथ गाँधी जी ने अपने असहयोग आन्दोलन में 'कार्यालय तथा कर्मचारी' की भूमिका तय की तथा उन्होंने भी बड़े जोर-शोर से स्वतन्त्रता-आन्दोलन में भाग लिया।

इसी प्रकार मजदूरी आन्दोलन की स्थिति, बम्बई, कलकत्ता, मद्रास और बन्दरगाहों, आसाम के चाय बागानों, रेल, तार, डाक सेवा कर्मियों के विभिन्न केन्द्रों, सूरत के अहमदाबाद तथा व्यावसायिक प्रतिष्ठानों आदि स्थलों पर दिखायी पड़ती है।

भारत के मजदूर यूनियन की हड़ताल तथा विद्रोह सन् 1937 से लेकर 1947 तक विशेष महत्त्वपूर्ण है। इनके आन्दोलनों ने देश की स्वाधीनता की लड़ाई को सबसे अधिक शकित दी थी। इसका असर भारतीय सेनाओं परभी पड़ा किन्तु हल्के रूप से ही।

बम्बई के मजदूर यूनियन की हड़ताल सन् 1939 में हुई थी लेकिन इसका उद्देश्य द्वितीय विश्वयुद्ध के फलस्वरूप उत्पन्न मन्दी तथा मजदूरी में हुई मन्दी बतायी जाती है। बम्बई की इस हड़ताल का प्रभाव कानपुर, कलकत्ता, झरिया, जमशेदपुर, धनबाद आदि पर भी पड़ा और सन् 1941 में भारतीय ट्रेड यूनियन कांग्रेस से अलग करके मजदूर नेताओं ने अपना भिन्न श्रमिक दल 'इण्डियन फेडरेशन ऑफ लेबर' (Indian Federation of Labour) बनाया। साम्यवादी संगठनों द्वारा किये गये अलगाव को देखते हुए सन् 1939 में सरदार बल्लभ भाई पटेल ने अलग से भारतीय ट्रेड यूनियन कांग्रेस (Indian National Trade Union Congress) बनायी जो बाद में आखिल भारतीय ट्रेड यूनियन कांग्रेस पार्टी की मजदूर यूनियन बन गयी।[21]

सन् 1942 में गाँधी जी द्वारा 'भारत छोड़ो' आन्दोलन में मजदूरों ने बड़े उत्साह के साथ भाग लिया। इस आन्दोलन में मजदूरों का सहयोग प्रायः देश व्यापी रहा,

और दिल्ली, लखनऊ, कानपुर, बम्बई, नागपुर, अहमदाबाद, जमशेदपुर, मद्रास, इन्दौर, बंगलौर आदि नगरों में इसका विशेष असर रहा।[22]

भारतीय स्वतन्त्रता आन्दोलन के इतिहास में 1946 में किया गया नौसैनिक विद्रोह सर्वाधिक महत्त्वपूर्ण है और इसका प्रभाव सैनिकों पर भी थोड़ा-बहुत पड़ा। इस सन्दर्भ में हड़ताल के रूप में मजदूरों द्वारा किया गया उनके समर्थन का आन्दोलन भी बड़ा प्रभावी रहा। इस आन्दोलन का प्रभाव सम्पूर्ण भारत पर पड़ा और देश के तार, डाक, रेल कर्मचारियों के आन्दोलनों को प्रेरित तथा प्रभावित किया।

इस प्रकार, भारतीय मजदूर चेतना का यह दायित्व भारतीय स्वतन्त्रता के इतिहास में महत्त्वपूर्ण है। अर्थव्यवस्था में मूल सहायक मजदूरों ने स्वतन्त्रता आन्दोलन के दौरान निम्नवर्गीय जनसमुदाय के महत्त्व का एहसास कराया तथा संघर्ष में अपनी भागीदारी निश्चित की। इस निम्नवर्गीय चेतना ने अपने महत्त्व का आकलन कराते हुए भारतीय संस्कृति तथा इतिहास में किसी भी राष्ट्र के निर्माण में निम्नवर्गीय जनभावना तथा उसके समूह का वास्तविक महत्त्व इंगित करते हुए अपनी अनिवार्यता अंकित की और स्वयं को नवचेतना का अखण्डित तथा अविभाज्य अंग सिद्ध किया।

कुल मिलाकर, भारतीय स्वाधीनता की चेतना में किया गया तथा मजदूरों के न्याय का यह संघर्ष भारतीय संस्कृति के इतिहास में सर्वथा पूर्व परम्परा से हटकर था और इसने सम्पूर्ण समाज का ध्यान अपनी ओर आकर्षित किया। नये भारत में निम्न वर्ग की वास्तविक भूमिका की रचना में इनके अस्तित्व का एहसास इस देश ने आजादी के बाद पहली बार आँका।

शिक्षा, अखबार तथा संचार माध्यम

जैसा कि, प्रारम्भ में बताया गया है कि अंग्रेजों के कम्पनी राज्य के स्थान पर ब्रिटिश शासन ने भारत में अपने उपनिवेशवादी साम्राज्य की स्थापना की तथा दो लक्ष्य निर्धारित किये—

1. एक बड़े बाजार के रूप में भारत का विकास ताकि ब्रिटेन में बने सामानों की बड़ी मात्रा में आपूर्ति की जा सके।

2. उपनिवेशवादी साम्राज्यवाद को स्थायी, प्रभावशाली तथा मजबूत बनाने के लिए शिक्षा तथा संचार माध्यमों का प्रचार-प्रसार।

3. प्रथम के तहत भारत में ब्रिटेन को कम्पनियों ने अपने उपकेन्द्र यहाँ खोले तथा दूसरों की लिए ब्रिटिश सरकार ने स्वयं अपने साधनों तथा यहाँ की जनता के सहयोग से सम्पूर्ण भारत में शिक्षा, रेल तार, डाक आदि का ताना-बाना फैलाना शुरू किया।

किसी भी देश में समझ तथा अभिव्यक्ति की स्वतन्त्रता का सीधा सम्बन्ध उसके जागरण तथा विकास से है और इन दोनों के लिए शिक्षा तथा संचार माध्यमों एवं समाचार-पत्रों की नितान्त आवश्यकता है। संचार व्यवस्था सामूहिक एकताबता को नियन्त्रित करने के लिए त्वरित माध्यम है। भारत जैसे एक ऐसे देश में जो अट्ठारहवीं

सदी के प्रारम्भ तक रूढ़ि, अस्पृश्यता, जातिवाद, अहंकार, आध्यात्मिक अन्धवादिता, निर्धनता, पाखण्डवाद, धार्मिक वैमनस्य, सामन्तवादी संस्कारवाद-जैसे विचारों में आकण्ठ आप्लावित हो, उसके लिए नयी शिक्षण व्यवस्था, रेल, तार, डाक, टेलीग्राफ-जैसे अधुनातन सुविधाएँ तथा समाचार-पत्रों का अभ्युदय वैचारिक विकास के लिए मुक्ति आन्दोलन से कम नहीं है। जैसा कि कहा गया है, इन सम्पूर्ण व्यवस्थाओं के मूल में यद्यपि अंग्रेजों का मूल उद्देश्य अपने साम्राज्यवाद की जड़ों को मजबूत करना रहा है, फिर भी, गुलाम भारत के लिए ये सभी स्वाधीनता के प्रकाश स्तम्भ की भाँति माने जाने चाहिए और इस सम्बन्ध में अपने विचारकों के मत भी इसी प्रकार के हैं।[23]

प्रेस की आजादी

जेम्स आगस्टस हिक्की ने सन् 1780 में पहला समाचार-पत्र निकाला-जिसका नाम था, बंगाल गजट, The Calcutta General Advertiser। ईस्ट इण्डिया कम्पनी के शासकों तथा न्यायाधीशों की निष्पक्ष आलोचना के कारण उनका समाचार-पत्र जब्त कर लिया गया। इसी क्रम में इस प्रारम्भिक स्थिति में निम्नलिखित अखबार कलकत्ता तथ मद्रास में निकाले गये—

1. कलकत्ता गजट	1784	अंग्रेजी, कलकत्ता
2. बंगाल जनरल	1785	अंग्रेजी, कलकत्ता
3. कलकत्ता एक्यूज़मेण्ट	1785	अंग्रेजी, कलकत्ता
4. कलकत्ता क्रोनिकल	1786	अंग्रेजी, कलकत्ता
5. मद्रास कोरियर	1786	अंग्रेजी, कलकत्ता
6. कलकत्ता जनरल	1818	अंग्रेजी, कलकत्ता
7. संवाद कौमुदी	1821	बंगाली, राजाराम मोहनराय
8. मिरात-उल-अकबार	1822	फारसी, राजाराम मोहनराय
9. ब्रह्मनिकल मैग्जीन	1822	अंग्रेजी, राजाराम मोहनराय
10. चन्द्रिका	1822	बंगाली, कलकत्ता
11. दैनिक बम्बई समाचार	1822	गुजराती, बम्बई
12. बंगदत्ता	1830	बंगला, कलकत्ता
13. जामे जामशेद	1839	गुजराती, बम्बई
14. दस्त गोफ्तार	1851	गुजराती, बम्बई
15. अखबारे-सौदागर	1851	गुजराती, बम्बई

समाचार-पत्रों का यह इतिहास कलकत्ता तथा बम्बई तक ही सीमित रहा—शिक्षा, रेल, तार, डाक आदि के प्रचार के साथ-साथ समाचार-पत्रों का विकास हुआ। समाचार-पत्रों के इस प्रारम्भिक चरण में सामाजिक व्यवस्था, राजनैतिक जागरूकता तथा राष्ट्रीय जागरण के भावों का अभ्युदय हो रहा था। सन् 1799 में प्रेस सेंसरशिप

अधिनियम बन चुका था कि शासन की दुर्व्यवस्था तथा गोपनीयता का इसमें विवरण नहीं छपना चाहिए। यह भारतीय प्रेस प्रसार का प्रथम चरण था।

प्रेस प्रसार के दूसरे चरण की भूमिका बड़ी ही महत्त्वपूर्ण रही है, विशेषकर भारतीय स्वाधीनता के संघर्ष के सन्दर्भ में। ये समाचार-पत्र स्वाधीनता संघर्ष में हथियार के रूप में प्रयोग किये गये। इनमें प्रमुख समाचार-पत्र इस प्रकार हैं—

1. टाइम्स ऑफ इण्डिया	1861	कलकत्ता
2. स्टेट्स मैन	1878	कलकत्ता
3. फ्रेण्ड्स ऑफ इण्डिया	1878	कलकत्ता
4. इंग्लिश मैन	1878	कलकत्ता
5. मद्रास मेल	1876	इलाहाबाद
6. पायनियर	1876	इलाहाबाद
7. सिविल एण्ड मिलिट्री गजट	अज्ञात	लाहौर
8. हिन्दू पैट्रियाट	1874	कलकत्ता
9. अमृत बाजार पत्रिका	1874	कलकत्ता

इसी समय हिन्दी पत्रकारिता का भी प्रारम्भ हुआ और कलकत्ता से निकलनेवाला 'उदन्त मार्तण्ड' सन् 1827, सम्पादक-जुगुल किशोर मार्तण्ड) प्रकाश में आया। यह हिन्दी का पहला समाचार-पत्र माना जाता है। इसके अतिरिक्त भी अन्य समाचार-पत्र 'भारत मित्र' (सम्पादक—बालमुकुन्द गुप्त), 'हिन्दुस्तान' (साप्ताहिक कालाकाँकर, सम्पादक-मदनमोहन मालवीय तथा बालमुकुन्द गुप्त(, 'प्रजा हितैषी' (आगरा), 'प्रजा हित' (पाक्षिक इटावा), 'ज्ञान प्रदायिनी' (नवीन चन्द्र राय-कलकत्ता- 1866), 'कवित वचन-सुधा' (भारतेन्दु हरिश्चन्द्र वाराणसी, 1867), 'हरिश्चन्द्र मैगजीन' (1872), 'हिन्दी प्रदीप' (बालकृष्ण भट्ट्ट), 'हरिजन' (महात्मा गाँधी) आदि प्रकाश में आये।

स्वाधीनता आन्दोलन में विकास के साथ-साथ देश की महत्त्वपूर्ण भाषाओं में समाचार-पत्रों की बाढ़ आ गयी और हिन्दी, उर्दू, मराठी, गुजराती, बंगाली, तमिल, पंजाबी आदि भाषाओं में लोकमानस के उद्वेलन के साथ अखबारों का प्रकाशन भी उमड़ पड़ा। समाचार-पत्रों के विकास के इस तीसरे चरण में स्वाधीनता के आन्दोलन के विकास में द हिन्दू (जी. सुब्रह्मण्यम् अय्यर), केसरी मराठा (बाल गंगाधर तिलक), बंगाली (सुरेन्द्र नाथ बनर्जी), अमृत बाजार पत्रिका (शिशिर कुमार घोष), हिन्दुस्तानी (दादा भाई नौरोजी), इण्डियन मिरर (एन. के. घोष) आदि की विशेष भूमिका रही।

पत्रकारिता के लिए जेल जानेवाले पहले व्यक्ति श्री सुरेन्द्र नाथ बनर्जी (बंगाल पत्रिका के सम्पादक) थे। इनके विरोध में पहली बार देश के अनेक भागों में विरोध प्रदर्शन हुआ। बाल-गंगाधर तिलक ने राष्ट्रीयता के संघर्ष में पत्रकार के रूप में अपनी महत्त्वपूर्ण भूमिका निभायी। इन्हें इस कार्य के लिए 18 महीने की कड़ी सजा दी गयी।

प्रेस को हथियार के रूप में इस्तेमाल करने के कारण ब्रिटिश शासन ने कई अधिनियम बनाये जिनमें दो महत्त्वपूर्ण रहे हैं—"भारतीय दण्ड संहिता, धारा 124-ए

जिसमें भारत में विधि द्वारा स्थापित ब्रिटिश सरकार के प्रति विरोध की भावना भड़कानेवाले व्यक्ति को तीन साल की कैद से लेकर आजीवन देश निकाला तक की सजा दिये का प्रावधान था। सन् 1898 में इस 124-ए में संशोधन करके दण्ड संहिता में नयी धारा 153-ए जोड़ी गयी। इसमें यह प्रावधान था कि "अगर कोई व्यक्ति सरकार की मानहानि करता है या विभिन्न वर्गों में नफरत फैलाता है या अंग्रेजों के खिलाफ घृणा का प्रचार करता है : तो यह भी अपराध होगा।"[24]

दण्ड संहिता की इन धाराओं का प्रभाव अंग्रेजों के प्रतिकूल पड़ता गया और इसी के तहत सम्पादकों का व्यापक स्तर पर उत्पीड़न किया जाना और भारतीय जनमानस में असन्तोष तथा आक्रोश की व्याप्ति दोनों एक साथ बढ़ रहे थे। इन अखबारों द्वारा उनके प्रति असन्तोष एवं विद्रोह फैलने से बचने के लिए बराबर उसमें कई प्रेस अधिनियमों को इन अखबारों पर लगाया, जिनमें से कुछ महत्त्वपूर्ण अधिनियम इस प्रकार हैं—

1. समाचार पत्र अधिनियम, 1908
2. भारतीय समाचार पत्र, अधिनियम, 1910
3. इण्डियन प्रेस, इमरजेंसी, एक्ट, 1931

इन समाचार-पत्रों पर लगे अधिनियम बड़े ही कड़े थे-जैसे प्रत्यक्ष अप्रत्यक्ष, अनुमान, सुझाव, रूपक, बहाने से अथवा किसी अन्य तरीके से सेना में असन्तोष फैलाने, भारतीय राजाओं के विरुद्ध भावनाओं को भड़काने, किसी संज्ञेय अपराध को करने या प्रेरणा देने पर कठोर दण्ड का प्रावधान था।

भारतीय संविधान के लागू होने पर प्रेस एक्ट 1951 बना। इसमें अभिव्यक्ति की स्वतन्त्रता को मूलाधिकार मानते हुए इन सम्पूर्ण प्रतिबन्धों को समाप्त करके काफी राहत दी गयी और सकरार ने इस प्रेस व्यवस्था में सुधार करने के लिए प्रेस कमीशन नियुक्त किया, जिसकी आख्या सन् 1954 में आयी। प्रेस आजादी, पत्रकारों की सुविधा तथा अन्य प्रकाशक नियमों का इसके प्रकाश में निर्माण करके आजाद भारत की आकांक्षाओं के अनुरूप नियम बनाये गये।

शिक्षा

किसी भी राष्ट्र के विकास में शिक्षा का विशेष महत्त्व है। भारत में ईस्ट इण्डिया कम्पनी के स्थापित होने के पूर्व तक शिक्षा की बड़ी दुर्दशा थी। पुराने सांस्कृतिक नगर यथा-काशी, प्रयाग आदि में पुरानी पद्धति के गुरुकुल पाठशालाएँ नाममात्र के लिए बची थी और समग्र भारतीय परिवेश में अशिक्षा का गहन अन्धकार व्याप्त था। इस स्थिति को देखकर अंग्रेजों ने पश्चिमी शिक्षा पद्धति को लागू करने की योजना बनायी। इस योजना के दो लक्ष्य थे—

1. अपनी व्यवस्था को संचालित करने के लिए उसके अनुरूप शिक्षित वर्ग को तैयार करना क्योंकि भारतीयों के पास अंग्रेजी भाषा नहीं थी और न अंग्रेजों के पास भारतीय भाषा।

2. अंग्रेजी शिक्षा के माध्यम से पश्चिम के ज्ञान-विज्ञान तथा सांस्कृतिक दबाव का प्रचार-प्रसार करना।

इन लक्ष्यों को अर्जित करने में भारतीयों को शिक्षित करने का लक्ष्य सामने रखकर शिक्षा का प्रचार-प्रसार अंग्रेजों द्वारा शुरू किया गया। किन्तु पाश्चात्य शिक्षा के सम्पर्क में आकर भारतीयों के मानसिक क्षितिज को खिड़कियाँ खुल गयीं। पहली बार उन्होंने पश्चिम के ज्ञान-विज्ञान आदि के सम्पर्क में आकर अपनी हीनता का अनुभव करने तथा उनके समकक्ष पहुँचने का भाव लोगों में उत्पन्न हुआ। हम भारतीयों में स्वाभिमान, राष्ट्रीयता तथा देशप्रेम, विश्व सम्पर्क, अनुशासन, समझ आदि भावनाओं के विकास में इसका सबसे बड़ा योगदान रहा है।

शिक्षा के सन्दर्भ में भी, कलकत्ता का योगदान, ईस्ट इण्डिया कम्पनी की राजधानी होने के कारण सर्वाधिक रहा है। सर्वप्रथम बंगालियों के ही मन में भारतीय विद्याओं को प्रोत्साहित करने की बात आयी थी और इस प्रयास में उन्होंने सन् 1781 में अरबी-फारसी के अध्ययन के लिए कलकत्ता मदरसा तथा सन् 1791 में संस्कृत कालेज की स्थापना की। किन्तु दोनों से अपेक्षित लाभ न देखकर सन् 1800 में फोर्ड विलियम कालेज की स्थापना की गयी। सन् 1817 में अंगेजी माध्यम से कलकत्ता हिन्दू कालेज में पाश्चात्य संस्कृति और विज्ञान की शिक्षा का प्रारम्भ किया गया। इसी समय शिक्षा सम्बन्धी विवाद उत्पन्न होने पर 'जन शिक्षा की सामान्य समिति' गठित की गयी और इस समिति के अध्यक्ष लार्ड मैकाले बनाये गये। 6 मार्च, 1835 के अपने प्रस्ताव द्वारा मैकाले ने भारतीय शिक्षा नीति का निर्माण किया और शिक्षा के अंग्रेजीकरण को एक आदर्श बनाकर सामने रखा। उनकी संस्तुति में ब्रिटेन के विश्वविद्यालय ढाँचे के आधार पर विश्वविद्यालयों को स्थापित करने की संस्तुति भी थी। उन्हीं की संस्तुति के आधार पर कलकत्ता, बम्बई तथा मद्रास में विश्वविद्यालय खोलने की योजना बनायी गयी। फलतः 1858 में कलकत्ता, मद्रास तथा बम्बई विश्वविद्यालय प्रकाश में आये। इसके बाद इलाहाबाद तथा लाहौर विश्वविद्यालय खोले गये।

इन विश्वविद्यालयों के अतिरिक्त माध्यमिक स्तर के कालेजों को खुलवाने का श्रेय लार्ड डलहौजी को है। सन् 1854 में उसने 47 अंग्रेजी स्कूल, 5 अंग्रेजी कालेज, 1 मेडिकल कालेज, 3 प्राच्य कालेज खुलवाये। इसी के बाद मिशनरी तथा व्यक्तिगत प्रयासों से पंजाब, बम्बई, इलाहाबाद, बनारस आदि स्थानों पर अनेक स्कूल तथा कालेज खुले। इस प्रकार भारत में पाश्चात्य शिक्षा की नींव पड़ी और उसका निरन्तर द्रुतगति से विकास होता रहा।

पाश्चात्य शिक्षा नीति का लक्ष्य यद्यपि शिक्षित व्यक्तियों को सरकारी नौकरी में प्राथमिकता देना रहा है परनतु अंग्रेजों ने अपने समय-समय पर जारी शिक्षा नीतियों में इसका उद्देश्य लोक शिक्षा तथा भारत कल्याण ही बताया। फिर भी, इसके सम्बन्ध में मतभेद है।

इस मत का खण्डन करते हुए परांजपे लिखते हैं कि—"घोषणा पत्र का उद्देश्य ऐसी शिक्षा देना नहीं था जो नेतृत्व सिखाये, भारत का औद्योगिक विकास करे, मातृभूमि की रक्षा करना सिखाये अर्थात् जो किसी स्वतन्त्र राष्ट्र के निवासियों के लिए अपेक्षित हो।"[25]

शैक्षिक प्रणाली में परितर्वन लाने के लिए बार-बार बदलाव आते रहे हैं। सन् 1854 से लेकर सन् 1936 तक अंग्रेजी की शैक्षिक व्यवस्था तथा प्रणाली में अनेक परिवर्तन होते रहे हैं किन्तु भारतीय जनमानस की आकांक्षाओं के अनुरूप परिवर्तन 1937 से 1947 तक ही देखे जा सकते हैं। महात्मा गाँधी, डॉ. जाकिर हुसैन आदि समाज-सुधारकों, शिक्षाविदों के प्रयास से राष्ट्रीय आवश्यकतानुसार शिक्षा में परिवर्तन हुए।

अंग्रेजों द्वारा स्थापित शिक्षा पद्धति के विकास और भारतीय स्वाधीनता आन्दोलन के सम्पर्क ने हम भारतीयों में विकसित दृष्टिकोण का प्रसार किया जो इस प्रकार है—

1. राष्ट्रीय एकता की भावना तथा राष्ट्रीय समन का सन्दर्भ इस विकास के क्रम में सर्वाधिक महत्त्वपूर्ण है। पश्चिमी देशों की जनतान्त्रिक शासन प्रणालियों की समझ, अभिव्यक्ति की स्वतन्त्रता, राष्ट्रीय भावना को सर्वोच्चता के साथ स्वीकार करना राष्ट्रप्रेम आदि कितने सन्दर्भ इस शैक्षिक परिवेश से हमें प्राप्त हुए हैं और हमने उन लाभों का यथासम्भव उपयोग भी किया है।

2. अतीत के सांस्कृतिक गौरव को वर्तमान से जोड़ने की दृष्टि से भी इस अंग्रेजी शिक्षा पद्धति का भारतीयों के लिए नितान्त लाभप्रद रहा है। यद्यपि अंग्रेज इन दोनों दृष्टियों के प्रति अपना समर्थन-भाव नहीं रखते थे किन्तु आधुनिक शैक्षिक परिवेश से हम भारतीयों को ये लाभ स्वयमेव प्राप्त हुए हैं।

3. अन्तरराष्ट्रीय सम्पर्क एवं भारतीय बोध का विश्व में प्रचार करने की दृष्टि से भी इस शिक्षा-पद्धति का विशेष महत्त्व रहा है। जापान, रूस, जर्मनी, अमेरिका आदि राष्ट्रों से सम्पर्क करके भारतीय नागरिकों ने राष्ट्रीयता के विकास की सम्भावनाओं को सार्थक बनाया।

4. हम भारतीयों ने अभिव्यक्ति की स्वतन्त्रता के माध्यम से शिक्षा का प्रचार-प्रसार ही नहीं शुरू किया किया बल्कि नयी विचारधाराओं के सम्पर्क में आकर पुस्तक लेखन, प्रकाशन, प्रचार तथा विक्रय, पत्रिकाओं एवं समाचार-पत्रों का सार्वजनिक उपयोग सीखा। यही नहीं, राष्ट्रीयता की संरचना में इनका क्या उपयोग है, या हो सकता है इसको समझकर इनका पूरी तरह से इस्तेमाल किया।

कुल मिलाकर, भारत की यह शैक्षिक व्यवस्था हमारी संकीर्णताओं एवं रूढ़ियों को तोड़कर हमें स्वाधीन भारत की आकांक्षाओं के अनुरूप गढ़ने में सर्वाधिक मदद की तथा स्वदेश प्रेम-जैसी भावना से मण्डित किया। इसी ने हमें राष्ट्रीय एकता एवं राष्ट्रीय लोक आकांक्षाओं के महत्त्व को समझाने में बहुत बड़ी मदद की। राष्ट्रीय-सांस्कृतिक विकास में इसका योगदान सर्वाधिक रूप से आँका जाना चाहिए।

जैसा कि कहा गया है, निराला का समग्र जीवनकाल अर्थात् सन् 1899 से लेकर 1961 तक भारतीय सामाजिक व्यवस्था तथा शासन सन्दर्भ की दृष्टि से अत्यधिक दबाव एवं संघर्ष का कालखण्ड रहा है। अंग्रेजों से भारतीयों की मुक्ति का राष्ट्रीय संघर्ष निराला के जीवनकाल की सबसे बड़ी घटना थी और निराला इस संघर्ष के साथ निरन्तर अपने को जोड़े रहे। इसी संघर्ष के साथ-ही-साथ सामाजिक व्यवस्था के स्तर पर साम्प्रदायिक संघर्ष, जातीय संघर्ष, किसान आन्दोलन, मजदूर संघर्ष, शिक्षा तथा अखबार आदि से निराला की स्वाधीनता की चेतना या मुक्ति की चेतना की बात कही जाती है तो अनायास ही उसके दो पक्ष हो उठते हैं—प्रथम, अंगेजों से दासता की मुक्ति की आकांक्षा तथा उसके लिए संघर्ष और दूसरा पक्ष है—सामाजिक बदलाव, सामाजिक बदलाव के अन्तर्गत कृषि व्यवस्था, मजदूर समस्या, जाति तथा वर्गवाद, वर्ण व्यवस्था, नारी तथा पुरुष, शैक्षिक तथा अन्य उन समस्याओं से मुक्ति पाने के प्रति संचेतना के सन्दर्भ जिससे नवीन तथा आदर्शपूर्ण समाज की रचना हो सके।

स्वाधीनता प्रेमी निराला और उनके व्यक्तित्व की सृजनधर्मी परिणति

महाकवि निराला के प्रथम आलोचक डॉ. बच्चन सिंह ने उन्हें क्रान्तिकारी कवि के रूप में पुकारा है और उनके व्यक्तित्व का मूल्यांकन करते हुए बताया है कि निराला के जीवन में त्रासद घटनाओं की कमी नहीं है और यह भी बताया है कि उनका साहित्यिक जीवन कंम त्रासद नहीं रहा है। उन्होंने लिखा है—

"निराला की कविताओं के विरुद्ध सम्पादकों, आलोचकों ने अभेद्य मोर्चा बना रहा था। उसे तोड़ते-तोड़ते निराला को कितना टूटना पड़ा, इसे तो उनकी जीवनी, विक्षेप चिह्नित कविताओं तथा चोटी को पकड़ जैसे उपन्यास में देखा जा सकता है—ऐसी स्थिति में निराला का एक और मन था, जो कभी न टूटा हो—एक और मन रहा राम का।"[26]

डॉ. रामविलास शर्मा उन्हें क्रान्ति का कवि कहते हैं और बताते हैं कि "निराला क्रान्ति के कवि हैं, उस क्रान्ति के, जिसका लक्ष्य भारत को विदेशी पराधीनता से मुक्त करना ही नहीं, जनता के सामाजिक जीवन में मौलिक परिवर्तन करना भी है।"[27] यह सामाजिक परिवर्तन ही क्रान्तिकारी परिवर्तन है और निराला का वैयक्तिक आत्मनेपद का संघर्ष समाज के साथ जुड़कर परस्मैपद का संघर्ष बन जाता है। निराला अपने निजी और सामाजिक सन्दर्भों दोनों में क्रान्तिकारी परिवर्तन के साहित्यकार हैं। इस क्रान्तिकारिता के मूल में छिपी मुक्ति की चेतना उनकी अन्तःप्रकृति का मूलधर्म है।

निराला के इस क्रान्तिधर्मी स्वभाव का सन्दर्भ उनकी स्वाधीनता की मुक्तिकामी चेतना से जुड़ा हुआ है। निराला की मुक्ति कामी चेतना उनके स्वभाव तथा व्यवहार दोनों से जुड़ी है। उनकी सृजनशीलता स्थायी प्रवृत्ति है। निराला स्वभावतः मुक्तिकामी

कवि, उपन्यासकार, कहानीकार तथा निबन्ध लेखक हैं। उनका सम्पूर्ण सृजन उनकी संकल्प शक्ति की प्रबल निर्णयाकांक्षा से जुड़ी है। प्रारम्भ से लेकर जीवन के अन्त तक कभी भी, कहीं भी, किसी रूढ़ि से चाहे वह जिस भी क्षेत्र की हो-से समझौता न कर सकने की उनकी स्वाभाविक चेतना पल-पल जागरूक रही है और जीवन के प्रारम्भ अर्थात् बाल्यकाल से ही यह चेतना उनके मुक्त व्यक्तित्व का निर्माण करके, उन्हें निराला बनाती है।

निराला की जीवनी में इस तथ्य के लिए सबसे प्रामाणिक साक्ष्य डॉ. रामविलास शर्मा कृत निराला की साहित्य साधना, भाग-1 में है। बचपन से ही रूढ़ियों से समझौता न करने की प्रवृत्ति उनमें वर्तमान है। यज्ञोपवीत हो जाने पर भी निराला को लाख मना किये जाने के बाद भी ताल्लुकदार भगवानदीन की रखैल पतुरिया से उत्पन्न बच्चों के हाथ का खाना खाने में उन्हें कोई आपत्ति नीं थी। खाने पर मारे गये— लेकिन निराला सोचते हैं—"जनेऊ पहनने से ऐसा क्या हो जायेगा कि मैं दूसरे का छुआ न खा सकूँगा।"[28] ससुराल जाने पर सास ने मना किया कुल्ली भाँट से न मिलो। तब निराला सोचते हैं—

"गढ़ाकोला में बाप कहते थे—पतुरिया से न मिला करो।"[29]

निराला के मुक्तिकामी स्वभाव ने अपने दोनों गुरु सुहृदयों को नहीं स्वीकार किया। दोनों से दोस्ती की। कुल्ली से आजीवन मित्रता निभायी।

स्वाधीन चेता निराला मांस खाने के प्रश्न पर अपनी पत्नी का हस्तक्षेप न सह सके और उन्हें ससुराल भेज दिया। इसी के बाद उनकी पत्नी का स्वर्गवास भी हो गया, निराला जीवन भर विधुर बने रहे किन्तु जीवनपर्यन्त मांस नहीं त्यागा। ऐसा ही, कुछ प्रकरण उनके नौकरी छोड़ने का भी है। स्वाभिमान पर जरा-सी ठोकर लगने पर उन्होंने महिषादल की नौकरी छोड़कर अपने पैतृक गाँव गढ़ाकोला चले आये और नाना प्रकार के संकटों को झेला।

निराला के जीवन की इस प्रकार की अनेक घटनाएँ हैं, जहाँ उन्होंने अपने स्वाभिमान को न तो ठेस लगने दी-और न कहीं पराजय स्वीकार की। विहित आधारों पर निर्णय लेने का संकल्प निराला का अपना रहता था और वे शास्त्रवाद, वर्ण-व्यवस्था, पराधीनता, गतानुगतिकता, आडम्बर आदि की अपनी व्याख्या करते और उसी को प्रामाणिक मानते। निराला की स्वाधीनता की चेतना अन्धास्थावाद को कभी स्वीकार नहीं करती। निराला की मुक्ति कामी चेतना ने उनमें विद्रोही तेवर दिये। निराला की इस मुक्तिकामी चेतना से उत्पन्न विद्रोही तेवर के बीज उनमें बाल्यावस्था से ही थे। बाल्यावस्था में एक बार ये पिता को समझा रहे थे कि—'तुम्हारे मातमहत इतने सिपाही हैं तुम इस राजा को क्यों नहीं लूट लेते।' तात्पर्य यह है कि उनका विद्रोही स्वर उनकी मुक्तिकामी चेतना का धर्म बनकर कहीं-कहीं बाल्यावस्था में ही अभिव्यक्त दिखायी पड़ता है किन्तु यह तेवर युवावस्था में अधिक जीवन्त दिखायी पड़ता है। क्रान्तिकारी चेतना के कवि निराला साहित्य में विद्रोही चेतना के कवि के रूप में स्वीकार किये जाते रहे हैं और उन सबके मूल में है, उनका मुक्तिकामी व्यक्तित्व।

डॉ. रामविलास शर्मा ने उनके ऐसे ही विद्रोही कार्यों का उल्लेख कई सन्दर्भों में किया है—"सूर्यकान्त कभी संन्यासियों के कमरे चप्पलें पहने चले जाते। कमरे में चप्पलें उतारकर एक तरफ बैठ जाते। कोई संन्यासी चुपचाप उठकर उनकी चप्पलें बाहर रख आता। कभी-कभी अपना विद्रोही भाव लाने के लिए वह संन्यासियों के सामने सिगरेट सुलगा लेते थे और धुआँ उड़ाते रहते।" निराला जैसे-जैसे आगे बढ़ते गये उनकी मुक्तिकामी चेतना से उत्पन्न उनका विद्रोही तत्त्व उनके 'अहम् भाव' को बढ़ाता गया। परिमल छपने पर वे अपने को श्रेष्ठ कवि समझने लगे। कहीं भी हिन्दी भाषा के कवि और राष्ट्रभाषा के कवि के बीच अन्तर न करके अपने निर्णयों तथा संकल्पों को सर्वोपरि सिद्ध करने के पक्षधर दिखायी पड़ते थे। इसी भाव से हिन्दी तथा बंगला के कवियों, यहाँ तक कि श्री रवीन्द्रनाथ ठाकुर तथा पं. सुमित्रानन्दन पन्त की आलोचना की। हिन्दी के आलोचक में पण्डित जगन्नाथ प्रसाद चतुर्वेदी तथा उनके सहयोगियों ने निराला के विरुद्ध एक व्यापक जन संघर्ष का वातावरण तैयार किया। मतवाला के व्यवस्थापक श्री महादेव प्रसाद जिनके कारण मतवाला को ख्याति मिली, वे भी निराला से कतराने लगे। बालकृष्ण शर्मा 'नवीन', जैसे कवियों ने निराला की खुलकर आलोचना की। इलाहाबाद से छपनेवाली पत्रिका मनोरमा ने तो हद कर दी। कविता का शीर्षक था—'भंगी की मौज' और कविता इस प्रकार थी—

टाँग तोड़ने की कविता की मैं ही सुभट निराला हूँ।
मित्र सदा मैं भंग रंग में मग्न हुआ मतवाला हूँ।।

निराला के विरोधी आलोचकों ने उनकी विता को रवीन्द्रनाथ टैगोर की कविताओं की नकल बतायी।

निराला इन सारे साहित्यिक विरोधों से न हताश हुए और न निराश। उनकी संघर्ष चेतना उनके सृजन को बार-बार सँवारती रही।

निराला जीवनभर आर्थिक संकट झेलते रहे। महिषादल, गढ़ाकोला, लखनऊ, काशी तथा इलाहाबाद उनके कर्मक्षेत्र रहे हैं और आजीविका के लिए उन्होंने बच्चों के लिए किताबें लिखीं, कालेज तथा स्कूलों के लिए 'रस, छन्द, अलंकार' पर लिखा प्रूफ रीडिंग की, डॉ. रामविलास शर्मा के अनुसार छात्रों को ट्यूशन पढ़ाते, दूसरों की पाण्डुलिपियों को शुद्ध करते, दूसरों के नाम से पुस्तकें लिखते आदि-आदि। निराला के इस आर्थिक संघर्ष का बड़ा ही सजीव चित्र डॉ. रामविलास शर्मा ने खींचा है—

"इससे घटिया बात यह है कि पैसे के पीछे कभी-कभी वह दूसरों के लिए लिखते। किताब लिखते निराला, लेखक रूप में उस पर नाम छपता दूसरे का।"[30]

निराला आजीवन आर्थिक संघर्ष करते रहे और कभी-कभी इस आर्थिक संघर्ष के सामने नहीं झुके। निराला की मुक्तिकामी चेतना विद्रोह से सँवरी हुई विरोधों में पली है। निराला के सृजन को, न आलोचकों की आलोचनाओं ने कभी प्रभावित किया और न आर्थिक तंगी ने। निराला दोनों के ऊपर थे।

निराला की मुक्तिकामी चेतना का सबसे बड़ा धर्म था—आत्मनिर्णय को सर्वोपरित मानना और उसके विरुद्ध कभी भी समझौता न करने के लिए कटिबद्ध

रहना। निराला के इस स्वभाव की ओर संकेत करते हुए डॉ. रामविलास शर्मा ने लिखा है—"उन्हें विश्वास था कि वह जो मानते हैं, जो सोचते हैं, बिल्कुल सही है। यदि उनकी कोई बात गलत साबित होती तो उन्हें कुछ क्षोभ और विस्मय होता।"[31]

निराला के अहम् का यह पक्ष उनकी स्वाधीनता की चेतना से प्रत्यक्षतः जुड़ा है और यही उनकी विद्रोही चेतना का आधार भी है।

वैचारिक स्तर पर निराला केवल नव अद्वैत वेदान्त (स्वामी विवेकानन्द तथा स्वामी रामकृष्ण परमहंस) से जुड़े थे। इसके अतिरिक्त उन्होंने हिन्दू धर्म के आडम्बरों से कोई समझौता नहीं किया। ब्राह्मणवाद, यज्ञोपवीत, आश्रम वर्ण, वर्ण-व्यवस्था, परम्परित विवाह प्रथा, कर्मकाण्ड आदि सन्दर्भों को निराला ने अस्वीकार करके अपने सम्पूर्ण उपन्यासों में इनका खुलकर विरोध किया और इन्हें भारतीय समाज के लिए अहितकर बताया।

यही नहीं, निराला नारी जागरण को स्वाधीन भारतीय समाज रचना के लिए आवश्यक उपादान स्वीकार करते हैं। निराला ने अपने लेखों में, जिन्हें उन्होंने भारतीय आजादी के पूर्व लिखा था, उनमें भारत के लिए गणतन्त्र की बात की है और बताया है कि भारतीय स्वराज्य के बारे जनता का राज्य स्थापित होगा। जनता के इस जनतन्त्र में निम्नवर्ग को प्रतिष्ठा मिनी चाहिए क्योंकि भारतीय संस्कृति में उनके अनुसार अब तक सबसे ज्यादा अपमान इन्हीं का हुआ है। वे हरिजनों के उत्थान के प्रति अपने सृजन में सर्वत्र चिन्तित हैं। समाज के निम्नवर्गीय समाज नाई, तेली, कुम्भकार, धोबी, बारी आदि जातियों का वे जगह-जगह पर अपनी कविताओं में गीत गाते हैं तथा अपने उपन्यास, काहनी एवं निबन्ध साहित्य में उनके जागरण को भावी भारत के विकास का तत्त्व बताते हैं। परम्परित जाति व्यवस्थावाद के निराला विरोधी हैं, इसलिए जनतन्त्रात्मक व्यवस्था में निचली जातियों के उत्थान की बात निराला ने मुक्त कण्ठ से स्वीकार की है। निराला का विचार निरनतर 'हिन्दू-मुस्लिम' एकता के पक्ष में था और इस सम्बन्ध में उन्होंने कई लेख लिखे। स्वामी विवेकानन्द के 'नव-अद्वैत वेदान्त' में विश्वास होने के कारण वह इससे निम्नवर्गीय चेतना को जागरण का आधार बताते हैं। नव-अद्वैत वेदान्त के अनुसार मानव जाति और मानवता सर्वोपरि है—वहा कहीं भी जाति-पाँति, वर्ण व्यवस्था, हिन्दू-मुसलमान नहीं है। मानव विश्वस्तर पर मानव है और वह इस सृष्टि का सर्वोपरि तत्त्व है। मानव के सन्दर्भ में ऊँच-नीच, छोटा-बड़ा, अमीर-गरीब, मित्र-शत्रु, हिन्दू-मुसलमान आदि का भेदभाव सर्वथा कल्पित तथा निहित स्वार्थों के लिए बनाया गया है। निराला की इस समझ ने उनके सृजन को प्रभावित किया है और प्रत्येक स्थिति में उन्होंने अपने इन मन्तव्यों की अडिगभाव से रक्षा की है। निराला अपने विचारों पर चट्टान की भाँति अडिग भाव से स्थिर मुक्ति चेतना के कवि थे। किसी प्रलोभन, वैचारिक, आग्रह, और दबाव में बिना आये वे जीवन भर इन विचारों से अपने को अभिन्नतः जोड़े रहे। छायावादी कवि पन्त की भाँति निराला ने कदम-कदम पर कभी भी अपने चिन्तन नहीं बदले और अपने स्वभानुभव तथा स्वनिर्णय से स्वीकृत सिद्धान्तों पर वे आजीवन अडिग रहे। उनके ये निर्णय उनकी मुक्तिकामी स्वभाव तथा चिन्तन के अंग के रूप में सर्वत्र एक जैसे दिखायी पड़ते हैं।

निराला के स्वाधीनता व्यक्तित्व का एक और भी सन्दर्भ है, वह है, आत्मसंघर्ष का। निराला की मुक्तिकामी चेतना उन्हें जिस निर्णय के साथ संकल्पित करके जोड़ती है, निराला उसकी रक्षा के लिए जीवनभर बाह्य संघर्ष के साथ-साथ आत्मसंघर्ष भी करते दिखायी पड़ते हैं। उनका सम्पूर्ण जीवन बाह्य संघर्ष के साथ-साथ आत्म संघर्ष की इस कथा से भरा पड़ा है।

निराला का आत्म संघर्ष उनका अन्तःसंघर्ष है, जो सर्वथा नयेपन की प्रतिष्ठा के लिए व्याकुल है। उनकी काव्यकृतियों में उनका यह अन्तःसंघर्ष छन्द विधान की रूढ़ि को तोड़ता है। गीतों को संगीत शिल्प के पास ले जाकर उसे जोड़ जाता है, मूल्यों को अति आदर्शवाद से मुक्त कराकर मानवीय धरातल पर ले आता है। उनके उपन्यासों के पात्र, उनका यथार्थ, देश की सामयिक समस्याएँ, नारी जागरण, निर्बल तथा दलित वर्ग को प्रतिष्ठित कराने की चेष्टा आदि आदि कितने मूल्य छायावादी कविता के कालखण्ड में पलायनवाद, कल्पना तथा स्वप्न विलास से अलग मानवीय यथार्थ की भूमि पर टिके हैं। निराला चारों ओर से चोटे खाकर भी अपने आत्मलोक में अपराजेय हैं। निराला ने कभी भी आभिजात्य वर्ग और अभिजात्य मूल्यों का समर्थन नहीं किया।

निराला के अन्तःसंघर्ष की एक और विशेषता है। उन्होंने अपने को कभी न दबाया और न अपने स्वाभिमान को नीचे दबने दिया। उनका यह स्वाभिमान राष्ट्रभाषा हिन्दी के एक राष्ट्रीय स्तर के कवि तथा साहित्यकार का है। अनेक आर्थिक संकटों, विवादों, अपमानजनक स्थितियों, दबावों तथा विरोधों के बीच निराला ने महाकवि निराला का सिर हमेशा ऊँचा उठाये रखा। राष्ट्रभाषा हिन्दी के राष्ट्रीय स्वाभिमान की रक्षा निराला के व्यक्तित्व का अभिन्न अंग है। डॉ. रामविलास शर्मा इस सन्दर्भ में टिप्पणी करते हुए पण्डित महावीर प्रसाद द्विवेदी से निराला की तुलना करते हुए बताते हैं कि—

"वह हिन्दी के एकमात्र चक्रवर्ती आचार्य थे, जैसे निराला हिन्दी के एकमात्र महाकवि।"[32]

यही नहीं, निराला राजनीतिक श्रेष्ठता को सम्यक् विवेक से जोड़ने के भी पक्षपाती हैं। उन्होंने राष्ट्रभाषा हिन्दी के प्रश्न पर महात्मा गाँधी, जवाहर लाल नेहरू, पुरुषोत्तमदास टण्डन, सरोजनी नायडू आदि राजनीतिक शीर्ष पर स्थित महापुरुषों तथा कांग्रेस पार्टी को भी नहीं बख्शा और इन शीर्षस्थ नेताओं की दोगली और दोमुँही बातों की खुलकर आलोचना की। निराला राष्ट्रीय आन्दोलन में कांग्रेस पार्टी के तौर-तरीकों से सन्तुष्ट नहीं थे। इसीलिए, उन्होंने इसके समर्थन के स्थान पर भारतीय स्वाधीनता-आन्दोलन के क्रान्तिकारी दलों के प्रति अपनी रुचि दिखायी। अपने उपन्यासों तथा कहानियों में निराला इस स्वाधीनता-आन्दोलन के क्रान्तिकारी नायकों यथा चन्दन सिंह, प्रभाकर आदि को महत्तव देते हैं। निराला की यह समझ अनुभव के यथार्थ से उपजी है और निराला ने अपने युग के जिस अनुभव के सत्य का एहसास किया, उसको व्यक्त करने में किसी प्रकार का संकोच नहीं किया। यह निराला की वैचारिक अडिगता उनकी स्वाधीनता की चेतना से जुड़ी संकल्प शक्ति तथा समझ है।

निराला अपने युग के यथार्थ को भूल नहीं सकते हैं—यह उनके स्वभाव की एक बहुत बड़ी विशेषता है। डॉ. रामविलास शर्मा ने 'निराला की साहित्य साधना' भाग-2 में इस सन्दर्भ में टिप्पणी देते हुए बताया है कि—

"निराला ने मनुष्य की आत्मग्लानि और पीड़ा देखी, उसे पस्त और पराजित होते, अकेलेपन में भी जूझते देखा (और इसीलिए) सर्वत्र मनुष्य को विजय चित्रित करने के बदले उसकी ट्रेजेडी चित्रित की।"[33]

उन्होंने लोक यथार्थ को सामने ले आने पर न तो उस पर कोई मुखौटा चढ़ाया और न झूठे आश्वासन देने के लिए मुल्लमेबाजी की। डॉ. रामविलास शर्मा के शब्दों में यदि उनके मुक्तिचेता व्यक्तित्व के कारण उपजे उनके सृजनशील कर्म की ओर संकेत किया जाय तो वह है—

"उदात्त करुणा,संघर्ष की क्षमता, दुःख का गहन बोध ट्रेजेड़ी के मूल उपकरण हैं। निराला को वे उपकरण सघन मात्रा में प्राप्त थे। वह अपने युग के सबसे बड़े ट्रेजेडी कवि हैं।"[34]

निराला के व्यक्तित्व पर बंगाल का प्रभाव अवश्य पड़ा है। निराला ने अपने जीवन का अधिकांश समय बंगाल में व्यतीत किया और स्वाधीनता के आन्दोलन की नींव सर्वप्रथम उनके अनुसार बंगाल में पड़ी थी। निःसन्देह निराला के व्यक्तित्व पर बंगाल की स्वाधीनता के उस वातावरण का प्रभाव दिखायी पड़ता है, जो हमें सामान्यतः बंगाली के बुद्धिजीवियों में मिलती है। निराला ने महात्मा गाँधी से बातचीत में अपने बंगला ज्ञान की गर्व भरी चर्चा की है और वे बराबर कहते थे कि यदि वे बंगभाषा में कवता करते तो पहले ही महाकवि हो जाते। उन्होंने अपने सृजन की श्रेष्ठता में चाहे हिन्दी के गोस्वामी तुलसीदास और उर्दू के महाकवि गालिब को आधार बनाया हो किन्तु रवीन्द्रनाथ ठाकुर के मानक को वे अपने सृजन से पहले जोड़ते हैं। हिन्दी के विरोधी आलोचकों ने इसी तथ्य की उनकी आलोचना का आधार बनाकर उन्हें प्रताड़ित भी किया था। निराला स्वयं अपने ऊपर पड़नेवाले बंग के इस परिवेश को कभी अस्वीकार नहीं करते। निराला की मुक्तिकामी चेतना पर बंगभूमि की स्वाधीनता से आप्लावित भावना का प्रभाव है और उनके निबन्धों तथा उपन्यासों पर इसकी स्पष्ट छाप झलक दिखायी पड़ती है। 'चोटी की पकड़' तथा 'निरूपमा' उपन्यास इसी चेतना भूमि पर निर्मित है। बंगभंग आन्दोलन की प्रतिक्रिया का बड़ा ही जीवन चित्रण निराला में मिलता है। निराला की स्वाधीनता की चेतना की व्याख्या में इन तत्त्वों की उपेक्षा सम्भव नहीं है।

निराला का गद्य साहित्य : एक सर्वेक्षण

निराला का गद्य-साहित्य कहानी, निबन्ध, उपन्यास, रेखाचित्र, जीवनी आदि कई विधाओं तक फैला हा है। निराला का काव्य जितना गहन-गम्भीर है, उनका गद्य-साहित्य उतना ही विस्तृत एवं व्यापकहै। लेकिन उनका एक साहित्यिक रूप दूसरे साहित्यिक रूप से घुल-मिल नहीं पाा हैं उनके उपन्यास और कहानियों को पढ़कर तो

कोई आभास भी नहीं पा सकता कि यह लेखक अपने युग का एक सर्वश्रेष्ठ कवि है।

निराला अपनी रचना प्रक्रिया में कभी कला मात्र को ही अपना अन्तिम उद्देश्य नहीं स्वीकार करते बल्कि कला उनके लिए साधन मात्र थी। उनके उपन्यासों 'चोटी की पकड़', 'अप्सरा', 'अलका', 'निरूपमा' सभी में 'कथा' को प्रधानता मिलती है, 'कला' को नहीं। उनके गद्य साहित्य की कथाएँ दृश्यमान् जगत् या सरोकारी समाज को ही व्यक्त नहीं करती, प्रत्युत उसके वैयक्तिक जीवन के अनुभूत और मार्मिक प्रसंगों का भी प्रकाशन करती हैं। यही कारण है कि उनके सभी उपन्यासों में कथानक का सहज एवं स्वाभाविक गति से विकास होता है। रूढ़ियों एवं अन्धविश्वासों के कट्टर विरोधी निराला ने नारीगत रूढ़ियों, परम्पराओं के प्रति मोह एवं आधुनिकता के प्रति दुराग्रह का जानबूझकर वर्णन किया है। इसके साथ ही, उनके उपन्यासों में हास्य-व्यंग्य का जो सजीव चित्र प्राप्त होता है, वह आज भी हिन्दी साहित्य में दुर्लभ है। आज भी 'कुल्ली भाँट' और 'बिल्लेसुर बकरिहा' हिन्दी में अपने ढंग का अनूठे हास्य-व्यंग्य के उपन्यास हैं निराला का निबन्धकार एवं आलोचक रूप भी कम महिमामय नहीं है। उनके निबन्धों में उनकी सुरुचि, दृष्टि की विराटता, निर्भीकता, तत्त्वान्वेषण और अभिव्यक्ति क्षमता के दर्शन होते हैं। उनके निबन्धों में 'साहित्य' और 'काव्य कला' आदि के सम्बन्ध में उनकी निजी मान्यताएँ व्यक्त हुई हैं। इनके गद्य-साहित्य का संक्षिप्त विवरण इस प्रकार है—

निराला द्वारा रचित उपन्यास—

1. अप्सरा (1939 ई.)
2. अलका (1933 ई.)
3. निरुपमा (1936 ई.)
4. प्रभावती (1936 ई.)
5. चमेली (1941 ई.)
6. चोटी की पकड़ (1946 ई.)
7. काले कारनामें (1950 ई.)
8. इन्दुलेखा (1960 ई.)

उनके बाद के चारों उपन्यास अधूरे हैं—

निराला के निम्नलिखित कहानी संग्रह हैं—

1. लिली (1933 ई.)
2. सखी (1935 ई.)
3. सुकुल की बीबी (1941 ई.)
4. चतुरी चमार (1945 ई.)
5. देवी (1948 ई.)

निराला के कथात्मक रेखाचित्र इस प्रकार हैं—

1. कुल्ली भाँट (1939 ई.)

2. बिल्लेसुर बकरिहा (1941 ई.)

निराला ने दो **समीक्षात्मक कृतियाँ** लिखी है, जो इस प्रकार हैं—

1. रवीन्द्र कविता कानन (1920 ई.)

2. पन्त और पल्लव (1941 ई.)

निराला के **निबन्ध संग्रह** इस प्रकार हैं—

1. प्रबन्ध-पद्य (1934 ई.) दो भाग

2. प्रबन्ध-प्रतिमा (1940 ई.)

3. चाबुक (1951 ई.)

4. चयन (1957 ई.)

5. संग्रह (1936 ई.)

जीवनी–

1. भक्त प्रह्लाद (1935 ई.)

2. भक्त ध्रुव (1936 ई.)

3. भीष्म (1936 ई.)

4. महाराणा प्रताप (1938 ई.)

अनूदित गद्य

निराला का अनूदित साहित्य पर्याप्त विशाल है। यह इस प्रकार है—

1. आनन्द मठ

2. कपाल कुण्डला

3. दुर्गेश नन्दिनी

4. कृष्णकान्त का बिल

5. युगांगुलीय

6. देवी चौधरानी

7. विषवृक्ष

8. राजसिंह

सम्पादित पत्र-पत्रिकाएँ

1. समन्वय

2. मतवाला

3. सुधा

इस प्राकर निराला का सम्पूर्ण गद्य-साहित्य परिमाण और वैशिष्टय दोनों ही दृष्टियों से महत्त्वपूर्ण है। इसके साथ निराला की निर्वैयक्तिकता, सोद्देश्य हास्य दृष्टि, यथार्थ को परखने की दृष्टि, ग्रामीण परिवेश एवं स्थानीय रंगत को सजीव करने की

अद्‌भुत क्षमता आदि विशेषताएँ उनकी गद्य कला को अनन्यतम बना देती हैं। उनके इस गद्य साहित्य में निहित उनकी स्वाधीनता की चेतना का अध्यन करना मात्र ही इस शोध प्रबन्ध का मन्तव्य है। संक्षेप में, उनके गद्य साहित्य का संक्षिप्त परिचय इस प्रकार है—

उपन्यास साहित्य

कथाकार के रूप में निराला का कृतित्व महिमामय है। उनका कथा साहित्य अप्सरा (1931 ई.), अलका (1933 ई.), प्रभावती (1936 ई.), निरुपमा (1936 ई.), चोटी की पकड़ (1945 ई.), चमेली, काले-कारनामें, इन्दुलेखा, कुल्लीभाँट (1936 ई.), बिल्लेसुर बकरिहा (1941 ई.) रेखाचित्र केवल परिमाण में ही नहीं वरन् महत्ता में भी विशिष्ट स्थान के अधिकारी हैं। निराला जी ने रोमाण्टिक प्रवत्ति, नारी जीवन की उज्ज्वलता तथा रहस्यमयता एवं प्रेम के शु रूपों की अभिव्यक्ति के साथ-साथ सामाजिक जीवन की कुरूपता एवं विषमता पर भ अपना ध्यान केन्द्रित किया है। उनके उपन्यास मूलतः स्वच्छन्दतावादी भावभूमि पर लिखे गये हैं किन्तु उनमें प्रगतिशील विचारधारा के सूत्र भी बिखरे हुए हैं। कथात्मक रेखाचित्र कुल्लीभाट और बिल्लेसुर बकरिहा में उनका सामाजिक यथार्थ की ओर झुकाव स्पष्ट परिलक्षित होता है। इनमें उन्होंने लघुता की ओर दृष्टिपात ही नहीं किया है, वरन् इस लघुता को गुरुता प्रदान की है।

'अप्सरा' में मूलतः वेश्या की समस्या उठायी गयी है। इस उपन्यास की नायिका कनक है। ताल्लुकेदारों एव सरकारी कर्मचारियों का वासनामय घृणित जीवन भी इसमें चित्रित किया गया है। साथ ही, सामाजिक जीवन के रूढ़िगत संस्कारों के प्रतीकों तथा प्रगतिशील दृष्टिकोण के कुछ प्रतिनिधियों को भी मंच पर लाया गया है। कथाकार विदुशी वेश्या को किसी प्रकार से हीन नहीं समझता। कनक सोचती है 'क्या वह मनुष्य नहीं है, अब तक मनुष्य कहलानेवाले समाज के बड़े-बड़े अनेक लोगों के कैसे आचरण उसने देखे हैं, क्या वह उनसे किसी प्रकार भी पतित है।' निराला ने समाधान भी कर दिया है, 'आदमी आदमी है ऊँचे शास्त्रों के अनुसार सब लोग एक ही परमात्मा से उत्पन्न हुए हैं।' अपने इसी सिद्धान्त को महत्व देते हुए वे कनक (वेश्यापुत्री) का विवाह एक राजकुमार जैसे कुलीन व्यक्ति से करवाते हैं। इस प्रकार वे सामाजिक रूढ़ियों को तोड़कर आगे बढ़ने की प्रेरणा देते हैं।

अलका (1933 ई.) चरित्र प्रधान उपन्यास है। इसकी नायिका शोभा पर एक ताल्लुकेदार मुरलीधर की कुदृष्टि पड़ती है। अनारक्षित और अनाश्रित शोभा की एक वृद्ध सज्जन से आश्रय और आत्मनिर्भरता का पाठ मिलता है। उसके पति विजय को उसका पता नहीं चलता। वह एक गाँव में रहकर गाँववालों को निःशुल्क शिक्षा देने एवं नवजागरण के काम में लग जाता है, किन्तु इसी कारण जमींदार उसे झूठी गवाही दिलवाकर जेल भिजवा देता है। जेल से लोटकर वह मजदूरों में काम करने लगता है। वही उसकी भेंट अलका से होती है, जिसे मुरलीधर भगा ले जाना चाहता है। अलका मुरलीधर की पिस्तौल से ही उसका काम तमाम कर देती है। इस प्रकार इसमें जमींदारों

की वासना और अत्याचार, नारी की विवशता, किसानों की निरीहता और मजदूरों का दैन्य सभी कुछ साकार हुआ है।

प्रभावती (1936 ई.) में ऐतिहासिक रोमांस है। इसमें मध्ययुग के सामन्त जीवन की झलक देखी जा सकती है। मूल कथा प्रभावती एवं राजकुमार देव की है। दोनों में शिकार खेलते हुए प्रेम हो जाता है। दोनों के पिता कट्टर दुश्मन हैं। यमुना जो वास्तव में एक राजकुमारी है, दासी के रूप में प्रभावती के पास रहती है। गुप्त रूप से विवाह का प्रबन्ध करती है। नौका विहार के समय दोनों विरोधी दलों में मुठभेड़ हो जाती है। राजकुमार देव आहत हो जाता है। इसके सथ ही इसमें अनेक प्रासंगिक कथाएँ हैं। वीरता का वैयक्तिक रूप, वंशगत अभिमान, जातिगत उच्चता और नीचता वीर पूजा का विकृत रूप, पुरुषों की वासना, सामन्तों की ईर्ष्या एवं अधिकार लोलुपता, राष्ट्रीय भावना का अभाव, नारियों का स्फुट शौर्य, आतंकित प्रजा की निरीहता, विदेशियों का संगठित आक्रमण आदि सभी कुछ इसमें मूर्त किया गया है।

निरूपमा (1946 ई.) में मूलतः बेकारी की समस्या को सामने रखा गया है। साथ ही, ग्रामीण जीवन की संकीर्णता, सामाजिक रूढ़ियों, ब्रह्म समाज का उदार दृष्टिकोण, विवाह की समस्या, जमींदारों का अत्याचार भी सहृदयता के साथ दिखाया गया है। निरुपमा की नायिका निरुपमा एक सम्पन्न जमींदार की एकामव्र सन्तान है। माता-पिता की मृत्यु के बाद मामा योगेश बाबू और ममेरे भाई सुरेश बाबू के संरक्षण में वह बढ़ी है। मामा ने निरूपमा का विवाह अपने ही एक सम्बन्धी से निश्चित किया है। उपन्यास का नायक कृष्णकुमार कान्यकुब्ज ब्राह्मण है, जो डी. लिट्. करके विदेश से लौटा है तथा बंगालियों के पक्षपात के कारण योग्य होकर भी विश्वविद्यालय में नौकरी से अलग रखा जाता है। एक नाटकीय स्थिति में दोनों का साक्षात्कार होता है। कुमार आत्मसम्मान की रक्षा के निमित्त बूट-पालिश करके अपनी जीविका चलाता है। गाँववालों ने बूट-पालिश करने के कारण उसकी माँ तथा भाई को जाति बहिष्कृत ही नहीं किया, इन्हें गाँव के कुएँ से पानी भरने के लिए भी मना कर दिया। कुमार की माँ सावित्री एवं कमल के सहयोग से निरुपमा और कुमार का विवाह होता है।

चोटी की पकड़ (1944 ई.) में बंगाल के जमींदारों की ऐय्याशी, प्रजा पर अत्याचार तथा महलों की रंगरेलियों का बड़ा ही सजीव चित्रण किया गया है। इसके माध्यम से वे स्वदेशी आन्दोलन का सच्चा चित्र खींचना चाहते थे किन्तु दुर्भाग्यवश वे एक ही खण्ड लिख सके और उनका संकल्प अधूरा रह गया।

काले-कारनामे, चमेली, इन्दुलेखा इनके अन्य अधूरे उपन्यास है। जिसमें ग्रामीण जीवन का यथार्थ, जमींदारों के आपसी झगड़े, पुलिस का अत्याचार, लोगों की गुटबन्दी, गरीबों को शोषण आदि चित्रित किया गया है।

कहानी

'लिली' 1933 ई. कहानी संग्रह में निराला की कुल आठ कहानियाँ संग्रहीत हैं। इसमें 'पद्मा और लिली' कहानी प्रथम है। इसके अतिरिक्त ज्योर्तिमयी, कमला,

श्यामा, अर्थ, प्रेमिका, परिचय, परितर्वन, हिरणी है। इन कहानियों के माध्यम से निराला प्रेम, जातिबन्धन, ऊँच-नीच आदि समस्याओं को उभारते हैं।

सखी (1935 ई.) कहानी संग्रह में कुल छह कहानियाँ न्याय, राजा साहब को ठेंगा दिखाया, स्वामी सारदानन्द जी महाराज और मैं, सफलता, भक्त और भगवान संग्रहीत हैं। इन कहानियों में दहेज प्रथा, हिन्दू-मुस्लिम दंगों की विभीषिका, जमींदारों के अत्याचार, अन्धविश्वास आदि को दर्शाया गया है।

'सुकुल की बीबी' (1841 ई.) कहानी संग्रह में तीन कहानियाँ श्रीमती गजानन्द शास्त्रिणी, कला की रूपरेखा, क्या देखा? संग्रहीत है।

'चतुरी-चमार' (1945 ई.) में सखी कहानी संग्रह की कहानियों को ही पुनः प्रकाशित किया गया है। परिवर्तन मात्र इतना है कि चतुरी-चमार नामक कहानी को क्रम से पहले कर दिया गया है।

'देवी' (1948 ई.) कहानी-संग्रह की दस कहानियों में से नौ पुराने संग्रह से ली गयी है। केवल एक कहानी 'जानकी' नयी है।

कथात्मक रेखाचित्र

निराला जी के कथात्भक रेखाचित्रों कुल्लीभाँट एवं बिल्लेसुर बकरिहा में उनका यथार्थवादी दृष्टिकोण उभरकर सामने आया है। इन रेखाचित्रों में निराला जी ने ग्रामीणों के साधारण चित्रों को असाधारण स्वाभाविकता के साथ चित्रित किया गया है।

कुल्लीभाँट (1939 ई.) में निराला जी ने पूरे युग पर व्यंग्य किया है। कुल्ली भाँट एक साधारण व्यक्ति है। लेखक ने पूर्णतः तटस्थ रहकर उसके जीवन-चित्र का अंकन करके रूढ़िग्रस्त समाज के माने जानेवाले तत्त्वों के व्यक्त खोखलेपन को व्यक्त किया है।

'बिल्लेसुर बकरिहा' (1941 ई.) में अवध का ग्रामीण जीवन सजीव हो उठा है। इसमें सामाजिक रूढ़ियों, धार्मिक ढोंग, विचार-संकीर्णता एवं आर्थिक दीनता का बड़ा ही यथार्थ रूप खींचा गया है। जो सामाजिक दृष्टि से हीन हैं, वे विधवा की अबोध कन्या की आशा लगाये हैं और अन्त में उसे स्वयं विधवा छोड़कर धर्म की रक्षा करते हुए स्वर्ग सिधार जाती है।

समीक्षात्मक कृतियाँ

निराला 'रवीन्द्र कविता-कानन' तथा 'पन्त और पल्लव' इन दो कृतियों में आलोचक रूप में हमारे सामने आते हैं। इन कृतियों के अतिरिक्त अनेक समीक्षात्मक निबन्धों में भी उनका आलोचक रूप सामने आया है। निराला भाव, लय, संगीत तथा उनके सामंजस्य के संघटित सौन्दर्य-सृष्टि के मूल्य एवं प्रभाव को लक्षित करने में प्रवीण हैं। निराला ने रवीन्द्र नाथ की कविताओं के महत्त्व को सहज भाव से स्वीकार करते हुए भी उनकी दुर्बलताओं की ओर इंगित किया है और स्वयं वह अपनी रचनाओं द्वारा उसे देने की चेष्टा की है, जो रवीन्द्र नाथ ठाकुर में नहीं है।

निबन्ध संग्रह

निबन्धकार के रूप में निराला का साहित्य वैविध्यपूर्ण है। इसमें केवल साहित्य का ही विवेचन नहीं है। यहाँ निराला द्वारा अपनी तथा अन्य कवियों की कला की व्याख्या तत्था साहित्य के अंगों का निरूपण है। अपने युग के भाषा सम्बन्धी प्रश्नों का विश्लेषण तथा युग चेतना को उद्वेलित करनेवाले अनेक गम्भीर प्रश्नों का विवेचन हुआ है। प्रबन्ध-पद्य, प्रबन्ध प्रतिमा आदि में इनके साहित्यिक विचारात्मक निबन्ध हैं। इन निबन्धों में निराला जी का व्यक्तित्व पूर्णतः व्यंजित हुआ है। उनकी निर्भीकता, दृढ़ता, मुक्तता, कलानुराग, दार्शनिकता और राष्ट्रप्रेम कहीं उनके विचारों के प्रेरक बनकर और कहीं उनके व्यक्तित्व की भंगिमा के अंग बनकर साकार हो उठे हैं। साहित्य का आदर्श, साहित्य का विकास, हमारा वर्तमान काव्य, साहित्य और जनता, समस्यामूलक साहित्य, साहित्य का चरित्र आदि निबन्धों में अपने साहित्य सम्बन्धी अनेक प्रश्नों पर विचार किया है। साहित्य के अतिरिक्त निराला ने अपने इन निबन्धों में सामाजिक मुक्ति सम्बन्धी अवधारणाओं को रखकर जातीय वर्ग व्यवस्थागत नारी जागरण, वर्ण भेद, शिक्षा-जैसे महत्त्वपूर्ण सवालों को भी रखा है।

जीवनी एवं अनूदित गद्य

निराला जी ने अपने गद्य साहित्य को जीवनियों एवं अनुवादों से भी समृद्ध किया है। उन्होंने ध्रुव, प्रह्लाद और महाराणा प्रताप की जीवनियाँ लिखी हैं। बंकिम बाबू के आनन्द मठ, काल-कुण्डल, चन्द्रशेखर, दुर्गेशनन्दिनी, कृष्णकान्त का बिल, युगांगुलीय, रजनी, देवी चौधरानी, विषवृक्ष आदि उपन्यासों का अनुवाद किया है। निराला ने बच्चों एवं स्त्रियों के लिए महाभारत भी लिखा है, जिसमें भाषा की सहजता उनकी प्रमुख विशेषता है।

पत्र-पत्रिकाएँ

निराला ने अनेक पत्र-पत्रिकाओं का सम्पादन किया। उन्होंने एक ओर जहाँ रामकृष्ण मिशन से प्रकाशित 'समन्वय' का सम्पादन किया, वहीं 'मतवाला' के सम्पादक मण्डल में रहकर 'चाबुक' और 'कसौटी' स्तम्भों का नियमित लेखन भी किया और सुधा में भी लम्बी अवधि तथा सम्पादकीय लिखा था। रंगीला नामक पत्र के तो वे सम्पादक, लेखक और प्रूफ रीडर सभी-कुछ थे।

इस प्रकार निराला ने अपने गद्य साहित्य के माध्यम से न केवल जनता को शिक्षित किया है, वरन् उसे अपने अधिकारों के प्रति सचेत किया है। शासन तनत्र के अत्याचारों और अनीतियों का उन्होंने विरोध किया है। सामाजिक न्याय के पक्ष में आवाज उठायी है। बेकारी और मजदूरों की समस्याओं के समाधान का मार्ग दिखाया है। देश की स्वतन्त्रता के लिए साहस, त्याग और बलिदान की आवश्यकता पर बल दिया है। समाज के सभी वर्गों, जातियों और धर्मों की एकता का प्रतिपादन किया है और सब मिलाकर मानवता के एक सजग प्रहरी के रूप में उसके समग्र विकास की

सम्भावनाओं का दिशा-निर्देश किया है। उनका यह सम्पूर्ण गद्य साहित्य उनकी मुक्तिकामी चेतना का प्रतिफल है।

निराला का गद्य साहित्य और स्वाधीनता की चेतना के विविध पक्ष

निराला का सम्पूर्ण साहित्य विशेषतः 1920 से लेकर 1960 तक लिखा गया है और यह कालखण्ड (1960 ई. तक) भारतीय संसकृति की दृष्टि से बड़ा ही महत्त्वपूर्ण रहा है। इस कालखण्ड की पूर्वपीठिका में भारतेन्दु युग का पुनर्जागरण और पं. महावीर प्रसाद द्विवेदी की राष्ट्रीयता हमारे सामने उभरकर आती है। पुनर्जागरण इसलिए कि कम्पनी राज्य की स्थापना और अंग्रेजों के उपनिवेशवाद के सथ आधुनिकता के प्रवाह से लोकमानस का साक्षात्कार इसी कालखण्ड में दिखायी देता है। रेल, तार, डाक, टेलीग्राफ आदि संचार के नये माध्यम ओर पूरे देश का सिकुड़ता हुआ भौगोलिक रूप यह महसूस करने लगा है कि भारत जैसे रूढ़िग्रस्त, पुराणपंथी, परम्परावादी, धर्मभीरु देश में परिवर्तन की बहुत बड़ी आवश्यकता है और परिवर्तन को इसी आवश्यकता ने एक नये युग को देखने की लालसा प्रकट की। विशेषकर, नयी शिक्षा पद्धति और अंग्रेजों द्वारा स्थापित नयी आर्थिक व्यवस्था ने भारत को नयी समाजवादी व्यवस्था से जोड़ने की ललक पैदा की। यही नहीं, राजाराम मोहनराय, ईश्वरचन्द्र विद्यासागर, महर्षि दयानन्द, रामकृष्ण परमहंस, विवेकानन्द आदि के धर्मविषयक एवं सामाजिक सुधारों ने भी इस नवीन राष्ट्रीय पुनर्जागरण को बल दिया और कुल मिलाकर बीसवीं शती के प्रारम्भ तक ऐसा वातावरण उत्पन्न किया जिसे हम भारतीय पुनर्जागरण का काल कहते हैं। इसी पुनर्जागरण के साथ-साथ हमारी राष्ट्रीय मुक्ति की आकांक्षा का भी जन्म हुआ और इसको जगाने में स्वाधीनता आन्दोलन का बहुत बड़ा भाग था। हिन्दी साहित्य का बहुत बड़ा भाग इस राष्ट्रीय आन्दोलन से जुड़ा हुआ है। हिन्दी ही नहीं, उस समय आधुनिकता की भावना से सराबोर बंगला साहित्य में भी यही भावना दिखायी पड़ती है। बंकिमचन्द्र चट्टोपाध्याय जैसे-उपन्यासकारों के आनन्दमठ तथा उनकेजैसे अन्य रचनाकारों के सम्पर्क में आकर हिन्दी साहित्य के अनेक कवियों तथा रचनाकारों ने पराधीनता के अदम्य भाव से साहित्य की श्रीवृद्धि की। राष्ट्रीयता से जुड़े प्रश्नों को द्विवेदी युग में विशेषकर मैथिलीशरण गुप्त, माखनलाल चतुर्वेदी आदि ने विशेष बल देकर प्रसारित किया और परिणाम यह हुआ कि तत्कालीन हिन्दी साहित्य की एक धारा राष्ट्रीयतावाद की बन गयी। बालकृष्ण शर्मा 'नवीन' इस धारा प्रमुख कवि हैं और हिन्दी साहित्य में छायावाद के अभ्युदय के पूर्व इस राष्ट्रीय चेतना का पूरा-पूरा दबाव था और निराला का साहित्य इसी दबाव के बीच हमारे सामने आता है। निराला अपने साहित्य का प्रारम्भ कविता 'मातृ वन्दना' से करते हैं—

बन्दूँ मैं अमल कमल
चिर सेवित चरण युगल

शोभामय शान्ति निलय पाप ताप हारी।
मुक्तिबन्ध घनानन्द मुद मंगल कारी।
बधिर विश्व चकित भीत सुन भैरव वाणी।
जन्म भूमि मेरी है जगन्महारानी।।[35]

डॉ. रामविलास शर्मा इसे निराला की पहली कविता मानते हैं। इस प्रकार निराला के रचनाकर्म का प्रारम्भ राष्ट्रीयता की भावना से होता है। निराला अपनी अल्पायु में ही देश की विभिन्न समस्याओं से प्रत्यक्षतः एवं अप्रत्यक्षतः जुड़ चुके थे। साथ ही, उनके व्यक्तित्व के स्वाभाविक विद्रोही तेवर ने शोषण, आडम्बर, भीरुता, सामन्तवाद तथा जाति-पाँति की अनुदारवादी विचारधारा से मुक्त करने के लिए उन्हें विवश किया। सामान्यतया निराला के गद्य एवं पद्य दोनों पर अपने युग की स्वाधीनता की चेतना का जबरदस्त प्रभाव दिखायी पड़ता है। इनके गद्य का सामान्य परिचय दिया जा चुका है। उससे नितान्त स्पष्ट है कि अपने युग की उन समस्याओं से स्वभावतः और विशेषतः आजादी के आन्दोलन से उठनेवाले झंझावात से आन्दोलित हाकर उन्होंने उन्हीं संवेदनाओं को आधार के रूप में ग्रहण किया है, जो सामयिक प्रगतिशील और स्वाधीनता की भावना से सम्पृक्त है। निराला सर्वत्र निम्नवर्गीय चेतना से अपने को जोड़े हुए अपने सम्पूर्ण गद्य साहित्य उपन्यास, निबन्ध, कथात्मक संस्मरण आदि को समृद्ध करते हैं। यदि हम निराला के गद्य साहित्य जिसका परिचय अभी हम दे चुके हैं, को वर्गीकृत करना चाहें तो उसका स्वरूप पूरी तरह से स्वाधीनता की भावना से मेल खाता है। कुछ अपवादों को छोड़कर जिसका सम्बन्ध कथाओं एवं ग्रथों से है, निराला का सृजनशील गद्य साहित्य स्वाधीनता की भावना की सजग अभिव्यक्ति है। निराला ने अपने व्यक्तिवाद तथा वैयक्तिकता, को जो छायावादी युग की विशेष प्रवृत्ति है, को अपने गद्य साहित्य में निरन्तर त्यागने की चेष्टा की है। निराला के गद्य साहित्य में अभिव्यक्त उनकी स्वाधीनता की चेतना को इन सन्दर्भों में रखकर देखा जा सकता है।

1. **वैचारिक सन्दर्भ**—दर्शन, साहित्य आदि से सम्बन्धित चिन्तन
2. **जातीय सन्दर्भ**—वर्णाश्रम व्यवस्था एवं छुआछूत का विरोध
3. **आर्थिक सन्दर्भ**—विदेशीकरण के विरोध में कृषि व्यवस्था को बढ़ावा देना
4. **नारी विषयक समस्याएँ**—

(क) व्यवस्था में नारी की प्रधानता
(ख) विधवा विवाह
(ग) मुसलमान-नारी-हिन्दू पुरुष का विवाह

5. **भूमि अधिकार सम्बन्धी समस्याएँ**—

(क) श्रम और भूमि का सम्बन्ध
(ख) श्रमिक के अधिकार की प्रधानता

6. राजनीतिक समस्याएँ—

7. अधिकार सम्बन्धी समस्याएँ—

(क) भारतीयों के अधिकारों के प्रति निष्ठा (विदेशियों की तुलना में)

(ख) नौकरशाही में जनाकांक्षा के अनुसार परिवर्तन की आकांक्षा

8. धार्मिक समस्याएँ—

(क) सर्वधर्म समन्वयवादी भावना

(ख) दरिद्रनारायण तथा जनता नारायण की भावना का आदर

9. साम्प्रदायिक समस्याएँ—हिन्दू-मुसलमान एकता, प्रेम एवं सौहार्द्र

10. सांस्कृतिक समस्याएँ—कला-संगीत, साहित्य, सामाजिक, धार्मिक विचारधारा सम्बन्धी मान्यताओं के प्रति जागरूकता

11. परम्परा मुक्ति की चेतना—स्वाधीनता की चेतना के सन्दर्भ में राष्ट्रभाषा हिन्दी की पूर्ण स्थापना

इस प्रकार, निराला के समग्र गद्य साहित्य में व्याप्त उनकी स्वाधीनता की सामाजिक चेतना के सन्दर्भ विशेष महत्त्वपूर्ण हैं। निराला के गद्य साहित्य में उनकी स्वाधीनता की चेतना से जुड़ी इन समस्याओं के विविध रूपों का विस्तारपूर्वक विवेचन ही इस कृति का मन्तव्य है।

सन्दर्भ

1. दर्शन कोश-प्रगति प्रकाशन, मास्को, पृ. 750
2. लोकतन्त्र : स्वरूप और समस्याएँ, रघुकुल तिलक, पृ. 73
3. स्वतन्त्रता तथा आवश्यकता, दर्शन कोश, प्रगति प्रकाशन, मास्को, पृ. 751-752
4. स्वतन्त्रता तथा आवश्यकता, दर्शन कोश, प्रगति प्रकाशन, मास्को, पृ. 752
5. ए ग्रैमर ऑफ पालिटिक्स, ए. जे. लास्की, पृ. 50-80
6. स्टेट एण्ड द इण्डविजुअल, डब्ल्यू. एस. मैकेन्जी, पृ. 61
7. लोकतन्त्र स्वरूप और समस्याएँ, श्री रघुकुल तिलक, पृ. 63
8. भारत का स्वतन्त्रता संघर्ष, प्रो. विपिनचन्द्र, पृ. 24, 27
9. भारत का स्वतन्त्रता संघर्ष, प्रो. विपिनचन्द्र, पृ. 24, 27
10. भारत का स्वतन्त्रता संघर्ष, प्रो. विपिनचन्द्र, पृ. 328-329
11. आधुनिक भारत का इतिहास, डॉ. रामलखन शुक्ल, पृ. 465
12. आधुनिक भारत का इतिहास,डॉ. रामलखन शुक्ल, पृ. 465
13. भारत का राष्ट्रीय आन्दोलन, प्रो. मुकुट बिहारी लाल, उ. प्र. हिन्दी संस्थान, पृ. 4-5

14. आधुनिक भारत का इतिहास, पृ. 422
15. आधुनिक भारत का इतिहास, बी. एल. ग्रोवर तथा यशपाल, पृ. 399
16. डॉ. रामविलास शर्मा, भारत की प्रथम जनक्रान्ति, पृ. 24
17. भारत का स्वतन्त्रता संघर्ष, पृ. 24
18. भारत का राष्ट्रीय आन्दोलन : भाग-दो, प्रो. मुकुट बिहारी लाल, पृ. 27
19. आधुनिक भारत का इतिहास : यशपाल, पृ. 494
20. भारत में उपनिवेशवाद और राष्ट्रवाद, पृ. 32, सम्पादक डॉ. सत्या राय
21. आधुनिक भारत का इतिहास, डॉ. यशपाल, पृ. 486
22. भारत में उपनिवेशवाद और राष्ट्रवाद, सम्पा. डॉ. सत्या राय
23. आधुनिक भारत का इतिहास : ग्रोवर तथा यशपाल, पृ. 368
24. भारत का स्वतन्त्रता संघर्ष, विपिनचन्द्र, पृ. 75, 81
25. आधुनिक भारत का इतिहास, श्री ग्रोवर तथा यशपाल, पृ. 162
26. क्रान्तिकारी कवि निराला, पृ. 4
27. निराला की साहित्द साधना, भाग-दो, पृ. 154
28. निराला की साहित्य साधना, भाग-1, पृ. 19
29. निराला की साहित्य साधना, भाग-1 पृ. 28
30. निराला की साहित्य साधना, भाग-1, डॉ. रामविलास शर्मा, पृ. 113
31. निराला की साहित्य साधना, भाग-1, डॉ. रामविलास शर्मा, पृ. 230
32. निराला की साहित्य साधना, भाग-1, डॉ. रामविलास शर्मा, पृ. 474
33. निराला की साहित्य साधना, भाग-2, डॉ. रामविलास शर्मा, पृ. 574
34. निराला की साहित्य साधना, भाग-1, डॉ. रामविलास शर्मा, पृ. 548
35. निराला की साहित्य साधना, डॉ. रामविलास शर्मा, पृ. 39

द्वितीय अध्याय

निराला की स्वाधीनता विषयक अवधारणाएँ

निराला स्वाधीनता का अर्थ 'मुक्ति और स्वतन्त्रता' को व्यापक अवधारणा के रूप में ग्रहण करते हैं। इस व्यापकता का मूल कारण स्वामी रामकृष्ण परमहंस एवं स्वामी विवेकानन्द की विचारधारा से प्रभावित होना एवं मानव मात्र के प्रति उनका गहरा लगाव कहा जा सकता है। स्वाधीनता, स्वतन्त्रता, मुक्ति को परिभाषित करते-करते वे उसे अद्वैत वेदान्त की समग्र ज्ञानात्मक अवधारणा तक पहुँचा देते हैं, जहाँ मनुष्य जाति, कर्म, धर्म आदि के बन्धन से मुक्त होकर 'ब्रह्मत्व' की श्रेणी में पहुँच जाता है। स्वाधीनता इनके अनुसार कोई राजनीतिक तथा सामाजिक अवधारणा मात्र नहीं है, वह लोक का संकीर्ण बन्धनों से मुक्त होकर 'सत्वरूप' होने का व्यापक और निजी मानवीय संघर्ष है।

निराला को स्वाधीनता शब्द बड़ा ही प्रिय है, और इस शब्द का प्रयोग उन्होंने अपनी एक प्रारम्भिक कविता से व्यावहारिक, आध्यात्मिक तथा रचनात्मक अभिव्यक्ति के अर्थों में प्रयुक्त किया है—

माया नहीं जानता मैं
जानता हूँ एक बस स्वाधीनता शब्द
बहती है समीर
पुष्प के डार में लेती स्वाधीन साँस
पाती है सुरभि स्वाधीन गति
आवर्तन-परिवर्तन नर्तन सुख कीर्तन में
विपुल उल्लास विश्व के क्षण-क्षण में
एक स्वाधीनता का गूँजता है, विपुल हर्ष।[1]

निराला यहाँ प्रकृति के 'स्वच्छन्द' विहार की स्वाधीनता को इंगित करते हुए मानवीय स्वाधीनता की अनुगूँज सुनते हैं और तब बरबस ही समाज को सर्वत्र व्याप्त परतन्त्रता, गुलामी, जातीय कठमुल्लापन, छुआछूत, हिन्दू-मुसलमान का भेदभाव, नारी पराधीनता आदि की ओर उनका ध्यान चला जाता है। डॉ. रामविलास शर्मा निराला के इस मनोभाव को इंगित करते हुए बताते हैं कि उच्च वर्ग समृद्ध हुए, निम्न वर्ग को दैन्य से मुक्ति न मिली, निराला ने इस स्थिति का भावचित्र इस प्रकार खींचा है—

मन्दिर में बन्दी है चारण
चिघ रहे हैं वन में वारण
रोता है बालक निष्कारण
बिना सरण सारण धरती है।[2]

निराला गुलामी, दासता, पराधीनता, परतन्त्रता आदि शब्दों का प्रयोग स्वाधीनता के विलोम के सन्दर्भ में करते हैं।

निराला ने स्वाधीनता के लिए क्रान्ति या मुक्ति शब्द का भी प्रयोग किया है। उन्होंने परिमल की भूमिका में कई स्थलों पर मानवीय मुक्ति (स्वाधीनता) के साथ कविता की मुक्ति की चर्चा की है—

"मनुष्यों की मुक्ति की तरह कविता की भी मुक्ति होती है। मनुष्यों की मुक्ति कर्मों के बन्धन से छुटकारा पाना है और कविता की मुक्ति छन्दों के अनुशासन अलग हो जाना है।"

मुक्ति के साथ ही 'स्वराज्य' गणतन्त्र, प्रजातन्त्र शब्द भी निराला ने राजनीतिक स्वाधीनता के सन्दर्भ में प्रयुक्त किये हैं। इसी प्रकार, स्वतन्त्रता शब्द भी है। इस स्वतन्त्रता के लिए उन्होंने अपनी कविताओं में 'जागरण' शब्द का प्रयोग किया है। उन्होंने अपनी प्रसिद्ध कविता-'जागो फिर एक बार, शिवाजी के पुत्र, गुरु गोविन्द सिंह आदि के द्वारा जागृति या जागरण की ही बात की है। इस 'जागरण' का सम्बन्ध हजारों-हजारों वर्षों से पराधीनता के दबाव में दबे गुलाम मानसिकता से आच्छन्न भारतीयों की जागृति से है—

जागो फिर एक बार
योग्य जन जीता है।
परिचय की उक्ति नहीं
गीता है, गीता है।
जागो फिर एक बार।।

निराला की स्वाधीनता की चेतना के सन्दर्भ में दूधनाथ सिंह का मन्तव्य है कि 'निराला राजनीति के या राष्ट्र मुक्ति के सवाल को लेकर कभी किसी राजनीतिक से नहीं उलझे।"

निराला स्वतन्त्रता की परिधि का बार-बार उल्लेख करते हैं। 'समाज तथा स्त्रियाँ' शीर्ष निबन्ध टिप्पणी में एक स्थल पर वे कहते हैं—

"समाज, जाति तथा व्यक्ति की स्वतन्त्रता के साथ ही स्त्रियों की स्वतन्त्रता की आवाज उतनी ही सुनायी दे रही है।"[3]

अपनी एक दूसरी टिप्पणी के अन्तर्गत निराला संयुक्त प्रान्तीय युवक कांग्रेस के भाषणों के सन्दर्भ में सरोजनी नायडू के मत का उल्लेख करते हुए कहते हैं—

"सरोजनी जी ने स्वतन्त्रता-सामाजिक, राजनीतिक, धार्मिक सब प्रकार के लिए प्रयत्न का आदेश दिया।"[4]

इस प्रकार, निराला स्वाधीनता के सन्दर्भ में मुक्ति, क्रान्ति, स्वतन्त्रता तथा उसके विविध स्वरूपों—वैचारिक, व्यक्तिगत, सामाजिक, धार्मिक, आर्थिक, जातीय स्वतन्त्रता एवं स्वराज्य शब्दों का प्रयोग करते हैं। इसी प्रकार निराला ने भिन्न-भिन्न राज्य व्यवस्थाओं के लिए भी गणतन्त्र, प्रजातन्त्रण पूँजीवाद साम्राज्यवाद, समाजवाद तथा साम्यवाद-जैसे शब्दों का प्रयोग किया है।

भारतीय परिप्रेक्ष्य में आजाद भारत की व्यवस्था के लिए निराला 'प्रजातन्त्र' एवं 'गणतन्त्र' शब्द का प्रयोग करते हैं और बताते हैं कि गणतन्त्र का अर्थ है, जनता के निर्णय को सर्वोपरि मानकर व्यवस्था को स्वीकार करना।

निराला के गद्य साहित्य में प्राप्त इन शब्दावलियों से स्पष्ट है कि निराला स्वाधीनता को उसके व्यापक परिवेश में परिभाषित करते हुए उसकी सार्थकता को इंगित करने के प्रति सचेष्ट है।

निराला की स्वाधीनता विषयक अवधारणा के अन्तग्रत एक तथ्य औरभी विचारणीय है। वे अपने को गाँधी तथा लोकमान्य तिलक की परम्परा में रखते हैं।

स्वाधीनता के सन्दर्भ में वे केवल आजाद भारत को ही बात नहीं करते अपितु इसके प्रति वे अधिक सचेष्ट हैं कि आजाद भारत का स्वरूप क्या हो? निराला की स्वाधीनता की चेतना का स्वरूप द्वि-आयामी है। उसका एक पक्ष है, स्वतन्त्रता के आन्दोलन का पक्ष और इसी आन्दोलन के जुड़कर चलनेवाला दूसरा प्रश्न है, भावी स्वाधीन भारत के सामाजिक स्वरूप की स्थापना। जब गाँधी सत्य, अहिंसा, असहयोग आदि को आजादी के संघर्ष से जोड़ते हैं, तो आजादी की दूसरी लड़ाई का मुख उसके सांस्कृतिक स्वरूप से जुड़ जाता है। निराला राजनीतिक स्वाधीनता को सांस्कृतिक स्वाधीनता से जोड़कर उसके स्वरूप को विराटता प्रदान करते हैं। निराला बताते हैं कि केवल राजनीतिक स्वाधीनता की बात तब तक अधूरी है, जब तक समाज के भावी स्वरूप की बात नहीं होती।

इस अध्याय का मन्तव्य निराला की स्वाधीनता की चेतना के इन्हीं दो प्रश्नों को स्पष्ट करना है। ये पक्ष हैं—

राजनीतिक स्वाधीनता

सामाजिक स्वाधीनता

इसी के साथ निराला अपने निबन्ध साहित्य में स्वाधीनता के एक तीसरे पक्ष को उठाते हैं, वह है—वैचारिक स्वाधीनता

इसी प्रकार निराला स्वाधीनता के तीन पक्षों की चर्चा अपने गद्य साहित्य में करते हैं—

(क) राजनीतिक स्वाधीनता

(ख) सामाजिक स्वाधीनता

(ग) वैचारिक स्वाधीनता

राजनीतिक स्वाधीनता

निराला की सबसे बड़ी विशेषता है, मुक्ति के लिए छटपटाहट और यही छटपटाहट उनके सृजन का आधार है। उनकी कविता, कथा एवं निबन्ध साहित्य में रूढ़ियों को नकारने एवं उनसे समझौता न करने का भाव वर्तमान है। रूढ़ियों एवं परम्परा के सड़ियलपन से अपने को मुक्त करना तथा उस मुक्ति के लिए निरन्तर संघर्ष मुद्रा बनाये रखना, उनका स्वभाव है। जड़ता, आडम्बरपूर्ण संकीर्ण आस्थावाद, धर्मभीरुता, दास्यभाव आदि कितने ऐसे तत्त्व हैं—जिनसे वे जीवनभर लड़ते रहे। इसके अतिरिक्त निराला स्वाधीनता की एक ऐसी परिकल्पना करते हैं जो व्यापक सन्तुलित तथा देश के राष्ट्रीय एवं आध्यात्मिक संस्कारों से जुड़ी अपने को सर्वथा सार्थक मूल्यों से सम्बद्ध करती है। उनकी स्वाधीनता की चेतना केवल राजनीतिक आन्दोलन मात्र नहीं है। वह एक ओर स्वतन्त्रता सेनानियों की भाँति विभिन्न सामयिक आन्दोलनों से जुड़े रहे तो दूसरी ओर स्वतन्त्र भारत का, जो स्वरूप बनना चाहिए, उसके सन्दर्भ में पूरी निष्ठा से उसका गरिमामय चित्र बनाते रहे। स्वाधीनता के स्वप्न तथा संघर्ष दोनों से वे साथ-साथ जुड़े रहे। उनके अनुसार उनका आजाद भारत विश्व के लिए अप्रतिम तथा अग्रणी बने-इसके लिएवे वर्तमान को अतीत से बराबर जोड़तेरहे हैं।

निराला के गद्य साहित्य का अध्ययन करने के बाद यह तथ्य नितान्त स्पष्ट रूप से ज्ञात होता है कि उनके युग के समसामयिक कवियों में स्वाधीनता का उतना व्यापक तथा गहन भाव नहीं दृष्टिगत होता है जो उनमें है। इसके कई कारण हो सकते हैं, किन्तु प्रत्यक्षत; बंगाल से सम्पर्क प्रमुख कारण प्रतीत होता है। निराला के प्रारम्भिक जीवन का लगभग 21 वर्ष महिषादल में राज्य (बर्दवान) में बीता। प्रारम्भ से ही निराला को राजनीतिक तथा सांस्कृतिक बोध का विचारोन्मेष इसी बंगभूमि से मिलता रहा है। छायावाद युग तथा बाद के कवियों से निराला का यह संस्कार हमेशा अलग दिखायी पड़ता है। अपने प्रिय उपन्यास 'चोटी की पकड़' में एक स्थल पर अत्यन्त आत्मीय भाव से बंगाल के संघर्ष का स्मरण करते हुए उन्होंने बताया है, "उन्नीसवीं सदी का बंगाल और बंगालियों के उत्थान का स्वर्णयुग है। वह बीसवीं सदी का प्रारम्भ ही था। लार्ड कर्जन भारत के बड़े लाट थे। कलकत्ता राजधानी थी। सारे भारत पर और बंगालियों पर अंग्रेजी का प्रभाव था। विश्व प्रसिद्धि में भी बंगाली देश में आगे थे। राजा राममोहन राय की प्रतिभा का प्रकाश यहा भर चुका था। प्रिस द्वारका नाथ का जमाना बीत चुका था। आचार्य केशवचन्द्र सेन विश्व विश्रुत होकर दिवंगत हो चुके थे। श्री रामकृष्ण परमहंस और स्वामी विवेकानन्द की अति मानवीय शक्ति की धाक सारे संसार पर जम चुकी थी। ईश्वरचन्द विद्यासागर की बंगला, माइकेल मधुसूदन दत्त के पद्य, बंकिमचन्द्र चटर्जी के उपन्यास और गिरिजा चन्द घोष के नाटक जागरण के लिए सूर्य की किरणों का काम कर रहे थे। घर-घर 'साहित्य-राजनीति' की चर्चा थी। बंगाली अपने को प्रबुद्ध समझने लगे थे। अपमान का जवाब

भी देने लगे थे। अखबारों की बाढ़-सी आ गयी थी।"[5]

बंगाल की जागृति, अधुनातन का बोध, राष्ट्रीय जागरण, स्वाधीनता की चेतना, अतीत का सांस्कृतिक गौरव, राष्ट्रीय अस्मिता का बोध, अंग्रेजों की देश विरोधी नीति के प्रति आक्रोश आदि-आदि सन्दर्भ निराला को बंगाल से ही मिले थे।

निराला में स्वाधीनता की चेतना का विकास यहीं से हुआ। सन् 1920 में जब वे बंगाल में थे, तभी उनकी पहली कविता लिखी गयी---जन्मभूमि---

बन्दू मैं अमल कमल
चिर सेवित चरण युगल
शोभामय शान्ति नियल पाप ताप हारी।

डॉ. रामविलास शर्मा के अनुसार यह कविता उसी वर्ष 'प्रभा' कानपुर में छपी।[6]

निराल में इस कविता की केन्द्रीय संवेदना जो उन्हें बंगाल में 20 वर्ष की उम्र में प्राप्त हुई थी, जीवनभर बनी रही क्योंकि निराला आगे चलकर मातृभूमि से सम्बद्ध अर्चना गीत लिखते हैं, उनमें इस छन्द की झंकृति वर्तमान मिलती है।[7]

निराला का जनम सन् 1899 का है और 1921 में महिषादल छोड़कर गढ़कोला (उन्नाव) आये। 'हिन्दी प्रदेश' के कवि तथा कथाकार जहाँ-जहाँ अपनी सीमा के अन्तर्गत अपने राष्ट्रीय संस्कारों का मार्जन कर रहे थे, वहीं निराला का पदार्पण उपर्युक्त संस्कारों के साथ हुआ।

'निराला बड़ी छोटी-सी बात पर अपनी नौकरी छोड़कर बंगाल से उत्तर प्रदेश आये---बकौल के---"नौकरी छोड़ दी...मैं अपनी चीजें नीलाम करके एक भतीजे को लेकर गाँव पहुँचा।

गाँव पहुँचकर ससुराल गया। देश का पहला असहयोग आन्दोलन जोरों पर था। खलिहानों में बैठे हुए किसान जमींदारों से बचने के लिए महात्मा गाँधी की जय चिल्ला उठते थे।...ऐसे में एक ने कहा, "महात्मा जी सिद्ध कर दिया है, चर्खे चलाने से कम-से-कम रोटियाँ चल सकती हैं....मैं बेकार था।"[8]

और यही निराला का अपना संस्कार था कि उन्होंने भागवत बाँचकर आजीविका चलाने के स्थापन पर चर्खा चलाने के कार्य को वरीयता दी।

निराला के व्यक्तित्व की दूसरी विशेषता थी, समझौता न करने की प्रवृत्ति और यह प्रवृत्ति उनके निर्णय की स्वतन्त्रता से जुड़ती है। निराला का अन्तःविवेक और उनकी प्रज्ञा जिन निष्कर्षों तक पहुँचती है, उसके निर्णय के बाद न इस सम्बन्ध में कोई दबाव मानते थे और न कोई बदलाव। अनेक अवसरों पर निराला की यह सांस्कारिक अडिगता अपने अड़ियलपन के साथ व्यक्ति दिखायी पड़ती है। बाल्यावस्था से नेकर मृत्यु के अन्तिम क्षणों तक निराला में यह अडिगता बनी रही और अनेक दबावों के बाद भी उन्होंने कभी किसी से समझौता नहीं किया। उनके निर्णय पूँजीवाद, आदर्श की मिथ्या कल्पना तथा अन्धावस्था से प्रेरित न होकर उनके

स्वाभिमान से जुड़े हैं। वे निरन्तर विवेकपूर्ण मुक्ति की चेतना से जुड़े अडिग दिखायी पड़ते हैं।

संक्षेप में, अध्ययन की सुविधा के लिए उनकी राजनीतिक मुक्ति की चेतना को निम्नलिखित पार्श्वों में रखकर देखा जा सकता है। स्मरण रहे, यह उनकी स्वाधीनता की चेतना का एक पक्ष है। यह पक्ष समसामयिक राजनीतिक चेतना का पक्ष है। निराला की स्वाधीनता की चेतना का दूसरा पक्ष इससे भी महत्त्वपूर्ण है। वे आन्दोलन को दो पक्षों में रखकर देखते हैं, एक वह जो राष्ट्रीय आन्दोलन आजादी समसामयिक आन्दोलन से जुड़ा पक्ष है। भारत की धरती से अंग्रेजों को भगाने का संकल्प किन्तु अंग्रेजों के चले जाने के बाद आजाद भारत का स्वरूप क्या होगा? यह भी स्वप्न, इसी स्वाधीनता की चेतना का एक सशक्त पक्ष है। निराला प्रजातन्त्र एवं गणतन्त्र को स्वीकार करते हैं और इसका स्वरूप क्या हो, उसकी भी समुचित व्याख्या करते हैं। यहाँ अभी, उसी प्रश्न पर हम विचार करना चाहेंगे कि निराला की दृष्टि में भारतीय राजनीतिक स्वाधीनता की चेतना का क्या स्वरूप था?

निराला की राजनीतिक स्वाधीनता की चेनता को निम्नलिखित बिन्दुओं के रूप में रखकर देखा जा सकता है—

1. देशप्रेम तथा स्वदेशीयता
2. स्वतन्त्रता की अवधारणा
3. भौगोलिक अखण्डता
4. साम्राज्यवाद का विरोध
5. विभिन्न आन्दोलनों में संयुक्त साझेदारी

संक्षेप में, निराला के गद्य साहित्य में इनकी स्थिति इस प्रकार है—

निराला भारत के लिए देश तथा राष्ट्र दोनों शब्दों का प्रयोग करते हैं और और अंग्रेजों के शासन में स्वाधीनता के आन्दोलन के बाद आनेवाली व्यवस्था के लिए जनतन्त्र या गणतन्त्र इन दोनों शब्दों में प्रायः अपने लेखों में इंगित करते हुए उसे स्वरूपबद्ध करते हैं।

निराला का देश या राष्ट्र भारत है। निराला को अपने भारत के अतीतकालीन गौरव के प्रति अगाध मोह है और इसकी तुलना में उस समय विश्वभर में व्याप्त अंग्रेजी शासन के आतंक को सदैव ही तुच्छ मानते रहे हैं।

निराला का 'भारत' कई तत्त्वों के संयोग से बना था। वे 'भारत' शब्द का अर्थ 'भा' (प्रकाशपुंज) अर्थात् ज्ञान और 'रत' का अर्थ लीन या संयुक्त करते हैं।[9]

उनके भारत शब्द का यह लाक्षणिक अर्थ ज्ञान में लीन और इस प्रकार ज्ञान, साधना, तपस्या, कर्मवाद की श्रेष्ठता, समृद्धि, सांस्कृतिक सम्पन्नता आदि के पर्याय के रूप में है। जैसा कि कहा जा चुका है, निराल का स्वविवेक पर आधारित निर्णय कभी स्खलित नहीं होता और निराला भारत के विषय में अतीत की समृद्धि की जिस तरह

से रेखांकन करते हैं, भारत की महत्ता की भी व्याख्या भी उसी आधार पर करते हैं— 'कला के विरह में जोशी बन्धु' शीर्षक निबन्ध के अन्तर्गत उन्होंन एक स्थल पर लिखा है—जोशी बन्धु बतलायेंगे कि संसार की अमुक पराधीन जाति इतने दिनों तक की दासता के पश्चात् भी जीवित रही है? भारतवर्ष का यह जीवन उसकी अपनी शिक्षा अपनी कला, अपने साहित्य और अपने भारतवर्ष के बल पर इतने दिनों से टिका है।[10]

एक अन्य स्थल पर भारत की न समाप्त होनेवाली अक्षय सांस्कृतिक निष्ठा को रेखांकित करते हुए निराला पुनः कहते हैं—"जब हिन्दुओं के हजारों वर्षों तक गुलामी करके भी न मरने के कारण की जाच की जाती है, तब उत्तर में अनन्त देव नहीं उतरते, बल्कि उस जाति के सदाचरण, सच्चरित्रता, दिव्यभाव, शुभ संस्कार ही काम में आते हैं, जो उस अनन्त शक्तिमान परमात्मा को धारण करने के स्तम्भ स्वरूप हैं।"[11]

एक अन्य स्थल पर निराला जी भारत की व्याख्या बड़े विलक्षण ढंग से करते हैं। वे 'भारत' के पराजित शब्द की व्याख्या करते हुए कहते हैं कि—"भारतज को पराजित अर्थ में ही जित् करना है। भारत सदा परा अर्थात् श्रेष्ठ विद्या को जीतनेवाला है क्योंकि वह भारत है। अर्थ की परिणति द्वारा हमें अर्थ पर अधिकार रखना है। वह अधिकार उतना ही सूक्ष्म है, जितना आकश का, जो की समझ में किसी तरह नहीं आता और समझाकर उसी तरह उन्हें विज्ञ करना है—यही आकाश है—नभ और यही पूर्णार्थ है, सार्वदेशिक।"[12]

निराला इस टिप्पणी के द्वारा भारतीयों को प्रेरित करते हैं कि पराजित अर्थ हम हारनेवाला न लगाकर पराविद्या (आध्यात्मिक ज्ञान) को जीतनेवाला है और इस प्रकार पराजित का अर्थ निराला के अनुसार है—पराविद्याओं का विजेता।

निराला ने भारत को एक और प्रतीकात्मक बिम्ब दिया है 'महावीर भारत'। उनकी प्रसिद्ध कहानी है—भक्त और भगवान्। वे इस कहानी के अन्तर्गत महावीर रूप भारत का चित्र इस प्रकार खींचते हैं—

"उसने आज महावीर की वीरमूर्ति देखा। मन इतने दूर आकाश पर था कि नीचे समस्त भारत देखा। पर यह भारत न था—साक्षात् महावीर थे। पंजाब की ओर मुँह, दाहिनी हाथ में गदा, मौन शब्द शास्त्र, बंगाल के ऊपर दायें हाथ पर हिमालय पर्वत की श्रेणी, बंगल में नीचे बंगोपसागर, एक घुटना वीरवेष सूचक टूटकर गुजरात की ओर बढ़ा हुआ, एक पैर प्रलम्ब अँगूठा कुमारी अन्तरीप नीचे राक्षस रूप लंका-कमल समुद्र पर खिला हुआ-ध्वनि हुई-वत्स, यह सूक्ष्म भारत है।"[13]

निराल ने इसी तरह दुर्गा रूप (शक्ति) भारत की कल्पना की है। निराला शक्ति रूप भारत को निरन्तर सँजोये दिखायी पड़ते हैं। यहाँ हनुमान तथा दुर्गा दोनों शक्ति के गौरव के प्रतीक हैं। 'राम की शक्ति पूजा' की पृष्ठभूमि उनकी इसी भावना से मण्डित है। निराला ने भारत के भौगोलिक बिम्ब में शक्ति की सजीव कल्पना करके

राष्ट्रीयता को दिव्य अर्थ प्रदान किया है। अपनी 'तुलसीदास' शीर्षक कविता का प्रारम्भ करते हुए निराला इसी सांस्कृतिक अतीत के गौरव का वे पुनः स्मरण करते हैं—

भारत के नभ को प्रभापूर्ण
शीतलच्छाय सांस्कृतिक सूर्य
अस्तमित आज रे-तमस्तूर्य दिग्मण्डल।[14]

निराला के मन में भारत की एक सधी-सधायी तस्वीर है। वे बंकिमचन्द्र तथा मैथिलीशरण गुप्त की लीक पर नहीं चलते। उनकी कई प्रसिद्ध कविताएँ भारतमाता से जुड़ी हैं। अपने लेखों में वे भारत शब्द कहते हैं, किन्तु कविता में 'भारतमाता' कहते हैं—जय करो, भारतमाता, विजय करो, भारत माता-स्वर्णिम शस्य मण्डित, सर्वथा समृद्धि, लहलहाती पकी धान्य बालियों से युक्त गंगा, यमुना, हिमालय, लंका, सागर आदि से अक्षय मण्डित भारत माता को निराला चेतनाबद्ध करते हुए कहते हैं—

मुकुट शुभ्र हिम तुषार
प्राण प्रणव ओंकार
ध्वनित दिशाएँ उदार
शतमुख-शरव मुखरे।

निराला के भारत की यह कल्पना है। उनकी इसी कल्पना को उनके गद्यों में, उनकी कहानियों तथा निबन्धों मे, उनकी टिप्पणियों में हम सर्वत्र प्राप्त करते हैं।

निराला का देश या राष्ट्र भारत है, और वे हजारों वर्षों से पराधीन भारत को लेकर चिन्तित न होकर नयी पीढ़ी को उद्वेलित करते हैं कि उस अतीतकालीन सांस्कृतिक गौरव को पुनः प्राप्त करो, जन-जन के हृदय में पहुँचाओ और जागृत करो कि वर्तमान भौतिक सुख तथा अंग्रेजी साम्राज्यवाद द्वारा दिये जा रहे तात्कालिक सुखभोग की तुलना में हमारा संयमित तथा सरल जीवनयापन अधिक आनन्ददायी था।

'भारत' की अवधारणा के साथ-ही-साथ निराला की 'देशप्रेम' दुहरे सन्दर्भों में संयुक्त था। जैसा कि कहा जा चुका है, कि निराला अपने में भारत के अतीत सांस्कृतिक गौरव के अभय गायक हैं, किन्तु उनकी स्वाधीनता की चेतना का दूसरा पक्ष कहीं-न-कहीं राज्य की समाप्ति तथा अंग्रेजों द्वारा रूपायित समाज व्यवस्था से पूर्णतः विरुद्ध है। निराला इस दूसरे सन्दर्भ के प्रति सचेष्ट हैं। इस तथ्य की सम्पुष्टि उनकी 'चोटी की पकड़' नामक उपन्यास की भूमिका से होती है।

निराला कहते हैं—"चोटी की पकड़ आपके सामने है। स्वदेशी आन्दोलन की कथा है। कथा लम्बी है, वैसी ही रोचक। पढ़ने पर आपकी समझ में आ जायेगा। युग की चीज बनायी गयी है—इसकी चार पुस्तकें निकालने का विचार है।"[15]

निराला इस उपन्यास के माध्यम से भारतीय स्वतन्त्रता आन्दोलन के जनाक्रोश को व्यंजित करना चाह रहे हैं। रचनावली के सम्पादक डॉ. नन्दकिशोर नवल के अनुसार यह उपन्यास सन् 1943 में लिखा गया तथा 1946 में प्रकाशित हुआ। निराला उपन्यास के अन्तर्गत इस कालखण्ड में व्याप्त विदेशी सत्ता के प्रति भारतीय जनमानस

के आक्रोश को बड़ी ही स्पष्टतापूर्वक रखते हैं—"इसी समय लार्ड कर्जन ने बंग भंग किया...इस विभाजन की आग छोटे-बड़े सभी के दिलों में एक साथ जल उठी। कवियों ने सहयोगपूर्वक देशप्रेम के गीत रचने शुरू किये। समाचार पत्र प्रकाश्य और गुप्त रूप से उत्तेजना फैलाने लगे। जगह-जगह गुप्त बैठकें होने लगीं। कामयाबी के लिए कानूनी-गैरकानूनी तरीके अख्तियार किये जाने लगे। समूहबद्ध होकर विद्यार्थी गीत गाते हुए लोगों को उत्साहित करने लगे। अंग्रेजों के लिए अपमान के जवाब में विदेशी वस्तुओं के बहिष्कार की प्रतिक्रियाएँ हुई, लोगों ने खरीदना छोड़ा। साथ ही, स्वदेशी प्रचार के कार्य भी किये जाने लगे। गाँव-गाँव में इसके केन्द्र खोले गये। कार्यकर्त्ता उत्साह से नयी काया में जान फूँकने लगे।"[16]

निराला अपने युग की इस स्वाधीनता की चेतना की विराटता को उसके व्यापक परिवेश के साथ पकड़ते हैं और वे नगर, गाँव, कस्बे, शिक्षित, अशिक्षित, प्रेस, छात्र, बुद्धिजीवी, कविगण आदि-आदि में व्याप्त असन्तोष की एक झलक देते हैं—यह असन्तोष निराला के जीवन में घटित था, निराला स्वयं इसके दृष्टा तथा अन्यों की भाँति साथ-साथ सन्त्रास के भोक्ता भी थे।

इसी प्रकार, निराला ने सुधा पत्रिका में सन् 1929 के दिसम्बरवाले अंक में 'राष्ट्र की चुनाव-शक्ति' के नाम से एक उद्बोधनकारी लेख लिखा।

इस लेख के द्वारा भी वे इस स्वाधीनता की भावना को युवाशक्ति की प्रेरणा से जोड़कर उन्हें राष्ट्रीय मुक्ति के आन्दोलन से जुड़ने के लिए कहते हैं, जो राष्ट्रीय स्वाधीनता के आन्दोलन के अन्तराल में उन्हें स्वीकार्य थी। उनका वाक्य है—

"जिनकी मेधा परिष्कृत है, जिनका जीवन निष्पाप तथा उज्जवल है, जो देश के वर्तामन काल के गौरव तथा भविष्य की आशा हैं—जिनके हृदय में किसी प्रकार के कलंक का स्पर्श नहीं हुआ है, विद्या की ही तरह जिनकी मुख कान्ति दीप्तिमान है—अबकी स्वाधीनता की पुकार पर माता के हृदय के वे ही रत्न उठे। कांग्रेस का कोई भी इंगित उनके द्वारा व्यर्थ न जाये। अबकी हमारे युवक सम्राट् विजयी होकर ही रहें—बन्दे मातरम्।"[17]

इन तथ्यों से स्पष्ट है कि निराला का देश-प्रेम दुहरा है। और एक का सम्बन्ध भारत के सांस्कृतिक अतीत से जुड़ता है, किन्तु दूसरे का सम्बन्ध उनके समसामयिक आन्दोलन से है। मुक्ति का अर्थ वे भारत की आजादी से ही नहीं लेते। वे उसको अन्धास्था एवं रूढ़ि तथा शास्त्रवाद से ऊपर ले जाकर सामान्य भारतीय जनजीवन में वास्तविक समझ से जोड़ते हैं। डॉ. रामविलास शर्मा 'निराला की साहित्य साधना' के अन्तर्गत इस तथ्य की वास्तविकता को इंगित करते हुए बताते हैं—

"आधुनिक राष्ट्र बनाने के लिए भारतवासियों के विचारों में आमूल परिवर्तन आवश्यक है। पराधीनता का कारण है—अज्ञान। जब तक हमारे कर्म ज्ञानाश्रित नहीं राष्ट्र की चेतना भी स्वाधीन नहीं।" निराला के कथन द्वारा इसे डॉ. शर्मा पुनः स्पष्ट करते हैं कि—हमारी पराधीनता का कारण अविद्या है।"[18]

निराला का देशप्रेम एक अन्य रूप में भी इंगित दिखायी पड़ता है। यह स्वरूप उनके गद्य में भी उतना अधिक मुखरित नहीं हो सका है, फिर भी, कहीं-कहीं अवश्य है, किन्तु उनकी कविताओं में यह बार-बार आता है। इसका सम्बन्ध अतीत के इतिहास से है। डॉ. रामविलास शर्मा उनके इस रूप को इंगित करते हुए कहते हैं, "पुरानी इमारतों के खँडहर देखकर उन्हें भारत का गौरव अतीत याद आता है। वे खँडहर वर्तमान भारत से कहते हैं—जैमिनी, पतंजलि, व्यास-जैसे ऋषि राम, कृष्ण, भीम, अर्जुन और भीष्म-जैसे यहीं खेले तथा बड़े हुए हैं। (अनामिका, पृ. 30) मुगलों के शासन में भारत ने नये वैभव के चित्र देखे, किन्तु वह वैभव भी खत्म हो गया... निराला काव्य में अनेक भावों का स्रोत है, उनका देशप्रेम।"[19]

इस प्रकार, निराला अपने देशप्रेम को केवल अंग्रेजों को भारत से हटाने तक ही सीमित नहीं रखते। उनके देशप्रेम तथा स्वाधीनता की चेतना का एक व्यापक परिवेश है। इस चेतना के चारों सन्दर्भ उनके गद्य साहित्य में वर्तमान है—

1. अतीतकालीन भारत के सांस्कृतिक गौरव की पुनर्प्रतिष्ठा
2. विदेशी ताकतों से मुक्ति
3. परम्परित रूढ़िवादिता का त्याग तथा ज्ञानाश्रित जीवनयापन
4. ऐतिहासिक अतीत की पुनर्प्रतिष्ठा

इस प्रकार, निराला की स्वाधीनता की चेतना केवल अंग्रेजी शासन एवं उनके युग के राष्ट्रीय आन्दोलन तक ही सम्बद्ध नहीं थी। वह भारत के अतीत को लौटाकर ज्ञानार्जित सामाजिक जीवनयापन पर जोर देते थे। उनकी स्वाधीनता की चेतना का सशक्त पक्ष यह भी है कि अतीत के भारतीय गौरव की पुनर्स्थापना हो तथा समस्त भारतवासी हजारों वर्षों के अन्तराल को तोड़कर-उससे तादात्म्य स्थापित कर ले। इस प्रकार उनकी स्वाधीनता की भावना राष्ट्रीय गौरव की पुनर्स्थापना तथा संकीर्णताओं के परित्याग से सम्बद्ध है। इस तथ्य को स्पष्ट करते हुए निराला की साहित्य साधना के अन्तर्गत डॉ. रामविलास शर्मा कहते हैं—

"राष्ट्रीय स्वाधीनता आन्दोलन कुछ लोगों के लिए अंग्रेजों को हटाने भर का आन्दोलन था। निराला का विचार इनके मत से भिन्न था। उनकी समझ में एक व्यापक सामाजिक क्रान्ति न केवल इसलिए आवश्यक थी कि पुरानी व्यवस्था सदियों पहले जर्जर हो चुकी थी, वरन् इसलिए भी कि उसके बिना देश का आन्दोलन शक्तिशाली नहीं हो सकता था, इस राजनीतिक आन्दोलन का लक्ष्य क्या हो, इसे शक्तिशाली कैसे बनाया जाय, शिक्षित युवकों को सामाजिक क्रान्ति के लिए कौन से कदम उठाने चाहिए इन समस्याओं को लेकर निराला ने जो कुछ लिखा था—वह राजनीतिज्ञों के दाँव-पेंच के बहुत आगे की बात है।"

इस प्रकार, निराला की स्वाधीनता की चेतना का राजनीतिक आयाम अत्यन्त वृहत्तर था। वह केवल 'अंग्रेजों भारत छोड़ो' तक अपने को सीमित न रखकर रूढ़िरहित नाना प्रकार की कुरीतियों से मुक्त एक ऐसे भारत को स्थापित करने का

स्वप्न देख रहे थे जो अपने अतीत के गौरव से समृद्ध तथा वर्तमान अन्तरराष्ट्रीय मंच पर सम्मान का अधिकारी बने। निराला का देशप्रेम उनकी इस स्वाधीनता की आकांक्षा से अभिन्नतः जुड़ा दिखायी पड़ता है। यह दृष्टि उनके गद्य तथा काव्य साहित्य दोनों में बरकरार है। श्री विश्वनाथ प्रसाद त्रिपाठी के शब्दों में कहना चाहें तो कह सकते हैं कि—उन्होंने (निराला ने) अपने सम्पूर्ण काव्य में स्वाधीनता और एकता को वाणी दी है।

सामाजिक स्वाधीनता के विविध पक्ष

निराला की स्वाधीनता का सन्दर्भ नितान्त व्यापक था। वे स्वाधीनता को मानव जाति का एकमात्र मूलधर्म मानते थे। इस तथ्य की ओर संकेत उन्होंने अपने कई लेखों में अनेक बार किया है।

निराला ने पराधीनता की व्याख्या करते हुए एकदम परम्परा से भिन्न रूप में इंगित किया है। उनके मन्तव्य को यदि कहा जाये तो उसे पराधीनता के अन्तर्गत पराधीनता के नाम से पुकारा जा सकता है। 'हिन्दुओं के जातीय संगठन' शीर्षक लेख के अन्तर्गत इस सन्दर्भ को व्यक्त करते हुए वे कहते हैं कि जब तक भारतीय जातियों के बीच परस्पर समानता का भाव उत्पन्न नहीं होता स्वतन्त्रता का कोई अर्थ नहीं है। उनकी दृष्टि अंग्रेज और ईसाई हिन्दुओं को निम्नस्तर का मानते हैं और हिन्दू अपने बीच में शूद्रों को हेय समझते हैं। भारत की स्वाधीनता का तात्पर्य क्या है? भारत को यदि आजादी प्राप्त भी हो गयी तो सवर्ण एवं दलित वर्ण का भेदभाव बना रहेगा और फिर पारस्परिक कटुता मिली हुई आजादी को गुलामी की श्रेणी में रख देगी। वे सामाजिक सामरस्य तथा जातीय समानता को स्वाधीनता का प्राण मानते हैं।

निराला की स्वाधीनता की चेतना सामाजिक समरसता तथा जातीय समानता पर आधारित है। सुधा के सम्पादकीय में प्रकाशित (1932) इस टिप्पणी में वे इस तथ्य की ओर अंगित करते हुए कहते हैं—"जो लोग पुश्त-दर-पुश्त उच्च वर्णवालों की सेवा करते रहे, वे कभी उनकी जबान से सामाजिक अधिकारों की बराबरी नहीं प्राप्त कर सके और वे ही उच्च वर्णवाले देश की स्वतन्त्रता के लिए पता नहीं क्या-क्या बकते-फिरते हैं। वे दूसरी जाति के बराबरी के अधिकार लेना चाहते हैं पर घर में उन्हें के भाई पैरों पर पड़े हुए ऊँचे अधिकारों के लए रो रहे हैं।"[20]

निराला स्वाधीनता का आधार सांस्कृतिक अर्थात् धार्मिक, आर्थिक, जागृति, सामाजिक तथा जातीय शक्ति मानते हैं और प्रकारान्तर से वे देश को केवल भूगोल मात्र न मानकर मानव जातियों का सामूहिक संगठन तथा गौरवमयी परम्परा की धरोहर स्वीकार करते हैं, जो परस्पर एकता, समता, बन्धुत्व तथा भाईचारे के सम्बन्ध से अस्तित्व प्राप्त करते हैं। वे भारतीय मुसलमानों को हिन्दुओं से अलग नहीं मानते। वे 1933 में प्रकाशित 'सुधा' पत्रिका के ही सम्पादकीय में 'हमारे हिन्दू और मुसलमान' शीर्ष से एक लेख इसी समस्या पर लिखते हैं। वे कहते हैं, "हिन्दुओं की संकीर्णता के कारण ही मुसलमान इस देश में संकीर्ण हो रहे हैं। यदि फारस में वे बढ़े-चढ़े

विचारों में हैं, रूस में उनके धर्म का चोला बदल गया है, टर्की में उनका कुछ और ही रूप हो रहा है तो कोई कारण नहीं कि यहाँ के मुसलमान भी हिन्दुओं के बढ़ते हुए विचारों और समाज सुधारों को देखकर अपना सुधार न करें।''[21]

इस सन्दर्भ में निराला महात्मा गाँधी के सुधारवादी आन्दोलन के समर्थ हैं—जहाँ उन्हें उनमें अछूतोद्धार तथा मुस्लिम भाईचारे की स्थिति दिखायी पड़ती है।

निराला इस प्रकार स्वतन्त्रता का अर्थ केवल स्वाधीनता के आन्दोलन से न लगाकर यहाँ की सम्पूर्ण मानवीय इकाई की सामाजिक समरसता से लगाते हैं और वे इस समरसता के लिए पूरी तरह से मानसिक खुलापन आवश्यक बताते हैं। उनके अनुसार, स्वाधीनता की चेतना का अर्थ है—व्यापक सामाजिक स्तर पर वैचारिक खुलापन या स्वतन्त्रता। इसे स्पष्ट करते हुए वे कहते हैं ''प्राचीन विचारों के हिन्दू हर बात में पैदा होते हैं—अस्तु देश की भलाई और जाति के कल्याण के लिए जरूरी है कि वैदानितक विचार हिन्दुओं के मस्तिष्क में प्रविष्ट करा दिये जायँ जो अपने निःसंस्कार प्रकाश की तरह हिन्दुओं को केवल ज्ञान का उपदेश कर दें और वे सब जातियों से मिलने में, सबको मिलाने में संकोच न करें।''[22]

निराला भारतीय समाज रचना में सामरस्य के लिए वेदान्तिक विचार की बात करते है। स्वामी रामकृष्ण परमहंस तथा स्वामी विवेकानन्द की अवधारणाओं की यह स्पष्ट 'अभिधर्म की वर्तमान स्थिति' में स्पष्ट करते हुए कहते हैं कि ''वहाँ के (विदेशों के) जड़ को काटकर अपनी निर्मल जातीयता के पुनरुत्थान के लिए आवश्यक है, वेदान्त ज्ञान। वेदान्त ज्ञान के प्रभाव से मनुष्य की मनुष्य से यह इतनी बड़ी घृणा न रह जायगी।''[23]

इस प्रकार, निराला जी अपनी भारतीय अस्मिता के प्रकाश में समाज, वर्ण, संरचना, जाति विभेद की व्याख्या करते हुए किसी पश्चिम के विचारकों से स्वाधीनता का अर्थ नहीं सीखते। वे स्वाधीनता के अर्थ सन्दर्भ के मौलिक व्याख्याकार हैं और उनकी दृष्टि में स्वाधीनता की चेतना के मूलाधार राजनीतिक न होकर समाजसुधारक हैं। वे इस संवर्ग में, स्वामी रामकृष्ण परमहंस, स्वामी विवेकानन्द, राजाराम मोहनराय, महर्षि अरविन्द तथा महात्मा गाँधी को रखना चाहते हैं। जवाहर लाल नेहरू-जैसे शुद्ध राजनीतिक को वे आजादी के आन्दोलन से जोड़ते थे, भारतीय स्वाधीनता की मूल चेतना से नहीं।

निराला स्वाधीनता की चेतना को दो भागों में विभक्त करते हैं—

1. भीतरी स्वाधीनता

2. बाहरी स्वाधीनता

इसके अतिरिक्त वे एक अन्य स्वतन्त्रता की चर्चा करते है, जो वैचारिक स्वतन्त्रता है।

1. भीतरी स्वाधीनता—भीतरी स्वाधीनता को निराला शान्ति के नाम से पुकारते है। इस 'शान्ति' की व्याख्या पारस्परिक सौहार्द, एकता, प्रेम, सहिष्णुता, धैर्य

से शुरू करके उसे आध्यात्मिकता के अन्तिम छोर आनन्द तक ले जाते हैं। वे इस मन्तव्य पर टिप्पणी करते हुए कहते हैं—"इसी तरह यह अपूर्व सहनशीलता तथा धैर्य का फल एक दिन पूर्ण स्वतन्त्रता तथा शान्ति में परिणत होगा।"[24]

निराला इस भीतर या आन्तरिक स्वतन्त्रता को पूर्ण स्वतन्त्रता की संज्ञा देते हैं। इस पूर्ण स्वतन्त्रता की चरम परिणति आध्यात्मिक आनन्द की प्राप्ति है—जो निराला की गुरुपरम्परा अर्थात् स्वामी विवेकानन्द के अनुसार समाज से शुरू होती है, मात्र त्याग-तपस्या ही इसके उपादान नहीं हैं—" जब बाहर का खेल त्याग दोगे, अपने आनन्दमय स्वरूप को ढूँढ़ोगे तो तुम्हें वह मिल भी जायगा-वहाँ तक न मन की पहुँच है और न वाणी की।"[25] महात्मा गाँधी इसीलिए शान्ति, अहिंसा, अपरिग्रह, शील आदि को मानव जीवन में अनिवार्यतः जोड़ते थे। उसके साथ सम्पर्कित न होने से बाहरी दृष्टि से स्वतन्त्र भारत की वर्तमान दुर्दशा चिन्त्य है।

2. बाहरी स्वाधीनता—निराला स्वाधीनता का अर्थ ग्रहण करते हैं, मनुष्य के रूप में मिले सामाजिक अस्तित्व को निर्बाध तथा स्वच्छन्द रूप से बरकरार रखने के लिए चिन्तन तथा आचरण की स्वतन्त्रता। बाहरी स्वतन्त्रता का अर्थ है, आन्तरिक स्वतन्त्रता के विरोधी तथा घातक तत्त्वों से संघर्ष की भावना। यह सामाजिक स्तर पर भी हो सकती है और व्यक्तिगत स्तर पर भी। इसलिए निराला इसे दो भागों में विभक्त करते हैं—

(क) सामूहिक स्वाधीनता

(ख) वैयक्तिक स्वाधीनता

(क) सामूहिक या सामाजिक स्वतन्त्रता—यह बाह्य स्वतन्त्रता पराधीनता से मुक्ति के लिए सामूहिक रूप से हिंसक तथा अहिंसक दोनों प्रकार के आन्दोलनों का आश्रय ग्रहण करती है। निराला ने इसे देश की आजादी के संवर्ष के रूप में देखा है। वे किसान असहयोग आन्दोलन में स्वयं बढ़-चढ़कर हिस्सा लेते रहे हैं। इस आन्दोलन का आधार वे सामाजिक क्रान्ति को बताते हैं—इस आन्दोलन में उनको समर्थन, कृषक, अछूत, मुसलमान तथा नारी का मिला था। निराला अपने प्रसिद्ध उपन्यास 'चोटी की पकड़' में इस सामूहिक स्वतन्त्रता को आगे बढ़ाना चाहते थे, किन्तु सन् 1946 में इसके प्रकाशन के बाद उन्हें लगा कि भारत की बाहरी आजादी समीप है, अतः उसके शेष तीन भाग नहीं लिखे गये। उनकी 'चोटी की पकड़' के शेष भागों के न लिखने जाने के बीच कहीं-न-कहीं उनमें अन्यमनस्कता दिखायी पड़ती है।

निराला सामूहिक स्वतन्त्रता के प्रति निरन्तर आशंकित रहते हैं, क्योंकि आन्तरिक सन्तुलन के बिना यह बाह्य स्वतन्त्रता भोग तथा शक्ति पर आश्रित होकर समाज रचना को छिन्न-भिन्न कर देती है। वे इसे स्पष्ट करते हुए कहते हैं—"बात यह है कि स्वतन्त्रता के लिए बाहर मुड़ने से उस स्वतन्त्रता का स्वरूप मोम बन जाता है। उससे बहिर्जगत में संघर्ष पैदा होता है और वही संघर्ष भोग तथा भोगी के लिए नाश का

कारण होता है। अतः निश्चय है कि शान्तिपूर्ण स्वतन्त्रता बाहर नहीं मिलती।"[26]

सामूहिक या सामाजिक स्वतन्त्रता के सन्दर्भ में वे नारी जाति की 'बाह्य स्वतन्त्रता' के पक्षपाती हैं। उन्होंने इस सम्बन्ध में एक बड़ा ही महत्त्वपूर्ण लेख लिखा—'बाहरी स्वाधीनता और स्त्रियाँ' और इसके अन्तर्गत नारी विषयक बाह्य स्वाधीनता की चर्चा करते हुए वे कहते हैं—"हमें स्त्रियों की बाह्य स्वतन्त्रता, शिक्षा-दीक्षा पर विशेष ध्यान देने की जरूरत है, अन्यथा अब के पुरुषों की तरह उनके बच्चे भी गुलामी की अँधेरी रात में उड़नेवाले गीदड़ होंगे। स्वाधीनता के प्रकाश में दहाड़नेवाले शेर नहीं हो सकते।"[27]

निराला स्त्रियों के सम्बन्ध में व्याप्त कुरीतियों तथा अशिक्षा, पर्दा-प्रथा, शोषण आदि के विरुद्ध जागरुकता उत्पन्न करके पुरुषों के समानानतर खड़ा करना चाहते थे।

उनकी यह सामाजिक स्वाधीनता बाह्य सामाजिक जागरण से सम्बद्ध है।

(ख) वैयक्तिक स्वाधीनता—निराला ने व्यक्तिगत स्वतन्त्रता का उल्लेख अपने प्रसिद्ध लेख 'चरखा' में दिया है। व्यक्तिगत स्वतन्त्रता में निर्णयकर्त्ता की स्वेच्छा को महत्त्व मिलता है। कभी-कभी वह नितान्त वैयक्तिक निर्णय बन जाता है। उसकी सार्थकता इस बात में है कि वैयक्तिक स्वतन्त्रता वृहत्तर सामाजिक सन्दर्भों की पूर्ति करे और वृहत्तर सामाजिक सम्बन्धों को पूर्ण करनेवाली इस वैयक्तिक स्वतन्त्रता का विरोध नहीं किया जाना चाहिए।

वैचारिक स्वाधीनता—बिराला ने वैचारिक स्वतन्त्रता की बात बार-बार अपने गद्य साहित्य में कही है। उनकी दृष्टि में वैचारिक स्वतन्त्रता मानवीय स्वतन्त्रता का महत्त्वपूर्ण आधार है। वैचारिक स्वतन्त्रता व्यक्तिगत जीवन दृष्टि, सामाजिक संगठन, स्वमत की स्थापना आदि के सन्दर्भ में अत्यन्त आवश्यक है और यही मानवीय स्वातन्त्र्य का आधार है। सुधा मासिक, 1930 में छपी उनकी टिप्पणी—'राजा और प्रजातन्त्र' इस सन्दर्भ में विशेष महत्त्वपूर्ण निबन्ध है।[28]

यहाँ वे यह स्पष्ट करते हैं कि राजा के आतंक से वैचारिक स्वतन्त्रता दबती है किन्तु प्रजातन्त्र का मूल लक्ष्य स्वतन्त्रता पर आधारित है। वे ब्रिटिश राजतन्त्र की ओर इंगित करते हुए कहते हैं कि—"पार्लियामेण्ट जो कानून पास कर देता है, सम्राट् उसका खण्डन नहीं करते पर खण्डन करने की शक्ति उन्हें मिली हुई है, वे चाहें तो कर सकते हैं। यहाँ वायसराय तथा गवर्नरों को यह शक्ति मिली हुई है और समय-समय पर वे उसका उपयोग करते हैं। यह गणतन्त्र नहीं हुआ।"[29]

निराला जनता के स्वाधिकार के निर्णय को बिना किसी परिवर्तन के लागू करने की बात करते हैं। समूह की वैयक्तिक स्वतन्त्रता किसी एक व्यक्ति द्वारा कुचली जाने से वे गणतन्त्रात्मक भावना का तिरस्कार मानते हैं।

निराला की समग्र जीवन शैली तथा अभिव्यक्ति प्रक्रिया उनकी वैयक्तिक स्वतन्त्रता की आधारशिला पर टिकी है। निराला अपने निबन्धों में बराबर धर्म, अन्धास्था, वैचारिक अन्धविश्वास, व्यक्तित्व तथा सिद्धान्त-पूजा, साथ-ही-साथ किसी

भी मानवीय व्यक्तित्व के आभामण्डल से आक्रान्त अपनी बात कहने के प्रतिकूल दिखायी पड़ते हैं और हम दृष्टि से उन्होंने महात्मा गाँधी, रवीन्द्रनाथ टैगोर, जवाहरलाल नेहरू, सुभाषचन्द्र बोस आदि पर जो टिप्पणियाँ दी हैं, वे अन्धास्था के विरुद्ध उनकी वैयक्तिक स्वतन्त्र विचार चिन्तन की दृष्टि को स्पष्ट करती हैं। उनकी दृष्टि में परम्परित सिद्धान्त पूजा वैचारिकी गुलामी है। उनके वैचारिक स्वतन्त्रता सम्बन्धी चिन्तन निराला रचनावली, भाग-6 के अनेक निबन्धों में देखी जा सकती है। जैसे—सामाजिक व्यवस्था, हिन्दू-मुसलमान समस्या, हिन्दू विधवाओं पर अनाधिकार की चर्चा, राजनीति और समाज आदि आदि चर्चाओं द्वारा वैयक्तिक स्वतन्त्रता के मत का पूर्ण दृढ़ता के साथ समर्थन करते है। निराला वैचारिक स्वतन्त्रता को लोकतन्त्र का प्राण मानते हैं।

साम्राज्यवाद का विरोध—निराला साम्राज्यवाद प्रकारान्तर से सामन्तवाद और उसी क्रम से पूँजीवाद और पूँजीवाद साम्राज्यवाद तथा जमींदारी व्यवस्था का विरोध करते हैं। विदेशी पूँजीवाद से विकसित भारतीय सामाजिक व्यवस्था के निराला प्रबल विरोधी दिखायी देते हैं, किन्तु इस समग्र विरोधवाद के बावजूद भी उन्हें भारतीय राजव्यवस्था का वह सामन्तवाद प्रिय था, जो गणतन्त्रात्मक व्यवस्था पर आधारित है। निराला इस प्रकार के विचार अपने गद्य साहित्य में बराबर देखते हैं।

पूँजीवाद साम्राज्यवाद पर टिप्पणी देते हुए एक स्थल पर वे कहते हैं—

"साम्राज्यवाद इंग्लैण्ड की राजनीति का मूल है।

पूँजी के द्वारा वणिक शक्ति की वृद्धि के इतिहास के साथ साम्राज्यवाद का इतिहास इंग्लैण्ड में गुँथा हुआ है। पूँजी की तरह वह भी हृदयहीन है।"[30]

निराला ने इस सम्राज्यवाद को वणिक सम्राज्यवाद कहा है और इसका लक्ष्य सामाजिक शोषण बताया है। भाग तथा भौतिकवादी तुष्टि इस व्यवस्था का लक्ष्य है तथा अंग्रेजों के इस साम्राज्य का अर्थ उनकी दृष्टि में आर्थिक शोषण करना है। वे 'वायसराय की विज्ञप्ति, साइमन रिपोर्ट, साम्राज्यवाद तथा सत्याग्रह, स्टेट्समैन की राजनीतिज्ञता, सामाजिक पराधीनता आदि लेखों द्वारा अंग्रेजी को शोषण नीति का उल्लेख करते हुए इस साम्राज्यवाद को वैश्य सम्राज्यवाद कहते हैं। इस सन्दर्भ में उनकी 'इंग्लैण्ड और भारत सम्बन्ध' शीर्षक टिपणी बड़ी ही महत्त्वपूर्ण है जो सुधा मासिक, फरवरी 1930 के सम्पादकीय में प्रकाशित हुई है।[31]

"इंग्लैण्ड के हाथ भारत एक सोने की चिड़िया फँस गयी है। वहाँ के पूँजीपति यह बात किसी तरह नहीं पसन्द करते कि भारत को आवश्यकता से अधिक अधिकार दिये जायँ। इससे अंग्रेजी व्यापार को धक्का लगता है—जिससे इंग्लैण्ड की शक्ति का ह्रास होने की सम्भावना है।"

निराला इस साम्राज्यवाद के विरुद्ध थे और उन्होंने इससे मुक्ति के लिए सुभाषचन्द्र बोस का स्मरण किया है। वे कहते हैं—"सुभाष बाबू ने मध्य देश में प्रादेशिक युवक सम्मेलन में जो भाषण दिया है तथा और-और जगहों में उन्होंने स्वतन्त्रता के जो अर्थ लगाये हैं, वे बहुत ठीक हैं। उनका कहना है कि किसी भी

प्रकार की परतन्त्रता एक क्षण के लिए युवकों को सह्य नहीं होनी चाहिए।"[32]

इस प्रकार, निराला अंग्रेजी साम्राज्यवाद की नींव आर्थिक शोषण से सम्बद्ध करते हैं। इससे सम्बद्ध मुक्ति के आन्दोलन की बात वह अपने उपन्यास 'चोटी की पकड़' में करते हैं। क्रान्तिकारी वर्ग जो सशस्त्र क्रान्ति द्वारा अंग्रेजों को भारत से भगाना चाहता है, उसकी पृष्ठभूमि निराला के मन में बनती है और इस पृष्ठभूमि को 'चोटी की पकड़' उपन्यास के अन्तर्गत भूमिका के रूप में रखते हैं। यहाँ प्रभाकर इसी प्रकार का पात्र है—जो स्वराज्य आन्दोलन से तो जुड़ा है किन्तु उसकी गति सामान्य तथा स्थिर है। वह केवल विदेशी वस्तुओं की वर्जना तथा स्वदेशीयता के ही प्रचार-प्रसार तक अपने को सीति कर देता है—"यह स्वदेशीवाला भाव हमें घर-घर फैलाना है। आप गृहलक्ष्मी तभी हैं। इस समय रानी होकर भी दासी हैं। आपके घर की तलाशी ली जायगी तो अधिकांश माल विदेशी होगा। आप इसी में हमारी मदद करें। आपकी सहानुभूति भी हमारे लिये बहुत है।"[33]

निराला साम्राज्यवादी पूँजीव्यवस्था के विरुद्ध लड़ने के निष्कर्ष इन शब्दों में कहते हैं—"जाति की नसों में राजनीतिक खून दौड़ाकर राजनीतिक जातीयता लाने में श्रम चाहिए... आप इसका अनुमान लगा सकती हैं।"[34]

निराला के शब्दों में स्वाधीनता का संघर्ष भारतीयों के नसों में राजनीतिक खून दौड़ाने तथा खौलाने-जैसा है और इसका मुख्य लक्ष्य है—भारत की सांस्कृतिक अस्मिता की पुनर्प्रतिष्ठा।

निराला के राजनीतिक आन्दोलन का एक यह पक्ष भी है जो अपने-आपमें बड़ा ही महत्त्वपूर्ण तथा दूरदृष्टि से सम्पन्न है।

निराला की स्वाधीनता की अवधारणा के प्रमुख पक्ष

निराला स्वाधीनता का अर्थ, जैसा कि पूर्व में कहा जा चुका है, राजनीतिक मुक्ति आन्दोलन से ही नहीं लेते। वह अन्य राजनीतिज्ञों तथा राष्ट्रीय कवियों की भाँति अंग्रेजी दासता की मुक्ति तक ही अपने को सीमित नहीं रखते। यह तो मात्र अभावात्मक दृष्टि है। अंग्रेजों के बाद भारत का स्वरूप क्या होगा? निराला का यह स्वप्न 'अंग्रेज भगाओ' आन्दोलन से अधिक महत्त्वपूर्ण है। उनके अनुसार वह भी स्वाधीनता आन्दोलन की ही भाँति राष्ट्रीय मुक्ति की अवधारणा से जुड़ा हुआ है। निराला साहित्य में इसके अन्तर्गत निम्नलिखित पक्ष आते हैं—

1. जनता का निर्णय अन्तिम निर्णय
2. जातिविहीन समाज व्यवस्था
3. आध्यात्मिक साम्यवाद या समतावाद की स्थापना
4. हिन्दू-मुस्लिम के बीच भेदभाव की समाप्ति
5. छुआछूत की समापित और आजीविका तथा श्रम से बने सामाजिक सम्बन्धों की समाप्ति

6. नारी जागरण

7. राष्ट्रभाषा हिन्दी की प्रतिष्ठा अर्थात् हिन्दी को राष्ट्रीय भावना की अभिव्यक्ति का माध्यम मानना।

निराला की स्वाधीनता की चेतना के ये विधेयात्मक पक्ष हैं और राष्ट्रीय आजादी के आन्दोलन के साथ उकनी विचारधारा के अनुसार इनके लिए भी आन्दोलन चलने चाहिए थे। निराला गाँधी जी से अनेक बातों में सहमत होते हुए भी उनके द्वारा स्थापित अहिंसा, सत्य, न्याय, सदाचरण, हिन्दू-मुस्लिम एकता आदि को इस आजादी की लड़ाई का विधेयात्मक पक्ष स्वीकार करते हुए, उनका बराबर समर्थन करते हैं। संक्षेप में, निराला की स्वाधीनता की चेतना की सामाजिक जागृति के इन विधेयात्मक तत्त्वों की स्थिति इस प्रकार है। निराला की स्वाधीनता की चेतना का मूल स्वर स्व अर्थात् भारतीयता से सम्बद्ध था और वे पश्चिम तथा भारत की तुलना में भारतीय आध्यात्मवाद को ही समाज रचना का आदर्श बताते हैं, प्रारम्भ में, वे प्रगतिशील आन्दोलन की ओर कुछ झुकते अवश्य दिखायी पड़ते हैं किन्तु थोड़े ही समय बाद, वे आध्यात्मिक साम्यवाद से सम्बद्ध होकर देश की अपनी प्रकृति, स्वभाव एवं चेतना की बात करने लगे। निराला द्वारा स्वाधीनता की चेतना के परिवेश में स्थापित मूल्यों की स्थिति क्रमश इस प्रकार है—

1. जनता का निर्णय अन्तिम निर्णय—निराला लोकतन्त्र के सन्दर्भ में जनता के निर्णय को अन्तिम निर्णय मानते हैं। उन्होंने 'सुधा' (1930) की सम्पादकीय में इस सन्दर्भ में अपना अभिमत प्रकट किया है। इस टिप्पणी का शीर्षक है—'राजा और प्रजातन्त्र'। उन्होंने भारतीय व्यवस्था की तुलना ब्रिटिश पार्लियामेण्ट से की है और बताया है, "पर्लियामेण्ट जो कानून पास कर देता है, सम्राट् यद्यपि उसका खण्डन नहीं कर सकते हैं, पर खण्डन की शक्ति उन्हें मिली हुई है, वे चाहें तो कर सकते हैं। यहाँ (भारत में) वायसराय तथा गवर्नरों को भी वह शक्ति मिली हुई है और समय-समय पर वे उसका उपयोग भी करते हैं—यह गणतन्त्र नहीं हुआ।"[35]

ब्रिटिश शासन द्वारा लागू 'सेल्फ रूल' प्रक्रिया को निराला यहाँ अंग्रेज आधिपत्य को चुनौती देते हैं और अपनी प्रतिक्रिया को सम्पुष्ट करते हुए वे कहते हैं—लोकतन्त्र की सबसे बड़ी पहचान यही कि चुनी हुई जनता का सामूहिक निर्णय ही अन्तिम निर्णय है। वे इस निर्णय पर किसी प्रकार का हस्तक्षेप नहीं चाहते हैं उनके अनुसार यदि स्थिति नहीं है तो, वह स्वराज्य नहीं, (लोकतन्त्र नहीं) वरन् वह स्वराज्य का अल्पांश है। निराला ने इसे औपनिवेशिक स्वराज्य की संज्ञा दी है और उनके अनुसार भारत के लिए पूर्ण स्वराज्य की आवश्यकता है, औपनिवेशिक स्वराज्य की नहीं।

2. जातिविहीन व्यवस्था—निराला लोकतन्त्र का आधार जातिविहीन व्यवस्था को मानते हैं और बराबर इसके लिए प्रयत्नशील रहे हैं कि सभी जातियों को समान अधिकार प्राप्त हो। वे ब्राह्मणत्व की श्रेष्ठता को आज के प्रगतिशील युग में स्वीकार करने के लिए तैयार नहीं हैं और दूसरी ओर हरिजन तथा अछूत को किसी भी जाति से हीन मानने की उनके मन में कोई ग्रन्थि नहीं है। निराला मनुष्य मात्र में विश्वास

रखते हैं और जातिवाद या वर्णव्यवस्था की कट्टरता को स्वीकार नहीं करते। वर्ण व्यवस्था को वे सामाजिक पराधीनता के नाम से पुकारते हैं। सुधा पत्रिका के जून 1932 के अंक में समाज शीर्षक अपने निबन्ध में उन्होंने अपने इस विचार को अनेक तर्कों के माध्यम से स्पष्ट किया है और बताया है कि—

"इस समय सभी वर्ण शूद्र हैं। केवल घर में ऐंठ दिखाने के लिए, गुलामों की तरह, एक-दूसरे से बढ़कर होने की स्पर्द्धा करते हैं। कोई अंग्रेजी राज्य की सुविधा प्राप्त करने के लिए शूद्र से क्षत्रिय बन रहा है, कोई वैश्य से ब्राह्मण। ऐसा पहले भी हुआ है। इस समय शूद्रत्व ही हमारे समाज का प्रबल संस्कार है।"

वह शूद्र की व्याख्या अपने ढंग से करते हुए कहते हैं, "वर्तमान समय में जिस सत्ता के अधीन तमाम देश बाहरी दृष्टि में हैं, उसमें रहकर वह ब्राह्मण, क्षत्रिय या द्विजातियों का देश नहीं रह सकता, संस्पर्श दोषों के कारण उसकी सभी जातियाँ शूद्र हो गयी हैं।

देश में नवीन युग, नवीन विचार, समभाव, समधर्म, एकाधिकार लाने और प्राप्त करने के लिए...समझदार युवकों और उदार मनुष्यों को अछूतोद्धार के सच्चे मार्ग पर आ जाना चाहिए।"[36]

निराला जी देश की लोकतान्त्रिक व्यवस्था के लिए अछूत जातियों का समानान्तर ले आने के लिए बार-बार तर्क देते हैं और इस बिन्दु पर उन्हें महात्मा गाँधी सर्वाधिक प्रिय हैं। भारत के भावी लोकतान्त्रिक स्वरूप को दृष्टि में रखकर वे टिप्पणी देते हैं—

"जो लोग प्रभावशाली थे, वे जानते थे कि भविष्य में जाति की बागडोर ब्राह्मण-क्षत्रियों के हाथ में नहीं रह सकती क्योंकि जातीय समीकरण का युग है। सब जातियाँ सम्मान तथा मर्यादा में बराबर हैं। जो सदियों से सेवा करती आ रही हैं, उन्हीं जातियों का यथार्थ मनोबल है। जब तक उनका उत्थान न होगा, भारत का उत्थान नहीं हो सकता।"[37]

सोवियत सरकार ने स्त्री-पुरुष के समान अधिकार घोषित किये। एक अन्य स्थल पर वे कहते हैं कि "वे लोग (रूसी नागरिक) इस मूल्यांकन को समझ गये हैं कि स्त्री तथा पुरुष का जीवन पूर्ण स्वतन्त्रता तथा पूर्ण सहकारिता के भावों से ओतप्रोत है।"[38]

साम्यवादी विचारधारा में प्रभावित होने का प्रभाव उनके निरुपमा उपन्यास में देखा जा सकता है—जहाँ इंग्लैण्ड से सर्वोच्च डिग्री लेकर नवयुवक अपनी आजीविका को 'जूता-पालिश' अर्थात् तथाकथित मोची का धन्धा करता है। निराला गर्व के साथ उसका समर्थन करते हैं ओर उनकी इस प्रगतिशील चेतना के मूल में कहीं-न-कहीं प्रगतिशील संस्कार वर्तमान हैं। यूरोप में होनेवाले परिवर्तनों के विषय में वे साम्यवादी विचारधारा को श्रेय देते हैं। 'समाज तथा स्त्रियाँ' शीर्षक के अपने निबन्ध में निराला टिप्पणी देते हुए कहते हैं—"वहाँ पश्चिम का हर एक परिवर्तन यहाँ तक कि ईसा का महान् बन्धुभाव साम्यवाद भी रक्तरंजित रहा।"[39] निराला अपने प्रसिद्ध संस्मरणात्मक उपन्यास कुल्लीभाँट के प्रारम्भ में दो स्थलों पर 'समाजवाद' शब्द की चर्चा की है।

3. आध्यात्मिक साम्यवाद—निराला पश्चिम के साम्यवाद विशेषकर पूँजीवादी व्यवस्था से उत्पन्न शोषण और उसके हितों के प्रति निरन्तर सजग हरे। वे पूँजीवादी व्यवस्था के विरोध में उत्पन्न साम्यवादी समाज रचना-जैसी कोई बात नहीं चाहते थे। उनके मन में साम्यवाद-जैसा ढाँचा अवश्य था—जाति-पाँति के आडम्बर से रहित जातिविहीन समाज, उसकी समरसता तथा कटुताविहीन समानता, अर्थवाद के शोषण से मुक्त सम्पूर्ण समाज और अपने इस चिन्तन को वे अद्वैतवेदान्त से सिद्ध करते हैं। वे इसे स्पष्ट करते हुए अपने लेख 'वर्णाश्रम धर्म की वर्तमान स्थिति' में बताते हैं—"वेदान्त ज्ञान के प्रभाव से मनुष्य की मनुष्य से यह बड़ी घृणा न रह जायगी और संगठन भी ज्ञानमूलक होगा। यूरोप का संगठन स्वार्थमूलक है। जिस मजदूर पार्टी का अभी कल ही पूँजीपतियों के दल से संघर्ष रहा था, आज दूसरे को पराजित करने के लिए उस पार्टी का निजी स्वार्थ व्यापक रूप से समझाया गया कि सब-के-सब मजदूर बदल गये-पूँजीपति पार्टी के साथ मिल गये।"[40]

इस प्रकार, निराला साम्यवादियों या पूँजीपतियों के अर्थमिश्रित सम्बन्धों को नकारते हुए भारत के लिए ज्ञानाश्रित सामाजिक सम्बन्धों की चर्चा करते हैं। और इसी निबन्ध के समापन पर एक टिप्पणी भी देते हैं कि "लेख बढ़ गया है, परन्तु मेरे मनोभाव नहीं बढ़ पाये, अतः फिर कभी 'वैदान्तिक साम्य संगठन' पर विचार करूँगा।"[41] निराला का यह 'वैदान्तिक साम्य संगठन' क्या है निश्चित रूप से निराला देश में साम्यवाद या समाजवाद-जैसी सामाजिक (जातीय) सरमसता चाहते थे किन्तु उसे वे पश्चिम के सिद्धान्तों पर न खड़ा करके भारतीय चिन्तन पर आधारित करना चाहते थे। भारत में व्याप्त जाति-पाँति के आधार पर श्रेष्ठता या धार्मिक स्थान के कारण सामाजिक उच्चता के मत का वे प्रबल विरोध करते थे। यह विरोध उन्हें अपनी गुरु परम्परा स्वामी रामकृष्ण परमहंस तथा स्वामी विवेकानन्द के नववेदान्तवाद से मिला था। उन्होंने इस सम्बन्ध में एक स्थल पर स्वामी विवेकानन्द के उस वाक्य का उद्धरण दिया है, जो वर्ण व्यवस्थामूलक सरमसता को इंगित करता है—"हे भारत के उच्चवर्णवालों, तुम्हें देखता हूँ तो जान पड़ता है चित्रशाला में तस्वीरें देख रहा हूँ। तुम लोग छायामूर्तियों की तरह विलीन हो जाओ अपने उच्चाधिकारियों (शूद्रों को) अपनी तमाम विभूमियाँ दे दो, नया भारत जाग पड़ेगा।"[42]

निराला पश्चिम समाज के साम्यवादी संगठन 'बोलशेविक तथा इम्पीयरिलिज़्म' का आधार 'पूँजी' को ही बताते हैं। बोलशेविक क्रान्ति कम्युनिस्टों की है और इम्पीयरिलिज़्म का प्रसार पूँजीपतियों के सन्दर्भों से जुड़ा है। इन दोनों पर टिप्पणी करते हुए निराला कहते हैं—"बोलशेविक चाहते हैं कि इम्पीयरिलिज़्म (साम्राज्यवाद) का नाश हो और साम्राज्यवादी चाहते हैं कि बोलशेविक उनके दायरे में एक न रहें। यह सिर्फ इसलिए कि दोनों की दृष्टि में महत्ता सिर्फ पूँजी को प्राप्त है।"[43]

निराला रूस के प्रशंसकों में हैं। वे कहते हैं कि "सोवियत सरकार समझती है कि मनुष्य जाति अपनी बौद्धिक तथा नैतिक दुर्बलताओं के कारण दूसरी जाति से पराजित होती है।"[44]

इन दोनों के विरुद्ध निराला 'मुक्ति' की चर्चा करते हैं। वे इसकी तुलना भारतीय सनातन व्यवस्था से करते हुए कहते हैं—"यहाँ (भारत में) मुक्ति प्रधान है—जिसके साथ अपने शरीर और मन का सम्बन्ध नहीं, जरूरत पड़ने पर शरीर और मन की मुक्ति की वेदी पर अर्पण करना पड़ता है, फिर कुछ रूप में पैसे की क्या बात? यहाँ तो अर्थ का संचय परार्थ के लिए या अक्षमों के लिए ही करने का विधान है, फिर बोलशेविकों से कोई भारतीय क्यों डरे और फिर यहाँ बोलशेविक (कम्युनिस्ट) हों भी क्यों? क्यों साम्राज्यवाद ही रहे—यहाँ तो चारों वर्ण अपनी शक्ति का परिचय देकर सर्वस्व का त्याग कर पूर्ण स्वतन्त्र ईश की सत्ता में मिल जाना चाहते हैं—फिर कोई वाद और विवाद कैसा? भारत के समाज का यही लक्ष्य है, तमाम सुधार इसके अनुसार होने चाहिए।"[45]

निराला बार-बार सामाजिक साम्य की चर्चा इस सन्दर्भ में करते हैं। उनकी इस समता या सामाजिक बराबरी का आधार भारत की आस्थामूलक आध्यात्मिक चित्वृत्ति है, जो जन-जन के हृदय में बसी है, वह साम्यवादी तथा प्रगतिवादी चेतना का प्रतिफल नहीं है। निराला आध्यात्मिक समाजवाद के कवि हैं, प्रगतिवादी साम्यवाद के नहीं।

4. दासता से मुक्ति—निराला स्वतन्त्रता को पराधीनता से मुक्ति के रूप में स्वीकार करते हैं। यह क़ेवल 'अंग्रेजों भारत छोड़ो' मात्र का आन्दोलन नहीं है। यह आन्दोलन सामाजिक, आर्थिक, धार्मिक, जातीय पराधीनता से मुक्ति का आन्दोलन है। निराला की सोच कुछ ऐसी ही है। निराला अपने लेखों में स्वाधीन भारत का जो दृश्य देखना चाहते हैं, उसमें किसी भी प्रकार की दासता को वे स्वीकृति नहीं देते। निराला गुलाम भारत को हजारों वर्षों से गुलाम भारत की संज्ञा देते हैं—और इस लम्बी पराधीनता के लिए भारतीय अस्मिता और समझ इन दोनों बातों पर विशेष बल देते हैं। निराला का गद्य साहित्य उनकी इस प्रकार की टिप्पणियों से भरपूर है। इस सन्दर्भ में उनके प्रसिद्ध लेख हैं—सामाजिक पराधीनता, हमारा समाज, बाहरी स्वाधीनता और स्त्रियाँ, बाहर और भीतर, हिन्दू अबला आदि-आदि।

निराला वैचारिक आग्रह निरन्तर इस तथ्य पर आधारित है कि देश में किसी भी क्षेत्र में स्थित पराधीनता समाप्त की जाय और इसी के प्रकाश में वे आजादी के आन्दोलन की व्याख्या भी करते हैं वे स्वतन्त्रता को मानवीय मुक्ति मानते हैं—"हिन्दुस्तान की स्वतन्त्रता विलायती स्वतन्त्रता नहीं हो सकती, न होगी। स्वतन्त्रता के मानवीय मुक्ति के बीज उसी (भारत) के पास रहते हैं।"[46]

निराला साामजिक, नैतिक, धार्मिक, राजनैतिक तथा जातीय दासता से मुक्ति को ही पूर्ण स्वतन्त्रता मानते हैं और उनकी स्वाधीनता विषयक चेतना के लिए यही आधार है।

5. जातीय स्वाधीनता—निराला जातीय स्वाधीनता की बात बराबर करते हैं और गाँधी जी के हरिजन आन्दोलन के वे इसीलिए समर्थक भी हैं। जैसा कि डॉ.

रामविलास शर्मा ने कहा है—"निराला कृषक संगठन और उसकी जागृति पर विशेष बल देते हैं। वे निरन्तर उसके शोषण के प्रति जागरूक तथा मानवीय स्तर पर उसकी अस्मिता के रक्षक हैं।"[47]

निराला स्वयं किसान संघर्ष से काफी दिनों तक जुड़े रहे और उनके उपन्यासों में इस वर्ग के यथार्थ को उन्होंने बार-बार रखा है। निराला ने अपने परवर्ती रचना 'नये पत्ते' में इनके गीत गाये हैं। कृषक वर्ग ही नहीं निम्नवर्गीय जन जो विभिन्न सेवा की आजीविकाओं से जुड़कर अपना भरण-पोषण करते हैं, निराला उनके गीत गाते हैं। उनके उद्‌बोधन, उनकी जागृति, उनकी शिक्षा तथा सामाजिक उन्नयन की चर्चा में बराबर रत दिखायी पड़ते हैं। निराला ने चतुरी चमार को लक्ष्य करके कहा है, "चतुरी, इसका वाजिब हल अर्ज में पता लगाना होगा। अगर तुम्हारा जूता देना दर्जा होगा, तो इसी तरह पुश्त-दर-पुश्त तुम्हें जूते देते रहने पड़ेंगे।"[48]

भारत में पेशे और जातियों का गहरा सम्बन्ध रहा है और पेशे को पुश्त-दर-पुश्त से सम्बद्ध किया जाता रहा है। निराला की निम्नवर्गीय अछूत जातियों के प्रति कितनी आस्था थी, इसे कुल्लीभाँट में वर्णित उस सन्दर्भ से देखा जा सकता है, जहाँ उसे छूने में संकोच करनेवाली अछूत जातियों के फूल निराला न केवल अपने हाथों से लेते हैं, अपितु आत्मीयतापूर्वक उन्हें गले से लगाते हैं।

निराला रचनावली भाग-6 में निराला के लेख संकलित हैं—हिन्दु का जातीय संगठन। इस लेख में एक स्थल पर वे कहते हैं—

"जो सदियों से सेवा करती आ रही हैं, उन्हीं जातियों में यथार्थ मनोबल है, जब तक उनका उत्थान न होगा, भारत का उत्थान नहीं हो सकता।"[49]

इस सम्बन्ध में डॉ. नन्दकिशोर नवल जी ने बड़ी सार्थक टिप्पणी दी है—निराला की खूबी यह थी कि उनका ध्यान स्वाधीनता आन्दोलन के केवल राजनीतिक पक्ष पर नहीं था। उसमें एक सामाजिक पक्ष भी था।[50]

निराला अछूत एवं मुसलमान समस्या को इस राष्ट्रीय आन्दोलन की सामाजिक सुधारवादी धारा से जोड़कर उसे हमेशा-हमेशा के लिए समाप्त कर देने के पक्ष में थे।

इस प्रकार, निराला की स्वाधीनता की चेतना का अपना एक व्यापक तथा बहुआवर्ती आयाम दिखायी पड़ता है और वे आजादी के आन्दोलन की व्याख्या कुछ इस प्रकार करते हैं—जैसे यह भारत की सांस्कृतिक मुक्ति का आन्दोलन हो, विशेषकर निराला हिन्दू-मुस्लिम एकता की बात जिस दृढ़ता से कहते हैं—महात्मा गाँधी के अतिरिक्त उस प्रकार की दृढ़ता किसी और में नहीं देखी जाती। 'सामाजिक व्यवस्था' शीर्षक टिप्पणी में वे कहते हैं—"हिन्दू और मुसलमानों की समस्या इस देश की पराधीनता की सबसे बड़ी समस्या है। वर्तमान समाज का जो रूप है, उसके भीतर से इस रूप को निकाले बिना, उस समस्या की उलझन भी नहीं मिट सकती।"[51]

6. नारी जागरण—नारी जागरण के सन्दर्भ में निराला जी का दृष्टिकोण अन्य छायावादी कवियों की अपेक्षा नितान्त स्पष्ट तथा साफ था। डॉ. रामविलास शर्मा ने

उनके इस दृष्टिकोण पर बहुत विस्तारपूर्वक लिखा है—उन्होंने उनके मन्तव्य को स्पष्ट करते हुए एक स्थल पर लिखा है—"समाज के ऊँच-नीच का भेद मिटाना निराला के लिए एक राजनीतिक कर्तव्य था, उसी तरह पारी के समान अधिकारों का संघर्ष स्वाधीनता आन्दोलन का अभिन्न अंग था।"[52]

निराला स्त्रियों की स्वाधीनता का प्रश्न नारी जागरण से जोड़कर उसे अपनी स्वाधीनता की चेतना का अनिवार्य तत्त्व बताते हैं। डॉ. नन्दकिशोर नवल निराला रचनावली की भूमिका में इस अहम् सवाल को उठाते हुए निराला के मन्तव्य को यों स्पष्ट करते हैं—"इसी तरह 'बाहरी स्वाधीनता और स्त्रियाँ' शीर्षक निबन्ध में स्त्रियों की सामाजिक स्वतन्त्रता की वकालत करते हुए उन्होंने कहा है, 'जो जीवन बाहरी स्वतन्त्रता नहीं कर सका वह मुक्ति-जैसी सार्वभौम स्वतन्त्रता कब प्राप्त कर सकता है।"

निराला ने नारी जागरण के सम्बन्ध में कई लेख तथा अनेक सम्पादकीय टिप्पणियाँ दी हैं। **समाज और स्त्रियाँ, कला और देवियाँ, हिन्दू आस्था, राष्ट्र और नारी, रूप और नारी, शारदा बिल का विरोध, हमारी महिलाओं की प्रगति, हिन्दू विधवाओं पर अनाधिकार चर्चा, विवाह की उम्र**, आदि लगभग दो दर्जनों से अधिक निबन्ध मिलते हैं। उन्होंने भारतीय नारी विषय स्वाधीनता का एहसास कराने के लिए विदेशों में नारी स्वातन्त्र्य का साक्ष्य रखा है। इस दृष्टि से निराला का प्रसिद्ध निबन्ध 'रूस की स्त्रियाँ' नारी विषयक दृष्टिकोण का विदेशी पक्ष बहुत स्पष्ट ढंग से प्रस्तुत करता है। इसी प्रकार वे एक दूसरा निबन्ध 'चीनी महिलाओं का भारतीय आदर्श' प्रस्तुत करते हैं। निराला की नारी स्वाधीनता की चेतना का पक्ष बड़ा ही सशक्त है। वे 'समाज और महिलाएँ' शीर्षक निबन्ध के अन्तर्गत स्पष्ट करते हुए कहते हैं—"महिलाओं की स्वतन्त्रता ही उनके जीवन की सब दिशाओं का विकास करेगी। हमें सिर्फ उनकी स्वतन्त्रता का स्वरूप बतलाना है और यह भी सत्य है कि पुरुषों के निरादर करने पर भी स्त्री शक्ति का विकास रुक नहीं सकता और न वह अब तक कहीं रुका है। इसलिए हम स्त्री स्वतन्त्रता के कार्य में पुरुषों से मदद करने के लिए कहते हैं, क्योंकि नारी ही भावी राष्ट्र की माता है। मूर्ख, पीड़ित, पराधीन माता से तेजस्वी, स्वतन्त्र और मेधावी बालक, बालिकाएँ नहीं पैदा हो सकतीं, जिससे राष्ट्र का सर्वांग जर्जर रह जाता है।"[53]

निराला के निबन्ध साहित्य के अतिरिक्त अनेक उपन्यासों, कहानियों तथा कथात्मक संस्मरणों में नारी की विविधता के अनेकानेक रूप भरे पड़े हैं। नारी जागरण का प्रश्न आगे अधिक विस्तारपूर्वक उठाया जायगा, किन्तु यहाँ मात्र इतना ही कहना पर्याप्त होगा कि निराला ने नारी स्वाधीनता को राष्ट्रीय स्वाधीनता के बृहत्तर आयामों से जोड़कर अपनी स्वाधीनता विषयक अवधारणा को नितान्त प्रासंगिक एवं सामयिक बनाया है।

7. राष्ट्रभाषा हिन्दी का प्रश्न भी राष्ट्रीय स्वाधीनता के प्रश्न से जुड़ा हुआ है क्योंकि इतने बड़े राष्ट्र की भावना को राष्ट्रीय तथा अन्तरराष्ट्रीय मंच पर अभिव्यक्ति का

अपना एक विशिष्ट सन्दर्भ है। हिन्दी भाषा के साहित्यकार के नाते ही नहीं वरन् भारत-जैसे बहुभाषायी तथा बहुसांस्कृतिक विचारधारावाले देश के लिए राष्ट्रभाषा का प्रश्न निराला के लिए एक अहम् सवाल था। निराला की भाँति राजाराम मोहनराय, ईश्वरचन्द विद्यासागर, स्वामी विवेकानन्द, सुभाषचन्द्र बोस, महात्मा गाँधी, पुरुषोत्तमदास टण्डन आदि ने उकने पूर्व हिन्दीं को राष्ट्रभाषाा के पद पर प्रतिष्ठित करने की घोषणा की थी। निराला राष्ट्रीय एकता तथा भाषायी पारस्परिकता को भलीभाँति समझते थे, इसीलिए वे देश की अन्य भाषाओं के विकास के साथ हिन्दी को राष्ट्रीय एकता के रूप में रखकर निरन्तर उसकी वकालत करते हैं।

निराला राष्ट्रभाषा को राष्ट्रीय अस्मिता से जोड़ते हैं और इस अस्मिता का सम्बन्ध उनके अनुसार राष्ट्रीय स्वाभिमान से है। निराला की स्वाधीनता की चेतना से राष्ट्रभाषा हिन्दु जुड़ी हुई राष्ट्रीय स्वाभिमान का भाव पैदा करती है।

निराला इस सम्बन्ध में अनेक निबन्ध तथा टिप्पणियाँ लिखी हैं। उनके भाषा तथा राष्ट्रभाषा विषयक निबन्ध तथा टिप्पणियाँ इस प्रकार हैं—'हिन्दी भाषा कैसी होनी चाहिए, भाषा की गति और हिन्दी की शैली, राष्ट्रभाषा का प्रश्न, हिन्दी का रूप और प्रभाव, शिक्षा समस्या और हिन्दी, कस्मै देवाय और हिन्दी का नवयुग, हिन्दी भाषा के सम्बन्ध में बंगाली मनोवृत्ति, लखनऊ विश्वविद्यालय और हिन्दी (दो लेख), फिल्म व्यवसाय, कला और हिन्दी।

निराला ने इन निबन्धों में राष्ट्रभाषा हिन्दी के प्रश्न साहित्य को कला आदि से भिन्न स्वाधीनता आन्दोलन से जोड़ा है। निराला के मन्तव्य को स्पष्ट करते हुए डॉ. नन्दकिशोर नवल कहते हैं—"इसके अलावा उन्होंने (निराला ने) राष्ट्रभाषा को सम्पर्क भाषा के रूप में देखा जो कि एक महत्त्वपूर्ण बात है।"[54]

निराला ने पं. जवाहर लाल नेहरू तथा गाँधी जी को भी हिन्दी के प्रश्न पर नहीं बख्शा।[55]

निराला राष्ट्रभाषा के सन्दर्भ में उठनेवाले सन्देहों का निराकरण अनेक तर्कों से करते हैं और उन्हीं तर्कों में एक स्वामी माधवानन्द जी का भी तर्क है। वे स्वामी के तर्क इस प्रकार रखते हैं—"हम राष्ट्रभाषा के रूप में उसी भाषा को चुनें जो सरलता से सीखी जा सके, जिसका अधिक प्रचार-प्रसार और प्रचलन हो, जिसे इच्छानुसार प्रयोग कर सकें और जिसका साहित्य सम्पन्न हो। यदि इन पाँच दृष्टियों से देखें तो यह स्वीकार करना पड़ेगा कि हिन्दी ही राष्ट्रभाषा बनने की सबसे अधिक अधिकारिणी है।

संस्कृत से सीधा सम्पर्क रखने के कारण भारतीय सत्यता और संस्कारों को जैसी अभिव्यक्ति हिन्दी करती है, वैसी कोई और भाषा नहीं।"[56]

निराला ने राष्ट्रभाषा के प्रश्न को राष्ट्रीय स्वाधीनता के आन्दोलन के साथ उठाया है और इस प्रश्न को प्रस्तुत करने में उनके तर्क हिन्दी की राष्ट्रीय चेतना से सीधे जुड़ते हैं। उन्होंने अपने तर्कों द्वारा अंग्रेजी ही नहीं, अन्य राजभाषाओं के बीच हिन्दी के राष्ट्रीय समन को बनाने का अथक प्रयास किया है। उनके गद्य सजन का एक

महत्त्वपूर्ण पक्ष यह भी है कि वह सब-कुछ राष्ट्रीय चेतना तथा उसकी महत्ता को ध्यान में रखकर लिखा गया है। इसीलिए वे गोस्वामी तुलसीदास को राष्ट्रीय चेतना का सबसे बड़ा कवि मानते हैं। नोबेल पुरस्कार के विजेता रवीन्द्र नाथ ठाकुर से भी और स्वयं अपनी कविता से भी उन्होंने राष्ट्र की अस्मिता को कहीं भी धूमिल नहीं होने दिया। राष्ट्रभाषा के अपने इस चिन्तन को राजाराम मोहनराय, ईश्वरचन्द विद्यासागर तथा स्वामी दयानन्द सरस्वती के प्रयासों के सथ जोड़कर वे हिन्दी को राष्ट्रीय संस्कृति की संवाहिका के पद पर प्रतिष्ठित करते हैं। वे राष्ट्रभाषा विषयक अपने चिन्तन का निष्कर्ष निकालते हुए कहते हैं—"यदि इस देश को अपना पूर्व गौरव पहचान कर सभ्यताओं के मुकाबले में खड़े होकर अपना मस्तक नीचे नहीं करना है और यदि राजनीतिक, आर्थिक आदि विषयों में इसे विदेशियों का गुलाम नहीं होना है तो बिना राष्ट्रभाषा के राष्ट्रीयता का विकास नहीं हो सकता।"[57]

उनके अनुसार हिन्दी ही सम्पूर्ण क्षमताओं से सम्पन्न भारत की राष्ट्रभाषा बनकर देश का वृहत्तर उत्कर्ष कर सकती है।

निष्कर्ष

निराला के गद्य साहित्य में उनकी स्वाधीनता की चेतना के विविध पक्षों का स्पष्ट, तर्कसंगत तथा युग सापेक्ष्य विवेचन मिलता है। उनकी व्याख्या के लिए इस विवेचन में निहित निराला की दृष्टि को समझना नितान्त आवश्यक है और इसलिए निराला के प्रारम्भिक आलोचना जैसे-श्री नन्ददुलारे बाजपेयी तथा डॉ. बच्चन सिंह आदि उनकी इस राष्ट्रीय स्वाधीनता के प्रकाश में उनके साहित्य को नहीं देख सके हैं।

निराला केवल राजनीतिक स्वाधीनता की बात नहीं करते। उनके अनुसार राष्ट्रीय मुक्ति का सम्बन्ध सांस्कृतिक आजादी से है और वे इस सांस्कृतिक आजादी को धार्मिक, सामाजिक नैतिक, जातीय तथा राजनैतिक सन्दर्भों से जोड़कर देखते हैं। वे भारतीय संसकृति की अस्मिता को पूँजीवादी राष्ट्र की अर्थवादी संस्कृति तथा मार्क्सवादी, साम्यवादी एवं समाजवादी चिन्तन से अलग देखते हैं। निराला को साम्यवाद या प्रगतिवाद कभी रास नहीं आया क्योंकि मार्क्सवाद भी अन्ततया सम्पत्ति या अर्थ के समान वितरण तथा भोगवाद से ही जुड़ा है। निराला भारतीय अस्मिता का मूल्यांकन भोग के त्याग द्वारा करते हैं जबकि पश्चिम के पूँजीवादी तथा साम्यवादी राष्ट्र अर्थ के भोगवाद से सम्बद्ध हैं। निराला अपनी स्वाधीनता की चेतना के सन्दर्भ में परम्परित भारतीय संस्कृति के संस्कार की पुनर्स्थापना की बात करते हैं।

निराला इसी प्रकार छुआछूत, वर्णाश्रम व्यवस्था के अन्तर्गत ऊँच-नीच या हिन्दू-मुस्लिम के विभेद की समस्या का निराकरण गाँधीवादी या मानवतावादी सुधारवाद से न करके स्वामी विवेकानन्द के नव अद्वैतवाद से करते हैं, जहाँ मनुष्य ब्रह्म की प्रतिकृति नहीं स्वयं ब्रह्म रूप है। जहाँ कोई वर्ण, कोई जाति, कोई ब्राह्मण तथा कोई शूद्र नहीं है। इस प्रकार, निराला की स्वाधीनता की चेतना भारतीयता की मूल चेतना से जुड़ी दिखायी पड़ती है।

भारतीय स्वतन्त्रता के आन्दोलन में निराला कृषक आन्दोलन से जुड़े थे। कृषि के साथ वे सामन्तवाद राजा तथा जमींदार के प्रश्न को उठाते हैं—जो मार्क्सवादियों की भाँति पूँजीवादी व्यवस्था में समान अर्थ के वितरण जैसा है। निराला भूमि का विभाजन श्रम के आधार पर करते हैं। वे जमींदार एवं राजन्य वर्ग का समर्थन नहीं करते। कृषक की सर्वोपरि स्थापना को वे कृषि संस्कृति का प्राण मानते हैं और वे इसे भारत की वर्तमान समृद्धि से जोड़ते हैं।

नारी जागरण स्वाधीनता की चेतना का अभिन्न अंग है, नारी से ही वे देश की भावी समरसता एवं समृद्धि को जोड़ते हैं।

उनकी स्वाधीनता की चेतना का अन्तिम सन्दर्भ हिन्दी को राष्ट्रभाषा के रूप में स्थापित करने का स्वप्न है और निराला इस प्रश्न को केवल समसामयिक स्वाधीनता आन्दोलन से सन्दर्भित न करके उसे इतिहास के सापेक्ष्य में भी देखते हैं। गरिमामय भारतीय संस्कृति की संवाहिका के रूप में उनका देखा गया राष्ट्रभाषा का स्वप्न राजाराम मोहन राय, ईश्वरचन्द विद्यासागर, दयानन्द सरस्वती, स्वामी रामकृष्ण परमहंस, स्वामी विवेकानन्द, स्वामी माध्वानन्द, महात्मा गाँधी, सुभाषचन्द्र बोस आदि से जुड़ा हुआ है।

इस प्रकार, निराला स्वाधीनता की चेतना के प्रकाश में जो स्वप्न देखते हैं, वह अतीत की गौरवमयी परम्परा से सन्दर्भित भारत की राष्ट्रीय संस्कृति के पूर्ण जागरण का मूलबिन्दु है। सामयिक राजनीतिक आन्दोलन इसके लिए तो इस राष्ट्रीय संस्कृति की स्वाधीनता के आन्दोलन का एक माध्यम एवं हिस्सा बनकर सामने आता है। इस प्रकार, निराला अपनी गद्य रचनाओं में स्वाधीनता की चेतना का एक व्यापक फलक तैयार करते हैं।

सन्दर्भ

1. निराला : सम्पादक-विश्वनाथ तिवारी, पृ. 30
2. निराला की साहित्य साधना, पृ. 147, डॉ. रामविलास शर्मा
3. निराला रचनावली : भाग-6, पृ. 241
4. निराला रचनावली : भाग-6, पृ. 241
5. निराला रचनावली : भाग-4, पृ. 131, 132
6. निराला की साहित्य साधना, भाग-1, पृ. 39
7. निराला : आत्महन्ता आस्था, पृ. 201
8. कुल्लीभाट, निराला रचनावली, पृ. 58
9. प्रबन्ध प्रतिमा, पृ. 12

10. निराला रचनावली, भाग-5, कला के विरह में जोशी बन्धु, पृ. 267
11. निराला रचनावली, भाग-5, कला के विरह में जोशी बन्धु, पृ. 268, 269
12. निराला रचनावली,भाग-6, पृ. 142
13. भक्त और भगवान, निराला रचनावली, भाग-6, पृ. 401
14. निराला रचनावली, भाग-4, पृ. 126, निवेदन (उपन्यास : चोटी की पकड़)
15. निराला रचनावली, भाग-4, पृ. 126, निवेदन (उपन्यास : चोटी की पकड़)
16. निराला रचनावली, भाग-4, चीटी की पकड़, पृ.132
17. निराला रचनावली, भाग-6, पृ. 253
18. निराला की साहित्य साधना, भाग-2, पृ. 44
19. निराला की साहित्य साधना, डॉ. रामविलास शर्मा, पृ. 149
20. हिन्दुओं का जातीय संगठन : निराला रचनावली, भाग-6, पृ. 374
21. निराला रचनावली, भाग-6, पृ. 383
22. निराला रचनावली, भाग-6, पृ. 384
23. निराला रचनावली, भाग-6, पृ. 105
24. निराला रचनावली, भाग-6, लेख-बाहर-भीतर, पृ. 37
25. निराला रचनावली, भाग-6, लेख-बाहर-भीतर, पृ. 36
26. निराला रचनावली, भाग-6, बाहर-भीतर, पृ. 35
27. निराला रचनावली, भाग-6, प्रकाशित सुधा (1930), पृ. 122
28. निराला रचनावली, भाग-6, प्रकाशित सुधा (1930), पृ. 36
29. निराला रचनावली, भाग-6, पृ. 302, 450, 420, 401 आदि।
30. निराला रचनावली, भाग-6, पृ. 268
31. निराला रचनावली, भाग-6, पृ. 26
32. निराला रचनावली, भाग-6 पृ. 261
33. निराला रचनावली, भाग-4, चोटी की पकड़, पृ. 214
34. निराला रचनावली, भाग-4, चोटी की पकड़, पृ. 214
35. निराला रचनावली, भाग-6, पृ. 315
36. निराला रचनावली, भाग-6, सनातन धर्म तथा अछूत, पृ. 419
37. निराला रचनावली, भाग-6, पृ. 362, 454, 455, 472
38. निराला रचनावली, भाग-6, पृ. 273
39. निराला रचनावली, भाग-6, पृ. 106
40. निराला रचनावली, भाग-6, पृ. 106
41. निराला रचनावली, भाग-6, पृ. 108
42. निराला रचनावली, भाग-6, वर्तमान हिन्दू धर्म, पृ. 110
43. निराला रचनावली, भाग-6, भारत की नवीन प्रगति में सामाजिक लक्ष्य, पृ. 118
44. निराला रचनावली, भाग-6, रूस, पृ. 362
45. निराला रचनावली, भाग-6, पृ. 118

46. निराला रचनावली, भाग-6, पृ. 352
47. निराला की साहित्य साधना, भाग-2, राजा और जमींदार, किसान, पृ. 23
48. निराला की साहित्य साधना, डॉ. रामविलास शर्मा, पृ. 25
49. निराला रचनावली, भाग-6, पृ. 373
50. निराला रचनावली, भाग-6 की भूमिका पृ. 16
51. निराला रचनावली, भाग-6, पृ. 302
52. निराला की साहित्य साधना, भाग-2, पृ. 35-36
53. निराला रचनावली, भाग-6, पृ. 361
54. निराला रचनावली, भाग-6, भूमिका, पृ. 17
55. नेहरू जी से दो बातें तथा गाँधी जी से बातचीत : निराला रचना, भाग-6, पृ. 210 से 217 तक।
56. निराला रचनावली, भाग-6, पृ. 299
57. राष्ट्रभाषा का प्रश्न : निराला रचनावली, भाग-6, पृ. 294

तृतीय अध्याय

निराला के निबन्ध तथा उनकी टिप्पणियाँ

निराला के निबन्ध साहित्य का सामान्य परिचय

निराला के निबन्ध साहित्य विपुल है और सम्भवतः उनके युग के अन्य महत्त्वपूर्ण कवियों यथा—प्रसाद, महादेवी और पन्त आदि का यह साहित्य न इतना विशाल है और न सामयिक समस्याओं से सम्बद्ध ही। निराला रचनावली के पाँच या छह भाग के कुल 1075 पृष्ठ, उनके निबन्ध, टिप्पणियों, समीक्षाओं तथा भूमिकाओं से जुड़े हैं। निराला के निबन्ध सामान्यतया प्रबन्ध-पद्य (1634), प्रबन्ध-प्रतिमा (1934), चाबुक (1941-42), चयन (1957), संग्रह (1963) के अन्तर्गत संग्रहीत हैं। इनके अतिरिक्त निराला के अनेक निबन्ध सम्पादकीय टिप्पणियों के रूप में अब तक अप्रकाशित हैं, जिन्हें रचनावली के अन्तर्गत प्रकाशित करने का ऐतिहासिक दायित्व डॉ. नन्दकिशोर नवल ने पूरा किया।[1]

निराला रचनावली भाग-5 में निराला के साहित्यिक तथा आलोचनात्मक निबन्ध हैं। 'रवीन्द्र कविता कानन' निराला की अपनी आलोचनात्मक कृति है, जिसका मुख्य लक्ष्य रवीन्द्रनाथ ठाकुर की कविताओं की मार्मिकता का विश्लेषण करना है, उनके निबन्धों से यह पृथक है, शेष स्फुट निबन्ध के अन्तर्गत उनके निबन्ध संकलित हैं। इसमें 38 साहित्यिक निबन्ध, 32 साहित्यिक टिप्पणियाँ तथा सात निबन्ध भूमिकाएँ हैं।

निराला के इन निबन्धों का मूल मन्तव्य साहित्य-सम्बन्धी अपनी अवधारणा को सैद्धान्तिक, प्रतिक्रियात्मक, आलोचनात्मक तथा निर्देशात्मक रूपों में इंगित करना रहा है। निराला के इन निबन्धों में तीन टिप्पणियाँ, साहित्य के अवान्तर सम्बन्धों से हैं। उनकी सामाजिक जागरूकता को परखने के दृष्टिकोण से इस संकलन के कतिपय निबन्ध महत्त्वपूर्ण हैं—

1. **साहित्य का आदर्श**
2. **साहित्य और जनता**
3. **समस्यामूलक साहित्य**
4. **उपन्यास साहित्य और समाज**
5. **हमारा वर्तमान काव्य**
6. **साहित्य का विकास**[2]

इन निबन्धों में सामाजिक तथा साहित्यिक सन्दर्भों का आगे प्रसंगानुकूल विचार किया जायगा फिर भी, इनका अध्ययन करने से यह स्पष्ट हो जाता है कि जिस छायावाद को सामाजिकता की दृष्टि से अन्तर्मुखी कहा जाता है,उसका एक शीर्ष कवि उस अन्तर्मुखता के विरोध में सृजन के औचित्य का तर्क ही नहीं देता अपितु उसके विरुद्ध पाठकों को उद्वेलित भी करता है—"बात यह है कि साहित्यिक विशालता, उदारता, स्वातन्त्र्य जाति के भीतर पैठकर लोगों को तेजस्वी करते हैं। रूस की स्वतन्त्रता से पहले उसका साहित्य है। उन महावीर साहित्यिकों के एक-एक रक्त कण से सहस्र-सहस्र वीर साहित्यिक समझदार पैदा हुए हैं।

हमारी हिन्दी में भी ऐसी ही भावना से युक्त साहित्यिकों की आवश्यकता है।"[3]

निराला की यह सम्पादकीय टिप्पणी सुधा में दिसम्बर सन् 1932 में प्रकाशित हुई थी और सन् 1932 हिन्दी की छायावादी कविता का उत्कर्ष काल था।

साहित्य और राष्ट्रीय तथा सामाजिक स्वाधीनता की चेतना की यह भावना अन्तर्मुखता की ओर नहीं आकर्षित करती। इस विषय पर अभी आगे विस्तारपूर्वक चर्चा की जायगी।

निराला रचनावली, भाग-6 में निबन्ध, टिप्पणियों तथा पुस्तक समीक्षाओं की एक लम्बी तालिका है। सामाजिक, राजनीतिक, धार्मिक, आर्थिक, व्यवस्थामूलक सामयिक विविध समस्याओं पर निराला ने निर्भीक भाव से विचार किया है। अधिकांशतया टिप्पणियाँ लखनऊ से प्रकाशित 'सुधा' के सम्पादकीय भाग से जुड़ी हैं। निराला जी ने अपनी 'सुधा' की टिप्पणियों से इस पत्रिका की गरिमा में जो श्रीवृद्धि की, उसका उल्लेख करते हुए निराला रचनावली भाग 6 की भूमिका में डॉ. नन्दकिशोर नवल लिखते हैं कि—"निराला ने सुधार को हिन्दी की श्रेष्ठ साहित्यिक, सामाजिक पत्रिका बना दिया। इन दिनों जैसी सम्पादकीय टिप्पणियाँ सुधा में निकलीं, वैसी दूसरी पत्रिका में नहीं।"[4]

निराला रचनावली भाग 6 में निराला के निम्नलिखित निबन्ध तथा टिप्पणियाँ हैं—

1. विविध विषयों पर निबन्ध	**46**
2. विविध विषयों पर टिप्पणियाँ	**99**
3. प्रतिक्रियाएँ : चाबुक	**13**
4. प्रतिक्रियाएँ : कसौटी	**9**
5. पुस्तक समीक्षाएँ	**34**

टिप्पणियाँ अधिकतया 'सुधा' की हैं, किन्तु लेखादि सरस्वती (इलाहाबाद), समन्वय (कलकत्ता), मतवाला (कलकत्ता), श्रीकृष्ण सन्देश (कलकत्ता), मारवाड़ी अग्रवाल (कलकत्ता), सुधा (लखनऊ), वीणा (इन्दौर), चकल्लस (लखनऊ), संगम (इलाहाबाद), आज (वाराणसी), दैनिक भारत (इलाहाबाद), माधुरी (लखनऊ), हंस (काशी), सुकवि (कानपुर) के हैं।

इस प्रकार, प्रायः देश के प्रमुख नगरों, कलकत्ता, लखनऊ इलाहाबाद काशी आदि से निराला अपने निबन्धों तथा टिप्पणियों से जुड़े रहे।

निराला के निबन्धों तथा उनकी टिप्पणियों का यदि विश्लेषण किया जाय तो सर्वाधिक निबन्ध तथा टिप्पणियाँ स्वाधीनता आन्दोलन से सम्बद्ध हैं। स्वाधीनता की संख्या 30 है। इसके पश्चात् समसामयिक समस्याओं से सम्बद्ध टिप्पणियाँ हैं नारी समस्या से सम्बन्धित टिप्पणियाँ तीसरे स्थान पर हैं। राष्ट्रभाषा, धार्मिक तथा सांस्कृतिक सन्दर्भों से जुड़ी टिप्पणियाँ स्वल्प हैं। छिटपुट राष्ट्रीय तथा अन्तरराष्ट्रीय, कतिपय सामयिक समस्याओं से जुड़ी हुई टिप्पणियाँ भी मिलती हैं। प्रायः यही स्थिति उनके निबन्धों की है। उसमें राजनीतिक तथा समसामयिक टिप्पणियों की बहुलता है। चूँकि पत्रिकाओं की सम्पादकीय टिप्पणियाँ उन्होंने नितान्त सामयिक राष्ट्रीय राजनीतिक आन्दोलन तथा सामाजिक व्यवस्था को ध्यान में रखकर दी हैं। उससे उनके दृष्टिकोण का आकलन किया जा सकता है। निराला की वे दो टिप्पणियाँ गुलाम भारत की मानसिक असमर्थता को न इंगित करके भावी भारत की मुक्ति और उसकी नवसमाज की रचना सम्बन्धी उद्‌भावनाओं को सशक्त भाव से बताती हैं। उनमें प्रेरणा तथा निर्माण दोनों के भाव वर्तमान हैं।

वैचारिक पृष्ठभूमि तथा मुक्ति का प्रश्न—निराला के निबन्धों की सबसे बड़ी विशेषता है—समसामयिकता के सन्दर्भों की पहचान। वह देश, काल, वातावरण, व्यवस्था तथा राष्ट्रीयता के सांस्कृतिक सन्दर्भों के प्रति सर्वथा जागरूक छायावादी अन्तर्मुखता से एकदम विपरीत राष्ट्र तथा समाज के नयेपन के हिमायती हैं। वे यथार्थ को आदर्श से सर्वोपरि मानते हुए सामाजिक यथार्थ की भूमि पर खड़े होकर नव निर्माण चाहते हैं साहित्य, समाज, राष्ट्र, जाति के यथार्थ के समक्ष वे आँख नहीं बन्द करते। हिन्दी उपन्यास सम्राट् प्रेमचन्द से अपना वैमत्य रखते हुए वे कहते हैं—"हिन्दी साहित्य के सभापति की हैसियत से हिन्दी के सुप्रसिद्ध उपन्यासकार श्री प्रेमचन्द जी ने अपने भाषण से सदाचार पर जो कुछ कहा है, उसका अंश 'विशाल भारत' में आत्म पक्ष की पुष्टि के कारण उद्‌धृत हुआ है। ऐसा आदर्श किसी भी सुबोध विचारक को मान्य न होगा।"[5]

निराला साहित्य को मानवीय उत्कर्ष और मुक्ति (स्वाधीनता) का मार्ग मानते हैं। वे उस सत्य को साहित्य के द्वारा स्थापित करने की चर्चा करते हैं जो देश, काल, जाति से ऊपर हो। वे इस तथ्य को इंगित करते हुए कहते हैं, "सत्य की रक्षा के लिए साहित्यिक अपने प्राणों का बलिदान कर दे। सत्य वही है, जो मनुष्य मात्र में है हिन्दू, मुसलमान नहीं। विस्तार ही जीवन है। उसे फैलाकर अपनी प्रतिभा, कर्म, अध्ययन, उदारता से समस्त ब्रह्माण्ड को अपनाना चाहिए। साहित्यिक उत्कर्ष और मुक्ति का मार्ग यही है। हिन्दी में बहुत करना है। बहुत पीछे पड़ा है, बहुत पीछे हैं हम।"[6]

विशेष रूप से, जहाँ तक हिन्दी साहित्य का प्रश्न है, निराला उसे भी परम्परित रूढ़िवादिता तथा शास्त्रीय निष्ठा (जैसे, रीतिकाल या पुरा-आदर्श स्थापना) के रूप में

मुक्त करने के पक्ष में हैं। छन्द का बन्ध तो एक सामान्य-सी बात है और हिन्दी के अनेक अलोचकों को मात्र उतना ही दिखायी पड़ता है। इसके विपरीत उनके मन्तव्य को स्पष्ट करते हुए डॉ. रामविलास शर्मा कहते हैं कि—

"निराला में हिन्दी जातीयता की प्रेरणा राष्ट्रीय स्वाधीनता के प्रेम से अभिन्न रूप से जुड़ी हुई है। इस राष्ट्रीय जातीय प्रेरणा का एक फल यह है कि निराला हिन्दी साहित्य को रीतिवादी रूढ़ियों से मुक्त करके उन्हें आधुनिक रूप देना चाहते हैं।"[7]

निराला के निबन्धों, विशेष रूप से साहित्यिक, राजनीतिक तथा साहित्यिक समस्याओं से विषय में यह नहीं सोचना चाहिए कि उनकी भिन्न-भिन्न परिणतियाँ हैं। निराला जीवन, जाति, धर्म, संस्कृति, अर्थ व्यवस्था की उपजी समसामयिक धारणाओं में निहित वास्तविकता को आधार बनाकर अपना साहित्य बुनना चाहते थे। उनकी कविताओं में इसे देखा जा सकता है किन्तु उनके द्वारा लिखे गये उपन्यास, कहानियों तथा संस्मरणात्मक कथाएँ इस यथार्थ को व्यंजित करने के साधन हैं। निराला के निबन्धों की वैचारिक पृष्ठभूमि सर्वथा यथार्थ जगत के भोगे हुए सत्य से जुड़ी है और निराला का यह अपना विश्वास है कि बिना सत्य को जाने, यथार्थ का संकट भोगे इस लोक की वास्तविकता को नहीं समझा जा सकता। बिना लोक की वास्तविकता को समझे, उसके विविध पक्षों का अनुभव किये बिना, उससे मुक्ति पाने के लिए संघर्ष करना व्यर्थ है। निराला के निबन्धों में वर्तमान उसकी वैचारिकता का यही मूल मन्तव्य है। समाज के बदलाव, परिवर्तन तथा मुक्ति के लिए उसके यथार्थ स्वरूप की समझ नितान्त आवश्यक है। निराला इस तथ्य को ध्यान में रखकर न केवल हिन्दीवालों की अपितु समाजसेवियों, उच्च-सम्भ्रान्त वर्ग के जनसमुदाय, दकियानूसी अध्यापकों, सुधारकों, पण्डितों की भी खिल्ली उड़ाने में नहीं चूकते। वे एक स्थल पर नवयुवक समाज को इसके लिए धिक्कारते हुए कहते हैं—

'नवीन युग के तरुण प्रभाव के स्वागत के लिए कोई तैयार नहीं है, सबकी आँखों में पुराने मोह का आलस्य भरा हुआ है...मुँह में पुरानी परिपाटी के चने भरकर नयी शहनाई का बजाना कुछ आसान तो है नहीं। बेचारे पुराने चने भरे हुए रह गये।"[8]

संकट को समीप से समझने की कोशिश करो और उससे संघर्ष तभी सम्भव है, जब तक उस समस्या को गहराई से नहीं समझ लिया जाता। उनके निबन्धों में समाज के यथार्थ भरे संकट को समझने के लिए सघन वातावरण तैयार किया गया है ताकि मुक्तिकामना के लिए लक्ष्यबद्ध तरीके से निष्कर्ष निकाला जा सके।

निराला की वैचारिक पृष्ठभूमि का तीसरा तत्त्व है—व्यापकता। हिन्दी के आलोचक उन्हें हिन्दी साहित्य तक ही सीमित रखते हैं निराला जीवन तथा यथार्थ के व्यापक परिवेश का चिन्तन अपने वर्तमान परिवेश में करते हैं। राजनीतिक आन्दोलन तथा संघर्ष, जातीय समस्याएँ, भारत की आध्यात्मिक परम्परा, सामाजिक व्यवस्था, नारी समस्या, राष्ट्रभाषा हिन्दी, धर्म, दर्शन, साहित्य का वर्तमान स्वरूप, सामन्तवाद, कृषि समस्या एवं कृषक तथा जमींदार, आर्थिक संकट, पश्चिम का पूँजीवाद तथा

उद्योगवाद, अंग्रेजी शिक्षा, विश्व की विविध समस्याएँ-जर्मनी, चीन, इंग्लैण्ड, फ्रांस तथा रूस की अनेक व्यवस्था रूप आदि कितने प्रश्न को निराला अपने देश के समसामयिक सन्दर्भों से जोड़ते हैं।

निराला की चिन्तनगत विविधता अप्रासंगिक नहीं है। उन्होंने अपने देश, जातीय-जीवन, भविष्य के स्वरूप आदि पर जितना अधिक गम्भीर चिन्तन अपने इन निबन्धों में किया है, उतना किसी अन्य समसामयिक हिन्दी कवि ने नहीं किया है। निराला की चिन्तनगत विविधता के सामने देश के वर्तमान यथार्थ का व्यापक चित्रफलक है और उसमें उन समस्याओं की समसामयिकता का आवेग एवं संकटपूर्ण दृश्य देखकर उसे स्वाधीन भारत के बिम्ब के रूप में बदलना चाहते हैं। उनका चिन्तनगत यह प्रगतिशील सन्दर्भ उनकी कविताओं में बखूबी उतरा है। हिन्दी के आलोचकों को निराला की कविता का विश्लेषण उनके गद्य साहित्य में अभिव्यक्त उनकी दृष्टि को भी ध्यान में रखकर करना चाहिए। इस प्रकार सामाजिक, वैचारिक, सांस्कृतिक, धार्मिक, आर्थिक आदि रूढ़ियों से मुक्ति पाने के छटपटाहट उनके वैचारिक चिन्तन की सबसे बड़ी प्रवृत्ति है। रूढ़ि से मुक्ति पाने की कामना ही निराला के चिन्तन का सर्वस्व है और उनका साहित्य भी इसी मुक्तिकामी वैचारिकता के संस्कारों से आप्लावित है। मुक्ति चेतना निराला के अपने संस्कारों की देन है।

निराला के निबन्ध और स्वाधीनता की चेतना के विविध पक्ष

जैसा कि कहा गया है, निराला के राजनीतिक निबन्धों एवं टिप्पणियों की संख्या सर्वाधिक है। ये टिप्पणियाँ सुधा में संकलित हैं। इनकी संख्या 30 की है। इन्हें निम्नलिखित वर्गों में विभक्त किया जा सकता है—

1. कांग्रेस पार्टी और उसके सम्मेलन
2. अंग्रेजी शासन की घोषणाएँ, कमीशन तथा नीतियाँ
3. भारतीय नेताओं से सम्बद्ध टिप्पणियाँ
4. राजनीति और भारतीय जनसमुदाय की आकांक्षा
5. सरकार और स्वाधीनता आन्दोलन
6. किसान आन्दोलन
7. अन्तरराष्ट्रीयता के सन्दर्भ
8. स्वाधीनता-संघर्ष के कतिपय बिन्दु
9. नारी जागरण
10. राष्ट्रभाशा हिन्दी की समस्या

कमोवेश निराला की राजनीतिक टिप्पणियों के ये ही विषय हैं। एकाध निबन्ध को राजनीति से फुटकर खाते में भी रखा जा सकता है। सामान्यतया ये टिप्पणिाँ सुधा तथा अन्य पत्रिकाओं में सन् 1935 तक लिखी गयी हैं।

निराला की इन टिप्पणियों को ध्यानपूर्वक देखने पर उनके क्रान्तिधर्मी तथा स्वाधीनता प्रेमी व्यक्तित्व को भली-भाँति समझा जा सकता है।

कांग्रेस कमेटी के अधिवेशन, उसके तौर-तरीके एवं व्यवस्था निराला को कभी पसन्द नहीं आये और उन्हीं के शब्दों में वहाँ उन्हें प्रच्छन्न अंग्रजीयत दिखायी पड़ी। उनके कांग्रेस का मंच, साम्राज्यवाद और सत्याग्रह, संयुक्त प्रान्तीय युवक कान्फ्रेन्स, लखनऊ जिला कान्फ्रेन्स, स्वदेशी प्रदर्शनी आदि निबन्धों में उनके एत् विषयक स्पष्ट होकर अभिव्यक्त हुए हैं। प्रदर्शनी में उनकी टिप्पणी है—"शायद प्रदर्शनी के कार्यकर्त्ता हिन्दुस्तानी नहीं थे, इसीलिए उन्होंने मातृभाषा हिन्दी का ऐसा बहिष्कार किया।"[9]

लखनऊ जिला कान्फ्रेन्स के सन्दर्भ में निराला की टिप्पणी अत्यन्त तल्ख है—

"दो-चार दिन के लिए खद्दर के खोल विदेशी के कीड़े के शरीर पर दिखायी पड़ गये। बहुतों की महीनों की खुजलाती हुई जीभ की खुजली कम हो गयी। समझ में नहीं आता कि व्यर्थ के लिए जनता का रुपया बर्बाद करके इस प्रकार के जलसे क्यों किये जाते हैं।"[10]

संयुक्त प्रान्तीय युवक कांग्रेस, जिसमें जवाहर लाल नेहरू तथा सरोजनी नायडू-जैसी हस्तियाँ सम्मिलित हुई थीं, सरोजनी नायडू पर टिप्पणी देते हुए निराला के कटाक्ष द्रष्टव्य हैं—

"सभानेत्री से बहुत मुस्कुराकर यह कहते हुए सुनकर कि वे हिन्दुस्तानी में व्याख्यान न दे सकेगी—हमें बड़ा हर्ष हुआ। हमें पूरा निश्चय हो गया कि अब स्वराज्य दो-चार कदम ही रह गया है। कान्फ्रेन्स का वायुमण्डल हिन्दुस्तानी की वाचालता, मंचवाग्मिता तथा हवाई महलों से भरा हुआ था। उसके प्रस्ताव छोटे कागजी घोड़े मालूम होते थे, ठीक उसी तरह जिस तरह की कांग्रेस के प्रस्ताव हुआ करते हैं।"[11]

कांग्रेस के जिला, राज्य एवं राष्ट्र स्तरीय अधिवेशनों के सन्दर्भ में निराला की टिप्पणियाँ आन्दोलन के कर्मठ, संकल्प की कमी को दुहराती हैं। स्वाधीनता के आदोलन के सन्दर्भ में निराला तन, मन, धन, संकल्प, निष्ठा आदि से देश के प्रति देशवासियों का सर्वस्व समर्पण चाहते थे और इस प्रकरण में वे गिने-चुने नेताओं का केवल अपनी राष्ट्रीय निष्ठा तथा स्वाभिमान की सीमा तक समर्थन चाहते थे। उनके प्रिय पं. जवाहर लाल नेहरू, महात्मा गाँधी, सुभाषचन्द्र बोस, सरदार बल्लभ भाई पटेल आदि थे किन्तु उनका समझौता इनसे एक दूरी तक ही था। उस दूरी को समाप्ति के बाद निराला-निराला ही थे।

निराला कांग्रेस के वरिष्ठ नेताओं से जनता का शासन, जनता के लिए और जनता के द्वारा-जैसी विचारधारा के समर्थक थे। वे कांग्रेसी नेताओं से 'लोकतन्त्र' की स्थापना-जैसी व्यवस्था सन् 1930 अर्थात् भारतीय स्वाधीनता के पूर्व चाहते थे। इस सन्दर्भ में उन्होंने अपनी टिप्पणी इस प्रकार दी है—

"महात्मा गाँधी और मोतीलाल जी-जैसे प्रमुख नेताओं से प्रार्थना की जो कि इन्हीं स्थानों पर अपना ध्यान केन्द्रित रखकर अहिंसात्मक आन्दोलन, सत्याग्रह और टैक्स न देना आदि उपायों से इस नवीन शासन विधान की सफलता के लिए उद्योग करें तथा वहाँ नियमबद्ध शासन और प्रजातन्त्र की स्थापना का प्रयत्न करें।"[12]

निराला राष्ट्रीय स्तर पर होनेवाले कांग्रेस के अधिवेशनों में अब तक 'कागजी कर्तव्य' ही ज्यादा देखते थे। उन्होंने इस पर स्पष्ट टिप्पणी दी है—

"अबकी बार पिछले वर्षों के समान कागजी कर्तव्य दिखलाकर ही कांग्रेस चुप नहीं रह जायगी।"[13]

राष्ट्रीय स्वाधीनता की मूल चेतना निराला के संस्कारों से जुड़ी दिखायी पड़ती है और वे उसकी अन्तिम परिणति राष्ट्रीय जनतन्त्र में चाहते थे—जहाँ न साम्राज्यवाद है, न पूँजीवाद, न सामन्तवाद और न जमींदारी व्यवस्था।

भारतीय नेताओं के प्रति टिप्पणियाँ—निराला स्वाधीनता के सन्दर्भ में अपने विवेक को सर्वोपरि मानते हैं। यद्यपि एक सीमा तक वे बड़े नेताओं के राष्ट्रीय बड़प्पन के पक्षधर हैं किन्तु जहाँ उनके राष्ट्रीय विवेक को धक्का लगता है, वे अपनी तीखी प्रतिक्रिया से बाज नहीं आते। इस सन्दर्भ में उनके दो-तीन निबन्धों की प्रायः चर्चा की जाती है। राष्ट्रभाषा हिन्दी के प्रश्न पर वे महात्मा गाँधी, पं. जवाहर लाल नेहरू, रवीन्द्र नाथ टैगेर आदि की भर्त्सना करने से नहीं चूकते। इस सम्बन्ध में उनके प्रसिद्ध निबन्ध हैं—

1. पं. जवाहरलाल नेहरू
2. गाँधीजी से बातचीत
3. नेहरू जी से दो बातें
4. बाबू सुभाषचन्द्र बोस का व्याख्यान
5. कवीन्द्र-रवीन्द्र और राष्ट्रभाषा

निरालाजी ने नेहरू तथा महात्मा गाँधी के राष्ट्रभाषा ज्ञान की जो भर्त्सना की है, वह हिन्दी प्रेमियों से छिपी नहीं है। नेताओं द्वारा राष्ट्रभाषा हिन्दी के प्रति अज्ञान का भाव निरालाजी को किसी प्रकार से सह्य नहीं था। रवीन्द्र नाथ टैगोर के मद्रास में दिये गये भाषण की भर्त्सना करते हुए निराला कहते हैं—

"न केवल राष्ट्रभाषा के महत्त्व का प्रश्न बल्कि हिन्दी को राष्ट्रभाषा मानने और बनाने का प्रश्न देश भर के लोगों में हृदयगत हो गया है कि प्रभावशाली और सम्मानित नेताओं से आशा की जाती है कि यह उन्हें सहारा देकर और भी समुन्नत करेंगे।"[14]

इसी प्रकार, पंजाबी युवकों के बीच सन् 1929 में सुभाष चन्द्र बोस द्वारा दिये गये भाषण का जहाँ तक प्रश्न है, वहाँ भी राष्ट्रभाषा की उपेक्षा के प्रश्न पर तीखी टिप्पणी देने में निराला किसी भी प्रकार का संकोच का अनुभव नहीं करते। वे कहते हैं—

"जहाँ राष्ट्र को एकता के सूत्र में जोड़ने तथा प्राचीन अन्धवाद को बाहर उच्च-नीच तमाम हृदयों को सहानुभूति के एक ही तागे में पिरोये जाने की उन्होंने इतनी बातें कही हैं—वहाँ राष्ट्र की भाषा पर कहीं एक भी पंक्ति नहीं आने पायी।"[15]

निराला की स्वाधीनता प्रेमी मानस का मापदण्ड एकदम भिन्न तथा समर्पणमूल के था और निराला अपने गद्य या पद्य साहित्य में कहीं भी उससे डिगते नहीं दिखायी पड़े।

राजनीति और भारतीय जनसमुदाय की आकांक्षा—निराला ने अपने राजनीतिक निबन्धों को भारतीय समाज के सापेक्ष्य में लिखा हैं उनके ये निबन्ध हैं—जनता और सरकार, साम्राज्यवाद और सत्याग्रह, राजनीति और समाज, राजनीति और सामाजिक योग्यता, देश की स्थिति और सरकार, राजा और प्रजातन्त्र आदि। सरकारी दमन के द्वारा जनता, अहिंसक आन्दोलनकारियों तथा प्रेम तथा प्रकाशन को दबाने तथा नियन्त्रित करने का कार्य ब्रिटिश सरकार ने किया। निराला अपने युवाकाल में जनता के दमन के विरुद्ध बराबर लिखते तथा समाज को चेतावनी देते रहे हैं।

निराला अंग्रेजी शासन की शक्ति, नीति और दूसरी ओर जनता की सामूहिक शक्ति-इन दोनों की तुलना में जनता की शक्ति को वरीयता देते हैं। उनके अनुसार गोली, बम तथा अन्य हिंसक उपायों की तुलना में स्वाधीनता की ओर उन्मुख जनता का संगठन हमेशा शक्तिशाली रहा है और अपने निबन्धों द्वारा वे अंग्रेज शासकों के इस दमन-चक्र को निरन्तर रोकने की बात भी करते हैं। वे टिप्पणी देते हुए कहते हैं—"यह सार्वकालिक असन्तोष की आग जिसकी गरमी तथा ज्वाला तोप और बन्दूकों की ज्वाला से बहुत अधिक है, कभी निष्फल नहीं हो सकती है।"[16] यह बात निराला अपनी टिप्पणी साम्राज्यवाद और सत्याग्रह में भी करते हैं। वे कहते हैं कि अंग्रेजी अपनी कूटनीति के द्वारा भारतीय समाज में बँटवारा, विग्रह, पारस्परिक असन्तोष पैदा करने की चेष्टा कर रहे हैं परन्तु जनशक्ति की समझ के समक्ष इस कूटनीतिज्ञता का कोई अर्थ नहीं है। वे अंग्रेजों की कूटनीतिज्ञता के समक्ष जननीति का प्रबलतापूर्वक समर्थन करते हुए कहते हैं कि, "साम्राज्य नीति के मुकाबले जननीति की इतनी करुण पुकार भी हृदय को द्रवित नहीं कर सकी। पर साम्राज्य नीति का कहीं भी किसी काल में भी बोलबाला नहीं रहा है। इसीलिए कभी तो उसे परिवर्तन स्वीकार करना पड़ा और कभी मनुष्य नीति की गर्म साँसों में झुलसकर वह निष्प्राण हो गयी।"[17]

कुल मिलाकर, स्वाधीनता आन्दोलन के सन्दर्भ में उनका यह विचार रहा है कि भारत-जैसे देश की समूची जनता जो मुक्ति का संकल्प ले चुकी है,उसके संकल्प को सत्ता अपने आधिकारिक दबाव, आतंक तथा पारस्परिक कूटनीतिक षड्यन्त्रों द्वारा नहीं दबा सकती। निराला की स्वाधीनता की चेतना ब्रिटिश सरकार, उसके नुमाइन्दों, अधिकारी संवर्ग, प्रभुता सम्पन्न रजवाड़ों तथा जमींदारों के ठीक विरुद्ध जनता स्वाधीनता की आकांक्षा तथा उसकी एकता भरी सकल्प शक्ति के साथ रही है।

सरकार और स्वाधीनता-आन्दोलन—स्वाधीनता आन्दोलन, उसमें भाग लेनेवाले मूर्द्धन्य नेताओं, देश की समूची जनता और इस स्वधीनता के आन्दोलन के प्रति अंग्रेजी सरकार की रीति-नीति की चर्चा निराला अपनी टिप्पणियों में बराबर करते हैं। उनकी अनेक टिप्पणियाँ हुकूमत के अत्याचारों की कथाओं को बड़े ही स्पष्ट ढंग से इंगित करती है। नौकरशाही का महिलाओं पर हमला, वायसराय की नियुक्ति घोषणाओं का मध्याह्न, इंग्लैण्ड भारत का सम्बन्ध, लखनऊ में गोली औरपुलिस के डण्डे, साइमन कमीशन की रिपोर्ट, महात्माजी की गिरफ्तारी और सरकार आदि अनेक ऐसे लेख हैं[18], जिनमें निराला स्वाधीनता आन्दोलन के सम्बन्ध में अंग्रेजों के रुख को स्पष्ट करके जनमानस को सचेत करते हैं।

निराला लखनऊ तथा बंगाल में आन्दोलनरत महिलाओं के प्रति अंग्रेजों द्वारा जो अत्याचार किये गये, उसकी कटु भर्त्सना करते हैं। वे महिलाओं पर मर्मान्तक हिंसक घटना का उल्लेख इस प्रकार करते हैं—"किसी को बूट समेत, पुलिस के नौकरों ने रौंदा, किसी को लाठी मारी और किसी को चाबुक से पीटा और नौकरशाही भारतीय सतीत्व को किस प्रकार देखती है, उसका ज्वलन्त प्रमाण।"[19]

इसी प्रकार, निराला 'लखनऊ में गोली और पुलिस की डण्डेबाजी' का एक सजीव चित्र खींचते हैं, यह घटना 25 मई, 1930 साढ़े पाँच बजे शाम की है, जब निहत्थे स्वयंसेवकों के एक जुलूस को पुलिस ने बेरहमी से पीटा। निराला उसका मार्मिक वर्णन करते हुए कहते हैं—"पुलिस की लाठियों के अविचलित तथा अनर्गल प्रहार से सैकड़ों स्वयंसेवक जख्मी हो गये, किसी का हाथ टूटा, किसी के पैर में चोटें आयीं, किसी का सिर फट गया।"[20] इसी के बाद फिर एक दूसरा जुलूस निकला, फिर पुलिस ने गोलियाँ चलायीं। कितने उस गोली से मरे, उसका यथार्थ वर्णन सम्भव नहीं।"[21]

निराला अपनी टिप्पणियों द्वारा सत्याग्रह एवं स्वाधीनता के आन्दोलन की दृढ़ निश्चयबद्धता का वर्णन तो करते ही हैं, उस पराधीन युग में बिना किसी भय तथा आतंक का अनुभव करते हुए बराबर अंग्रेजों की नृशंसता का विवरण भी देते हैं।

निराला की स्वाधीनता की चेतना का अनुमान इसी से लगाया जा सकता है कि एक बुद्धिजीवी होने के कारण अपनी कलम के माध्यम से संस्कार से उपजी स्वाधीनता का समर्थन करते हुए दासता से मुक्ति के लिए संघर्ष की अनेक रूपों में भर्त्सना तथा कटु-आलोचना करते हैं। सम्पूर्ण स्वाधीनता आन्दोलन लगभग सन् 1945 तक प्राप्त उनकी टिप्पणियों तथा कविताओं एवं उपन्यासों के साक्ष्य द्वारा पूरी तरह से समर्थित है। डॉ. रामविलास शर्मा निराला की स्वाधीनता की इस चेतना पर अपनी टिप्पणी देते हुए लिखते हैं कि—

"देशवासियों की पराधीनता देखकर निराला के मन में अनेक भाव उदित होते हैं, कभी वह आत्मग्लानि से पीड़ित होते हैं, कभी मन अवसादग्रस्त हो जाता है। कभी अतीत का स्मरण करके जनता में राष्ट्रीय आत्म-सम्मान का भाव जगाते हैं, पराधीनता

से समझौता करनेवालों पर क्रुद्ध होते हैं।"[22]

डॉ. रामविलास शर्मा ने लगता है, यह टिप्पणी उनकी कविताओं के आधार पर दी है, किन्तु सुधा में प्रकाशित टिप्पणियों के पढ़ने के बाद इस धारणा के एक कदम आगे सोचना पड़ता है, निराला कसमसाते हुए उद्वेलित होकर समसामयिक अंग्रेजी सरकार की न केवल खुले शब्दों में निन्दा करते हैं, अपितु जनमानस का भारतीय स्वाधीनता आन्दोलन में डटे रहने के लिए आह्वान भी करते हैं। निराला रचनावली, भाग 6 में उनकी एक प्रसिद्ध टिप्पणी है—"लाहौर कांग्रेस में सभापति पं. जवाहर लाल नेहरू का भाषण है।"[23] इस भाषण के मर्मस्पर्शी सन्दर्भों का वे उल्लेख भारतीय जनमानस को संघर्षरत रखने के लिए प्रेरणा के रूप में करते हैं, जैसे एक स्थल पर वे कहते हैं कि—

"एक ईंट के सहारे हमारी जातीय इमारत तैयार हुई है। अपना बलिदान करनेबाले शवों के ऊपर से भारत को आगे बढ़ाना है।"

एक अन्य स्थल पर निराला पं. जवाहर लाल नेहरू के वाक्यों को दुहराकर उद्बोधन करते हुए कहते हैं, "यदि इस देश की छाती पर से विदेशी सैनिकों को हटा दिया जाय और अर्थनीति के पंजे से भारत को मुक्ति मिले तो समझा जायगा कि भारत को मुक्ति मिली।"[24]

निराला की इस प्रकार की टिप्पणियाँ साक्ष्य हैं कि निराला में स्वाधीनता को लेकर उनमें केवल आत्मग्लानि और कुण्ठा ही नहीं वरन् इन दोनों से महत्त्वपूर्ण भाव, जागरण की दीप्ति और बलवती मुक्ति की आकांक्षा हैं—जिन्हें वे बिना भय, बिना ग्लानि, बिना पीड़ा, बिना आत्मकुण्ठा और बिना आत्म अवसाद के निरन्तर ओज भरी वाणी में कहते रहते हैं।

किसान और श्रमिक आन्दोलन—भारतीय स्वाधीनता के आदोलन के जागरण का एक पक्ष कृषक तथा श्रमिक भी था। निराला श्रमिक तथा कृषक दोनों आन्दोलनों को देश के विकास में आवश्यक मानते हैं और वह बराबर कहते हैं कि भूमि, सम्पत्ति तथा धन के केन्द्र में श्रमिक, मजदूर और किसान रहें। निराला कृषकों के सुधार की अनेक बार चर्चाएँ करते हैं। शिक्षा, रोजगार, भूमि पर स्वामित्व-जैसी व्यवस्था कृषक के लिए आवश्यक हैं और श्रमिकों की मूल समस्या रोग तथा कुपोषण से मुक्ति की चर्चा वे बार-बार करते हैं। सुधा 16 जुलाई, 1945 के अर्द्धवार्षिक अंक में प्रकाशित उनकी टिप्पणी 'किसान और उनका साहित्य' इस दृष्टि से विशेष रूप से विचारणीय है। इस टिप्पणी के अन्तर्गत उन्होंने इस तथ्य की खुले शब्दों में घोषणा की है कि, इतिहास में एक समय ब्राह्मण युग था, फिर क्षत्रिय युग हुआ, बाद में वैश्य युग था और सभी धीरे-धीरे समाप्त हो गये। उन्होंने इस सन्दर्भ में टिप्पणी दी है—

"आज संसार के बड़े-बड़े प्रायः सभी मनुष्य किसान युग का स्वागत कर रहे हैं। इस प्रकार हम देखते हैं कि अब वैश्य युग भी मनुष्यों के मन से दूर हो गया है, अब किसानों या मजदूरों का युग है।"

वे गाँधी-आन्दोलन को भारत में कृषक आन्दोलन का प्राण मानते हैं, उनके अनुसार, "भारत में महात्मा गाँधी की साधना इसी वैश्य शक्ति के खिलाफ पीड़ित, शूद्र, अछूत, मजदूर और किसान शक्ति को उठाने के लिए हुई है। देश के पेड़ को हरा-भरा करने के लिए उसकी जड़ किसानों में जीवन डालना चाहिए।"[25]

निराला ने कृषकों के सुधार के लिए सफाई, शिक्षा, पुस्तकालय तथा स्वाध्याय के लिए सरल पुस्तकें और श्रमजीवियों के लिए जागरण के लिए मिल कारखानों, खरीद-फरोख्त, कर, भाव, मुनाफा आदि जैसी बातें बताने के लिए उपयोगी पुस्तकें लिखी जायँ। निराला यह बराबर स्वीकार करते हैं कि बिना देश में समझ उत्पन्न हुए आजादी का कोई मतलब नहीं है। उन्होंने अपने प्रसिद्ध निबन्ध 'गाँधी से बातचीत में' अपनी स्पष्ट टिप्पणी दी है, "देश की स्वतन्त्रता के लिए पहले समझ की स्वतन्त्रता जरूरी है।"[26]

इसीलिए निराला स्वाधीनता के सन्दर्भ में समझ की स्वतन्त्रता और फिर देश के उन बहुसंख्यक कृषकों तथा मजदूरों की समझ और उनकी समझ की स्वाधीनता आवश्यक समझते हैं क्योंकि सम्पूर्ण देश के उद्घोषणा का दायित्व इन्हीं के ऊपर है।

डॉ. रामविलास शर्मा ने इस सन्दर्भ में अपनी स्पष्ट टिप्पणी दी है—"किसानों को शिक्षित किये बिना, उनके साथ रहकर उन्हीं का-सा जीवन बिताकर, उसका संगठन किये बिना भारत स्वाधीनता नहीं हो सकता, निराला का यह दृढ़ विश्वास था।"[27]

निराला स्वयं कृषक के रूप में गाँव में रहकर कृषि आन्दोलन से जुड़े थे और उन्होंने कृषि सामन्तवाद का खुलकर विरोध किया था। उनके लिए कृषक स्वाधीनता अपने लिए अनुभव की जाती हुई स्वाधीनता का अंग थी। उन्होंने इसे किसी पुस्तक तथा व्याख्यान श्रवण से नहीं प्राप्त किया था। उनके उपन्यास 'बिल्लेसुर बकरिहा', 'अलका' आदि से किसान-जागरण एवं कृषि आन्दोलन के सन्दर्भ वर्तमान हैं। कृषक की स्वाधीनता को निराला बराबर अपनी निजता से जोड़कर देखते हैं।

अन्तरराष्ट्रीय राजनीति—निराला स्वाधीनता की राजनीतिक चर्चा करते हुए केवल अपनी ही बात नहीं करते। वे रूस का अनेक बार स्मरण करते हैं, कृषक एवं मजदूर स्वाधीनता के सन्दर्भ में। उनकी दृष्टि हिन्दी के क्षेत्रवाद तक सीमित नहीं है। स्वाधीनता के सन्दर्भ में व्याख्या राष्ट्रीय तथा अन्तरराष्ट्रीय सन्दर्भों से जोड़कर करने के पक्षधर थे औरउनकी यह चिनता थी कि भारत का राष्ट्रीय जागरण केवल भारत तक ही सीमित न रहे, वरन् उसका एक निश्चित तथा व्यापक अन्तरराष्ट्रीय आधार बने। वे व्यवसाय, उद्योग, शक्ति पूँजीवाद, श्रमिक एवं किसान समस्या, शिक्षा, रहन-सहन, खान-पान, आचरण के सन्दर्भों में बराबर विकसित देशों को स्मरण करते रहते हैं। अमेरिका इंग्लैण्ड या विलायत, रूस, राष्ट्रसंघ, नेपाल, इटली, चीन, टर्की आदि देशों की यथा-समय चर्चा करते हैं तथा समाज का ध्यान उनकी ओर खींचते हैं। निराला अन्तरराष्ट्रीयता के कतिपय उन पक्षों की चर्चा करते हैं, जहाँ पूँजीवादी बाजारवाद के कारण विदेशी वस्तुओं का प्रचार-प्रसार तथा श्रमिकों का शोषण है। 'टर्की की

समुन्नति' पर चर्चा करते हुए उसके राष्ट्रीय विकास का आधार निराला ने जन सहयोग बताया। चीन की स्त्रियों की चर्चा करते हुए गृहकार्यों की दक्षता की प्रशंसा की। वे इंग्लैण्ड में वर्तमान पार्लियामेण्ट शासन की खूबियों की चर्चा करते है। यद्यपि निराला में अन्तरराष्ट्रीय सन्दर्भ कम हैं फिर भी वे राष्ट्रीय चेतना के विकास के लिए विदेशी सम्पर्क आवश्यक मानते हैं।

स्वाधीनता-सन्दर्भ के कतिपय बिन्दु—निराला 'सुधा' में प्रायः 1929 से 35 वर्ष तक बराबर लेख तथा टिप्पणियाँ लिख रहे हैं। ये टिप्पणियाँ लेखन उनकी आजीविका की विवशता से जुड़ी थीं और उससे उनकी आर्थिक समस्याएँ दूर नहीं होती थी, फिर भी, ये टिप्पणियाँ निराला की स्वाधीनता के चेतना के अनुकूल रही हैं। लार्ड इरविन की घोषणा, साइमन कमीशन, माण्टेग्यू घोषणा-पत्र, गोलमेज कान्फ्रेन्स, बहिष्कार आन्दोलन (अंग्रेजों के सहयोगियों का तथा विदेशी वस्तुओं के बहिष्कार), स्वराज्य एवं स्वशासन, पूर्ण स्वाधीनता आदि स्वाधीनता के आन्दोलन से जुड़े कतिपय बिन्दओं की ओर निराला संकेत करते हैं। अंग्रेजी शासन नीति, भारतीय परतन्त्रता सदियों की गुलामी और भारतीयों की वर्तमान दशा, स्वाधीनता आन्दोलन का स्वरूप तथा भविष्य आदि विषयों पर निराला बराबर लिखकर स्वाधीनता के लिए अनुकूल वातावरण तैयार करते हैं। निराला की राजनीतिक टिप्पणियाँ इस बात के लिए साक्ष्य हैं कि वे इस छायावाद युग के सामाजिक पलायन, अन्तर्मुखता, आत्मरति, वैयक्तिकता तथा निजता की सीमाओं के बाहर सामाजिक एवं राष्ट्रीय संघर्षों से जुड़े उसके जागरण के लिए संघर्ष कर रहे थे। निराला की स्वाधीनता की चेतना के साथ राष्ट्रीय ज़ागरण की चेतना की संगति का अभूतपूर्व मेल इस बात का प्रमाण है कि हिन्दी आलोचकों ने केवल उनकी काव्यचेतना के द्वारा उनके व्यक्तित्व का जो भी विश्लेषण किया है, वह बिल्कुल अधूरा है। डॉ. बच्चन सिंह तथा नन्ददुलारे बाजपेयी-जैसे निराला के प्रारम्भिक आलोचक निराला के इस व्यक्तित्व की ओर आकर्षित ही नहीं हुए। निराला निबन्ध साहित्य के विश्लेषण के बाद ही निराला के व्यक्तित्व के उन क्रान्तिदर्शी पक्षों को स्पष्ट किया जा सकता है, जो उनके चिन्तन के साथ-साथ विकसित होते रहे हैं।

निराला के संस्कारों में पली उनकी स्वाधीनता की चेतना राजनीतिक स्वाधीनता की चेतना के सम्पर्क में आकर विकसित हुई। उनकी यह विकसित चेतना परवर्ती कविताओं तथा उपन्यासों एवं कहानियों में बराबर दिखायी पड़ती है। इस स्वाधीनता की चेतना का मूल स्वरूप उनके निबन्ध साहित्य में निरन्तर देखा जा सकता है जिसकी ओर विद्वानों का ध्यान बहुत कम गया है।

सामाजिकता की मुक्ति चेतना तथा निराला का निबन्ध साहित्य—निराला के निबन्ध साहित्य का एक महत्त्वपूर्ण पक्ष सामाजिकता की चेतना से जुड़ा हुआ है। जैसा कि अध्याय दो के अन्तर्गत यह निर्दिष्ट किया जा चुका है कि निराला स्वाधीनता का अर्थ केवल अंग्रेजी शासन से मुक्ति ा नहीं लगाते। उनके अनुसार सामाजिक स्वाधीनता के बिना यह स्वाधीनता विशेष महत्त्वपूर्ण नहीं है। निराला के निबन्धों का

विश्लेषण करें तो सामाजिक अधःपतन तथा उसके पक्षों को निराला उजागर करके भारतीय समाज का एक स्वस्थ स्वरूप रखना चाहते थे। उनके अनुसार सामाजिक मुक्ति मनुष्य की वैयक्तिक स्वाधीनता से जुड़कर उसकी सामूहिक स्वाधीनता तक जाती है। सामाजिक संरचना और उसके बीच मनुष्य का अपना निजी जीवन सभी एक-दूसरे से अभिन्नतः जुड़े हैं और इस प्रकार सामाजिक स्वाधीनता के आयाम नितान्त व्यापक हैं। सामाजिक स्वाधीनता के मल में वर्ण-व्यवस्था, नारी जाति की परतन्त्रता, विवाह प्रथा, शिक्षा पद्धति, कृषक चेतना आदि पक्षों को खुलकर नया राष्ट्रीय मुक्त आयाम प्रदान करना उनकी अपनी स्वाधीनता की वैचारिकता से सम्बद्ध है। निराला ने अपने निबन्धों में इन पर गम्भीरतापूर्वक विचार किया है।

वैचारिकता के स्तर पर जैसा कि कहा जा चुका है, निराला परिवर्तनवादी हैं और कहीं संशोधनवादी। वर्ण-व्यवस्था में वे पूर्णतः खुलकर परिवर्तन चाहते हैं किन्तु नारी व्यवस्था के सन्दर्भ में मुक्त परिवर्तन के स्थान पर सुधार की अपेक्षा रखते हैं—"निराला अपने प्रारम्भिक दिनों में पण्डित महावीर प्रसाद द्विवेदी के यहाँ उपलब्ध प्रसि अंग्रेज विचारक मिल की 'लिबर्टी' पुस्तक का अनुवाद पढ़ चुके थे।"[28] निराला की स्वाधीनता की चेतना में भारतीयता की आध्यात्मिक या परम्परित मनोवृत्ति में कहीं-कहीं अवशेष दिखायी पड़ते हैं, किन्तु मुक्ति चेतना वर्तमान व्यवस्था में व्यक्ति तथा समाज की अवधारणा से सर्वथा नवीन एवं अतीत से सन्दर्भित में दिखायी पड़ती है।

भारतीय सामाजिक व्यवस्था का मूलाधार वर्ण तथा आश्रम व्यवस्था है। आश्रमधर्म 15वीं सदी तक पूर्णतः समाप्त हो गया था किन्तु वर्ण-व्यवस्था आज तक दिखायी पड़ती है। निराला इस वर्ण-व्यवस्था का युगानुरूप निरूपण करते हुए वर्तमान समाज में अन्तिम को शूद्र न रहकर 'जनता' कहते हैं। अंग्रेजी राज्य में, उनके तर्क के अनुसार ब्राह्मण, क्षत्रिय, वैश्य, शूद्र सभी दास हैं, गुलाम हैं और दास का वर्ण उच्च नहीं हो सकता, अतः सभी एक वर्ण के हैं। निराला अपने इस अनूठे तर्क से सम्पूर्ण भारतवासियों को समानता के मंच पर स्थित कराने का तर्क देते थे। वे यज्ञोपवीत के आधार पर श्रेष्ठता का तिरस्कार करते हुए एक स्थल पर कहते हैं—

"इसलिए तोड़कर फेंक दीजिये जनेऊ, जिसकी आज कोई उपयोगिता नहीं। जो बड़प्पन का भ्रम पैदा करता है और समस्वर से चाहिए आप उतनी ही मर्यादा रखते हैं जितना आपका नीच-से-नीच पड़ोसी, चमार या भंगी रखता है। तभी आप महापुरुष हैं।"[29]

निराला वर्णभेद का निरन्तर तिरस्कार करते हैं और हरिजन मुक्ति को देशमुक्ति से जोड़ते हैं। वे एक स्थल पर कहते हैं कि—

"हरिजन समस्या को जल्दी-से-जल्दी मुसलमानों के लिए हमें यह जताने के लिए कि अब एक भी न चलेंगे तो दैव की देन हमारे हाथों से छिन जायगी क्या हम चाहते हैं कि हमारे देश के सहस्रों वषों का सामाजिक कोढ़ दूर न हो? क्या हम चाहते हैं

कि संसार हमारी मूर्खता तथा अनिष्टकारी सनातनी नीति पर सदैव खिल्ली उड़ाता रहे, यदि नहीं तो हमें अछूतपन के आतंक को धोना पड़ेगा।''[30]

निराला की लगभग आधी दर्जन टिप्पणियाँ इसी समस्या से सन्दर्भित हैं। वे वर्णाश्रम व्यवस्था को सामाजिक कोढ़ मानते हैं—

"हजार वर्ष के दूसरी जातियों और दूसरे धर्मवालों के शासन से इतने संस्कार दोष, संस्पर्श, कल्मष इस वर्णाश्रम धर्म के भीतर प्रविष्ट हो गये हैं कि अब कोई मूर्ख ही इसका अस्तित्व स्वीकार करेगा।''[31]

निराला यह समझते थे कि भारत में वर्ण-व्यवस्था का आधार ब्राह्मणवाद से समर्थित सामन्तवाद है। वे इसीलिए दोनों का विरोध करते हैं। निराला जिस सामाजिक स्वाधीनता की चर्चा करते हैं, वह जाति-पाँति, वर्णाश्रम व्यवस्था से मुक्त स्वावलम्बनपरक, समतामलक समाज होगा। निराला न्याय, सम्पत्ति तथा अधिकार के सन्दर्भ में जातिवाद तथा परिवारवाद का विरोध करते हुए उसे आम जनता से सम्बद्ध करते हैं।

निराला भारत की विविध जातियों के बीच एकरूपता चाहते थे। वह जातियों के टुकड़ों के नामकरण के विरोधी हैं, गुजराती, सिख, महाराष्ट्री-जैसे भिन्न-भिन्न नामों के स्थान पर चाहते थे कि सभी को हिन्दू लिखा जाय।''[32]

निराला अपने निबन्धों में अपनी राष्ट्रीय अवधारणा विषयक भाव अनेक रूपों में व्यक्त करते हैं। सर्वथा हिन्दू-जाति, जाति-पाँति के भेदभाव से सर्वथा रहित तथा पुराने संकीर्ण जातीय मूल्यों से मुक्त उच्च तथा निम्न जातीय अवधारणाओं से सर्वथा रहित पारस्परिक प्रेम तथा सौहार्द्र के बीच जीवनयापन करनेवाले कुछ ऐसे भारत देश की परिकल्पना वे करते हैं। निराला पूँजीवादी शोषण तथा श्रमिक उत्पीड़न के विरुद्ध भी अपने निबन्धों में स्थल-स्थल पर अपनी धारणा व्यक्त करते हैं।

अध्याय दो के अन्तर्गत इस तथ्य पर विचार किया जा चुका है कि निराला एक विशेष प्रकार का हिन्दू साम्यवाद चाहते हैं जो विवेकानन्द के नव-अद्वैतवाद से समर्थित है।[33]

निराला की स्वाधीनता की चेतना उन्हें मुक्त समाज के निर्माण के लिए विचार करने के निमित्त बार-बार प्रेरित करती है। वे बराबर अपने साहित्य में मुक्ति की कल्पना करते हैं। उनकी मुक्ति की अवधारणा नितान्त व्यापक है और वह व्यक्ति मुक्ति समाजमुक्ति आदि क्षेत्रों तक फैली हुई है। इस दृष्टि से समन्वय में प्रकाशित उनका प्रसिद्ध निबन्ध 'बाहर और भीतर' विशेष महत्त्वपूर्ण है। 'बाहर और भीतर' शब्दों का अर्थ वे समाज के बहिर्मुखी तथा अन्तर्मुखी मनुष्यों से लगाते हुए बताते हैं कि बाहरी शक्ति, मद, आतंक, धन के प्रभाव से दूसरों को नियन्त्रित करनेवाले स्वयं कब नष्ट हो जायँगे, इसका कोई अनुमान नहीं। दूसरी ओर भीतर अर्थात् विवधि साधनाओं में रत साधु, चिन्तक, कवि, लेखक, अपनी उपलब्धियों से सम्पूर्ण विश्व को उपकृत करता है। भारतीय चिन्तन के अन्तर्गत शान्ति तथा स्वतन्त्रता को महत्त्व दिया गया है।[34]

इस प्रकार निराला की स्वाधीनता और विशेषकर सामाजिक स्वाधीनता की अवधारणा उनके अपने निजी चिन्तन पर आधारित है। स्वामी विवेकानन्द के नव वेदान्तवाद के द्वारा धार्मिक साम्यवाद की स्थापना का उनका स्वप्न अपने विवेचन का प्रतिफल है। निराला वैदान्तिक विचारों को भातरीय व्यवस्था का सर्वोत्तम आधार मानते हैं। उनके अनुसार सामाजिक स्तर पर 'त्याग' ही इस कल्याणकारी सामाजिक मुक्ति का आधार बन सकता है और वैदान्तिक चिन्तन इसी सामाजिक त्याग पर आधारित है।[35] इसी के आधार पर वह यूरोपीय संगठनों की भर्त्सना करते हुए कहते हैं, "वेदान्त ज्ञान के प्रभाव से मनुष्य की मनुष्य से इतनी घृणा न रह जायगी और संगठन भी ज्ञानमूलक होगा। यूरोप का संगठन स्वार्थमूलक है।[36] जातीय संगठन को वेदान्त एवं स्वाधीनता से जोड़ते हुए निराला कहते हैं—

"पर देश की स्वतन्त्रता के लिए इन चारों शक्तियों की नवीन स्फूर्ति, इनका नवीन सम्मेलन अनिवार्य है। तब कहीं उस संगठित नवीन राष्ट्र के वेदान्तिक साम्य की यथार्थ प्रतिष्ठा हो सकेगी।"[37]

इस प्रकार, निराला का साम्य संगठन त्यगा, निष्ठा, प्रेम, मैत्री तथा अद्वैत भाव पर आधारित है। यहाँ श्वान, श्वपच, तथा ब्राह्मण सभी एक अधिकार के सथ, एकमेव होकर एक साथ रहते हैं।

निराला के निबन्धों में धार्मिक स्वाधीनता को अद्वैत से जोड़कर उसे राजनीतिक व्यवस्था का आधार स्तम्भ बनाया गया है।

इन सन्दर्भ में निराला के निबन्धों में एक और भी तथ्य दृष्टिगत होता है। जैसा कि कहा जा चुका है, निराला भारत में आन्तरिक स्वाधीनता के पहले समर्थक हैं और अंग्रेजों को भगाने के बाद में। मुक्त भारत के नागरिकों का स्वभाव तथा व्यक्तित्व कैसा हो, के सन्दर्भ में महात्मा गाँधी के आदर्श को मानते हैं। सहयोग, अहिंसा, प्रेम, भाईचारा, जातीय संकीर्णता तथा छुआछूत का विनाश, पारस्परिक राष्ट्रीय सामंजस्य सदाचार आदि उनकी दृष्टि में धर्म नहीं, सामाजिक व्यवस्था की स्थापना के मूलाधार हैं। गाँधी जी का आन्दोलन इसीलिए निराला को सर्वाधिक प्रिय है और अपने निबन्धों में बार-बार उसकी प्रशंसा करते हैं, क्योंकि उनकी परिकल्पना थी कि स्वाधीनता के बाद जिस भारतीय समाज की परिकल्पना गाँधी जी करते रहे हैं, उसकी आधारभूमि यही मानवीय आदर्श होंगे।

(ग) नारी जागरण—निराला के निबन्धों का यह प्रिय विषय है। निराला अपनी स्वाधीनता की समझ में इस नारी जागरण को विशेष महत्त्व देते हैं। निराला के नारी जागरण से सम्बन्धित निम्नलिखित निबन्ध और टिप्पणियाँ हैं—

1. बाहरी स्वतन्त्रता और स्त्रियाँ-सुधा मासिक, स्त्री समाज-स्तम्भ के अन्तर्गत 1930

2. कला और देवियाँ-चाबुक

टिप्पणी

1. समाज और स्त्रियाँ	सुधा	1929
2. हिन्दू अबला	सुधा	1930
3. रूप और नारी	सुधा	1930
4. शारदा बिल का विरोध	सुधा	1930
5. नौकरशाही का महिलाओं पर हमला	सुधा	1930
6. वर्तमान आन्दोलन में महिलाएँ	सुधा	1930
7. हमारी महिलाओं की प्रगति	सुधा	1931
8. समाज और महिलाएँ	सुधा	1932
9. हिन्दू विधवाओं पर अनाधिकार चर्चा	सुधा	1932
10. चीनी महिलाओं का भारतीय आदर्श	सुधा	1934
11. रूस की स्त्रियाँ	सुधा	1935

निराला के दो निबन्ध तथा ग्यारह टिप्पणियाँ विविध विषयों से सम्बद्ध हैं। निरालाकालीन भारतीय समाज की नारी विषयक जड़ता सामान्यतया इनमें विषयभूमि है। निराला चीन तथा रूस की महिलाओं की ओर विशेष रूप से ध्यान आकर्षित करते हैं। रूस में जनजागरण के बाद सामाजिक बदलाव से महिलाओं के समानाधिकार की निराला यहाँ चर्चा करते हैं।[38] निराला इस मन्तव्य को स्पष्ट करते हुए बताते हैं कि, महात्मा लेनिन के कथनानुसार घर तथा बाहर, दोनों की जिम्मेदारी स्त्री-पुरुष पर समान रूप से पड़ी। स्त्रियों ने पुरुषों के समान अपने अधिकार प्राप्त किये और अब रूस के कोने-कोने में साम्यवादी सिद्धान्त का प्रभाव दिखायी पड़ रहा है।[39] यह उस समय की चर्चा है, जब प्रगतिशील लेखक संघ की स्थापना तो यूरोप में हो चुकी थी, किन्तु उसका पदार्पण, भारत में नहीं हुआ था, निराला इस सम्बन्ध में अपना मत व्यक्त करते हुए कहते हैं—

"स्त्री-पुरुष, फूल और पौधे की तरह परस्पर सम्बद्ध हैं। वे परस्पर विचारों की स्वाधीनता की निर्मल वायु में प्रेम और समुन्नति की वर्षा और धूप में ही पनप सकते हैं।"

*   *   *   *   *

पुरुष और स्त्री का जीवन पूर्ण स्वतन्त्रता और पूर्ण सहकारिता के भावों से ओत-प्रोत है।"[40]

निराला इसी प्रकार स्वाधीन साम्यवादी देश चीन की महिलाओं का उदाहरण रखते हैं। वे कहते हैं, "इधर डॉ. सन यात सेन के द्वारा प्रजातन्त्र की स्थापना होने के बाद, गत 22 वर्षों में, चीन की नीतियों में भी परिवर्तन हो गया है। उन्होंने कहा कि चीन की उन्नति में स्त्रियों ने बराबर पुरुषों का साथ दिया है।"[41]

निराला इन दोनों स्वतन्त्र देशों की स्त्रियों की पुरुष समाज के सापेक्ष्य में साम्य तथा समानाधिकार की चर्चा शायद भातरीय नारी के लिए आदर्श मानक के रूप में करते हों किन्तु इन दोनों निबन्धों का मन्तव्य उनके जागरण तथा मुक्ति, विचार स्वातन्त्र्य तथा महिलाएँ, हमारी महिलाओं की प्रगति, समाज और स्त्रियाँ आदि निबन्धों में नारी जाति की वर्तमान प्रगति को इंगित करते हैं—

"समाज, जाति, व्यक्ति की स्वतन्त्रता के साथ ही स्त्रियों की समान स्वतन्त्रता की आवाज भी उतनी ही ऊँची सुनायी दे रही है। वकालत, बैरिस्टरी, डाक्टरी, प्रोफेसरी, नेतृत्व, विज्ञान, कला कौशल, वाणिज्य, बड़ी-बड़ी नौकरियाँ तथा और भी अनेक प्रकार के जो जीवनोपाय तथा प्रतिष्ठा के कार्य पुरुषों के अधिकार में आ गये हैं।"[42]

निराला स्वतन्त्रता में स्त्रियों के स्वाभाविक नैतिक, व्यावहारिक, चारित्रिक तथा आध्यात्मिक विकास देखना चाहते थे। यही नहीं निराला भारतीय शिक्षा पद्धति को, स्त्रियों की समस्याओं के अनुकूल चाहते थे ताकि सह-अस्तित्व और स्वाधीनता की चेतना इनमें पहले आ सके। इसी प्रकार की चर्चा निराला 'हमारी महिलाओं की प्रगति' टिप्पणी में देते हैं। वे राष्ट्रीय स्वाधीनता आन्दोलन में ारियों की भागीदारी और यूरोप की नारियों के सह-अस्तित्व सिद्धान्त का साक्ष्य रखकर भारतीय नारी में स्वाधीनता की चेतना की ऊर्जा विकसित करते हैं। निराला इसी प्रकार 'समाज और महिलाएँ' शीर्षक टिप्पणी में विश्व के समुनत, स्वतन्त्र देश के आदान-प्रदान, सामाजिक, राजनीतिक और साम्पत्तिक अधिकार में पुरुष वर्ग के समानान्तरण वे नारी वर्ग का भी उसी प्रकार का अधिकार स्वीकार करते हैं। स्वाधीन नारी की तेजस्विता की ओर संकेत करते हुए निराला यहाँ कहते हैं कि,

"क्योंकि नारी ही भावी राष्ट्र की माता है और पराधीन माता से तेजस्वी, स्वतन्त्र और मेधावी बालक-बालिकाएँ नहीं पैदा हो सकतीं, जिससे राष्ट्र का सर्वांग जर्जर रह जाता है।"[43]

निराला स्वतन्त्र भारत की स्वतन्त्र नारी का स्वप्न अपने चिन्तन में देखते हैं और बिना किसी वैचारिक रूढ़िग्रस्तता के वे उनकी वकालत करते हैं।

निराला हिन्दू-महिलाओं की समसामयिक स्थिति पर, उनके विशिष्ट कार्य-कलापों तथा दायित्वों पर बराबर टिप्पणी करते हैं। उनके कतिपय निबन्ध जैसे नौकरशाही का महिलाओं पर हमला, शारदा बिल का विरोध, हिन्दू, अबला आदि के अन्तर्गत रूढ़िग्रस्त, दबी हुई तथा हिन्दू धर्मशास्त्र के पन्नों में अंकित नारी अधिकार की वे खुले शब्दों में निन्दा करते हैं। हिन्दू अबला के अन्तर्गत बाल विवाह, बेमेल तथा असमान विवाह, विधवा नारी की दुर्दशा, पति की मृत्यु के बाद सम्पत्ति के अधिकार से च्युत किया जाना आदि नारी जाति पर किये जानेवाले पुरुष वर्ग एवं शास्त्रों में वर्णित नारकीय अत्याचारों की वे खुलकर निन्दा करते हैं।[44] निराला बनारस के सनातनधर्मियों के 'सनातन धर्म महामण्डल' के विरुद्ध एक बड़ी टिप्पणी 'सुधा' में इसलिए लिखते हैं कि वे सरकार द्वारा महिला हिन्दू विधवाओं को अधिकार देने की

घोषणा के विरोधी थे। यही नहीं, निराला ने स्वाधीनता आन्दोलन में भाग लेनेवाली महिलाओं की समय-समय पर खुलकर प्रशंसा तथा लखनऊ एवं बंगाल में अंग्रेजों द्वक्षरा किये गये लाठी प्रहार की भी उन्होंने भर्त्सना की।

निराला के निबन्धों में नारी जागरण के सन्दर्भ में के मन्तव्यों को ध्यान देने पर यह तथ्य नितान्त स्पष्ट है कि वे नारी के प्रति आधुनिक, प्रगतिशील, स्वतन्त्र और अधिकार की समानता जैसा दृष्टिकोण रखते है। वे इस सन्दर्भ में भारतीय शासकों में व्याप्त कठमुल्लापन की निन्दा करते हैं और उनकी बाल विवाह या विधवाओं के सन्दर्भ में मिताक्षरा तथा मनुस्मृति में कहे गये कथनों पर लेशमात्र भी आस्था नहीं है। वे बराबर नारी अधिकार और स्वतन्त्रता की पाबन्दियों की भर्त्सना करते हुए उन्हें पुरुष के समानान्तर स्तर पर बैठाना चाहते थे। नारी विषयक उनकी स्वाधीनता की भावना मैथिलीशरण गुप्त, जयशंकर प्रसाद तथा प्रेमचन्द के समानान्तर थी। नारी जागरण के विरोधी से निराला साहित्य में कहीं भी समझौता नहीं मिलता है।

राष्ट्रभाषा और राष्ट्रीय गौरव के सवाल पर भी निराला अपने युग के रचनाकारों से आगे थे। इस सन्दर्भ में उन्होंने लेख लिखे, गाँधी तथा नेहरू जी की उनके सामने भर्त्सना करने में नहीं चूके तथा निरन्तर राष्ट्रीय स्वाधीनता के गौरव तथा राष्ट्रभाषा के प्रश्न पर उनमें जागरूकता दिखायी पड़ती है। उन्होंने अपने लेखन को राष्ट्रीय गौरव से जोड़े रखा क्योंकि वे स्वयं अपने को राष्ट्रभाषा के सृजन से सम्बन्धित बताते हैं। निराला के इस सन्दर्भ में लिखे गये निबन्ध तथा टिप्पणियाँ इस प्रकार हैं—

(क) निबन्ध

1. राष्ट्रभाषा कैसी होनी चाहिए	समन्वय	1923
2. भाषा की गति और हिन्दी की शैली	समन्वय	1923
3. हिन्दी के गर्व और गौरव प्रेमचन्द जी	आज	1936
4. गाँधीजी से बातचीत	प्रबन्ध प्रतिमा	1939
5. नेहरू जी से दो बातें	प्रबन्ध प्रतिमा	1939

(ख) टिप्पणियाँ

1. राष्ट्रभाषा का प्रश्न	सुधा	1930
2. भारत की राष्ट्रभाषा	सुधा	1930
3. पण्डित जवाहर लाल नेहरू और हिन्दी	सुधा	1933
4. शिक्षा, समस्या और हिन्दी	सुधा	1934
5. कस्मै देवाय और हिन्दी का नवयुग	सुधा	1934
6. हिन्दी भाषा के सम्बन्ध में बंगाली मनोवृत्ति	सुधा	1934
7. कवीन्द्र रवीन्द्र और राष्ट्रभाषा	सुधा	1934
8. लखनऊ विश्वविद्यालय और हिन्दी (दो लेख)	सुधा	1933, 35
9. इन्दौर का हिन्दी विश्वविद्यालय	सुधा	1935

इसके अतिरिक्त, निराला जी हमेशा सार्वजनिक अवसरों-यथा कांग्रेस एवं हिन्दी साहित्य सम्मेलन के अधिवेशनों, हिन्दी से सम्बन्धित विवादों तथा जहाँ भी उन्होंने आवश्यकता समझी राष्ट्रभाषा हिन्दी के प्रश्न को स्वाधीनता आन्दोलन तथा भावी भारत के निर्माण के लिए हिन्दी के प्रति समाज की उपेक्षाओं को बड़े ही जोरदार ढंग से रखा। निराला राष्ट्रभाषा हिन्दी के प्रश्न पर उसी प्रकार जागरूक और उसकी व्यापक जन स्वीकृति के लिए कृत संकल्प दिखायी पड़ते हैं, जैसे अपने साहित्य की प्रतिष्ठा के लिए और अपने तथा साहित्यकारों की प्रतिष्ठा को वे हिन्दी राष्ट्रभाषा की प्रतिष्ठा स्वीकार करते हैं।

राष्ट्रभाषा हिन्दी के प्रश्न पर निराला ने कई प्रश्न उठाये हैं। उनका प्रश्न है कि अंग्रेजी के स्थान पर हिन्दी का स्थानान्तरण कैसे हो? वे न्यायपालिका, संविधान, राष्ट्रीय आदान-प्रदान, शिक्षा की भाषा के रूप में हिन्दी के पक्षपाती थे। वे हिन्दी के सम्बन्ध में लगाये जानेवाले अनेकानेक आक्षेपों का समर्थन भी करते हैं, किन्तु उसे अपना उचित स्थान दिलाने के लिए कटिबद्ध हैं—

"हमने विद्वानों को प्रायः यह आक्षेप करते सुना है कि हिन्दी की गति, उसका प्रवाह मन्द है। इससे दूसरों को विशेषकर प्रान्तीय लोगों को पढ़ने में असुविधा होती है।"

वे भावी हिन्दी के स्वरूप को इंगित करते हुए बतलाते हैं, "जो हिन्दी राष्ट्रभाषा होगी, जो हिन्दी किसी प्रान्त की मातृभाषा नहीं, जिस हिन्दी के लेखक अभी गढ़ रहे हैं, जिस हिन्दी के सहारे भारत की आर्थिक, सामाजिक, राजनीतिक, वैज्ञानिक, ऐतिहासिक और साहित्यिक सभी शंकाओं का समाधान किया जाना निश्चित है, उसे उन्नत करने के लिए भिन्न-भिन्न शब्द गढ़ने तथा अपनाने के लिए सभी प्रान्तवासियों का समान अधिकार है।"

निराला 'हिन्दुस्तानी' आन्दोलन को राष्ट्रीयता की चेतना से जोड़ने के पक्षपाती नहीं हैं। वे जवाहर लाल नेहरू की हिन्दुस्तानी नीति का समर्थन नहीं करते।[45]

वे हिन्दी को राष्ट्रभाषा बनने का मानक आधार संस्कृत को बताते हैं—

"संस्कृत से सीधा सम्पर्क रखने के कारण भारतीय सभ्यता और संस्कारों की जैसी अभिव्यक्ति हिन्दी करती है और कर सकेगी, वैसी कोई भाषा नहीं।"[46]

हिन्दी को उचित सम्मान न देनेवाले नेताओं, शिक्षा संस्थानों, राज्यों और भाषा-भाषियों और उनमें विशेष रूप से बंगालियों की राष्ट्रभाषा नीति के निराला प्रबल विरोधी थे। राष्ट्रभाषा हिन्दी के प्रति उदासीनता बरतनेवाले रवीन्द्र नाथ टैगोर की निन्दा करने में निराला को लेशमात्र भी हिचक नहीं।"[47] रवीन्द्र नाथ टैगोर के 'कस्मै देवाय' लेख में पण्डित हजारीप्रसाद द्विवेदी के द्वारा की गयी रवीन्द्र की आशंसा निराला को स्वीकार्य नहीं, क्योंकि रवीन्द्र नाथ ठाकुर-जैसी भावधारा हिन्दी में आ चुकी है और उसकी ओर भी हजारीप्रसाद द्विवेदी ने कोई इशारा नहीं किया है।[48]

निराला की स्वाधीनता की चेतना एवं स्वयं के सृजन का गौरव-दोनों सन्दर्भ राष्ट्रभाषा हिन्दी से जुड़ते हैं। जैसा कि कहा गया है, वे विविध पक्षों से इस राष्ट्रीय भाविक चेतना को आन्दोलनन की वैचारिकता के मंच पर लाने का प्रयास करते हैं। निराला के निबन्धों में राष्ट्रीय चेतना के साथ-साथ राष्ट्रभाषा हिन्दी के सम्मान एवं राष्ट्रीय स्तर पर स्थापित किये जाने की संसक्ति बराबर देखी जाती है।

इस प्रकार, निराला की स्वाधीनता विषयक चेतना से राष्ट्रभाषा हिन्दी के प्रश्न को किसी भी तरह से पृथक् नहीं किया जा सकता है? क्योंकि उनके तर्क के अनुसार विश्व के प्रत्येक बड़े राष्ट्र के पास एक राष्ट्रीय भाषा है। राष्ट्र के राष्ट्रीय गौरव, अन्तर्प्रान्तीय अभिव्यक्ति के माध्यम, कार्यपालिका एवं न्यापालिकाओं के कार्यों की भाषा, शिक्षा, विज्ञान, दर्शन, साहित्य लेखन की सामर्थ्य से संयुक्त, जनसंचार माध्यमों के रूप में प्रयुक्त तथा सरकार के कामकाज की भाषा को विश्व के किसी भी सम्पन्न राष्ट्र की राष्ट्रभाषा के समानान्तर निराला हिन्दी को भारत की राष्ट्रभाषा के रूप में देखना चाहते थे।

निराला के साहित्यिक निबन्ध तथा काव्य भूमिकाएँ और सृजन की स्वाधीनता—निराला के गद्य साहित्य का एक महत्त्वपूर्ण भाग उनके साहित्यिक निबन्धों, टिप्पणियों तथा काव्यभूमिकाओं से सम्बद्ध है। उनके उपन्यासों की भूमिकाएँ अतिसंक्षिप्त भी हैं, इस दृष्टि से उतनी महत्त्वपूर्ण भी नहीं हैं, फिर भी, उनमें सूत्रात्मक रूप से जागृति की चेतना वर्तमान है। निराला मनुष्य की मुक्ति की भाँति साहित्य की भी मुक्ति को आवश्यकता मानते हैं। और प्रायः वे मनुष्य तथा समाज एवं साहित्य को इसी पारस्परिकता से जोड़ते भी हैं। निराला के इस दृष्टिकोण के अन्तर्गत उनकी मुक्तिकारी चेतना बार-बार झलकती है। निराला साहित्य को देश, काल, वातावरण की पुरातनता से मुक्त करके नवीनतम मानवीय जीवन की चेतनता से जोड़ना चाहते हैं और वे बराबर इन सबका विरोध करते हैं जो इन मान्यताओं की उपेक्षा करके अपने थोथे पाण्डित्य से उनका या उनकी समसामयिक कविता का विश्लेषण करते हैं। यही नहीं, निराला कविता के सन्दर्भ में कलात्मक दृष्टिकोण के अन्वेषण, प्रतिभा, संवेदनात्मक परिपूर्णता तथा चित्रात्मकता को उसका श्रेष्ठतम स्वरूप मानते हैं। पुरानी तथा नयी कविता की व्याख्या या कवियों के तुलनात्मक अनुशीलन के माध्यम से निराला सर्वत्र अपने साहित्यिक निबन्धों में इसकी व्याख्या करते हैं। सृजन के समय सन्दर्भों के प्रति निरन्तर जागरूक बने रहना या चौकन्ना रहना उनके अनुसार कलाकार का सबसे बड़ा धर्म है। निराला अपनी काव्यकृतियों की भूमिकाओं में भी अपनी इन्हीं धारणाओं को बार-बार कहते हैं। इस दृष्टि से परिमल, गीतिका, कुकुरमुत्ता, अणिमा, नये पत्ते तथा अर्चना की भूमिकाएँ विशेष महत्त्वपूर्ण हैं।

जैसा कि कहा जा चुका है, निराला का सृजन तथा चिन्तन उनकी स्वाधीनता को चेतना से निरन्तर जोड़े हुए है। वे जीवन तथा समाज की मुक्ति के साथ-साथ साहित्य की मुक्ति का सन्दर्भ उसी से अनिवार्यतः सम्बद्ध करके रखते हैं। इसे स्पष्ट करते हुए

वे कहते हैं, "जिस तरह बाह्य भूमि में एक प्रकार के शासक और शासित रहते हैं, उसी तरह साहित्य की भूमि में भी रहते हैं। कारण, साहित्य किसी जाति का साहित्य, हुआ करता है और यदि वह दुर्बल जाति का हुआ तो दूसरी सबल जाति का प्रभाव पड़ना स्वाभाविक हो जाता है। हमारी पराधीन हिन्दी पर पराधीनता के ही कारण फारसी का प्रभाव पड़ा, अंग्रेजी का पड़ रहा है।"[49]

इस सन्दर्भ में निराला दो तथ्यों की ओर ध्यान आकर्षित करते हैं। प्रथम यह कि किसी दूसरे साहित्य के प्रभाव में आकर अपनी चिन्तन की मूल सांस्कारिक चेतना नहीं किसी दूसरे साहित्य के प्रभाव में आकर अपनी चिन्तन की मूल सांस्कारिक चेतना नहीं भूलनी चाहिए और दूसरी बात रचनाकारों में इतनी उदारता भी होनी चाहिए कि यदि कहीं श्रेष्ठ तत्त्व हो तो (प्रभावित होकर या दबाव में नहीं। उसे स्वीकार करके अपने साहित्य को समृद्ध करना चाहिए।

इसी प्रकार, एक सीमा तक निराला कविता तथा अन्य सृजनात्मक सृजन की मूल चेतना को दूसरे के दबाव में मुक्ति पाने या दिलाने की वकालत करते हैं दूसरी की कलात्मक चेतना से हिन्दी खड़ीबोली कविता की समृद्ध की बात पर निराला कहते हैं किन्तु निराला का कहीं भी यह मन्तव्य नहीं है कि उससे अपनी जातीय अस्मिता पर आघात् पड़े। वे इस तथ्य की ओर निरन्तर सचेष्ट हैं कि हिन्दी खड़ीबोली कविता के पतझड़ को हरियाली और बसन्त में बदला जाय।"[50] इस प्रकरण में, निराला हिन्दी खड़ी बोली की प्रवाहपूर्ण सौन्दर्य-चेतना का क्रमशः अध्ययन करके अपने पूर्व तक के एक-एक कवि का विश्लेषण करते हुए उसे रहस्यवाद तक ले आते हैं। प्रसाद, पन्त और उनके पूर्ववर्ती कवि मयंक जी, माखनलाल चतुर्वेदी, नवीन जी, मुकुटधर पाण्डेय, सनेही जी, गोविन्द बल्लभ पन्त आदि-आदि का पूर्ण मूल्यांकन करते हुए वे खड़ीबोली कविता के भाषिक मार्दव तथा लालित्य एवं अर्थ निक्षेपण शक्ति का विवेचन करते हैं।

निराला तुलनात्मक स्तर पर भी बंगला, उर्दू, हिन्दुस्तानी आदि को राष्ट्रभाषा हिन्दी के समकक्ष रखे जाने के पक्षपाती नहीं हैं। यह सत्य है कि अभी खड़ीबोली हिन्दी साहित्य की समृद्धि की राष्ट्रीय अस्मिता को स्थापित होने में समय लगेगा, किन्तु वह बराबर इस दिशा में सचेष्ट है कि, "अभी हिन्दी को राष्ट्रभाषा बनाने में मस्तिष्क धर्म से ही काम लिया जाता है, जिस तरह साम्पत्तिक विचार से चरखा और खद्दर के लिए।"[51] वे हिन्दी के लिए 'हृदय धर्म' की प्रधानता की बात करते हैं और इसका लक्ष्य है—राष्ट्रभाषा हिन्दी की प्रतिष्ठा के अनुकूल तथा राष्ट्रीय एवं अन्तरराष्ट्रीय मंचों पर सदियों से गुलाम भारत की स्वाधीन भाषा और साहित्य की प्रतिष्ठा की जाय। वे परम्परा तथा दासता की जंजीर में जकड़ी कविता की मुक्ति के लिए संघर्षरत हिन्दी के सबसे बड़े कवि हैं और उनके बाद शायद हिन्दी की अस्मिता की रक्षा का दर्द बहुत कम कवियों में उठा है। निराला का यह कथन अपने-आपमें कितना सार्थक है, "मनुष्यों की मुक्ति की तरह कविता की भी मुक्ति होती है। मनुष्यों की मुक्ति कर्मों के

बन्धन से छुटकारा पाना है, और कविता की मुक्ति छन्दों के शासन से अलग हो जाना।"[52]

यह तो निराला का एक कथन कविता की भौतिक मुक्ति का है, कैसे वे भावात्मक तथा वैचारिक धरातल पर भी कविता को अपनी स्वाधीनता की चेतना से जोड़ते हैं। उनके साहित्यिक निबन्धों के विश्लेषण से यह तथ्य भली-भाँति स्पष्ट हो जाता है।

इन निबन्धों तथा साहित्य टिप्पणियों का विश्लेषण करें तो उनके निम्नलिखित वर्ग बन सकते हैं—

1. व्यवहारिक आलोचना

(क) कवियों का तुलनात्मक अनुशीलन

(ख) कवियों का पृथक्-पृथक् अध्ययन

2. सैद्धान्तिक समीक्षा

3. समालोचक का दायित्व

कुला मिलाकर, निराला के साहित्यिक निबन्धों को कमोवेश इन्हीं तीन संवर्गों में विभक्त किया जा सकता है।

निराला के तुलनात्मक अनुशीलन का मूल सन्दर्भ हिन्दी की तेजस्विता की स्थापना थी। उन्होंने रवीन्द्र नाथ, मुसलमान और हिन्दू कवियों में विचार साम्य, हिन्दी और बंगाला कविता जैसे तुलनात्मक कवियों तथा भाषा काव्य पर लेख लिखे। सामान्यतया अपने युग में प्रचलित अवधारणाओं जैसे बिहारी की ब्रजभाषा कविता या विद्यापति तथा चण्डीदास की मैथिली तथा बंगला कविता, हिन्दी और उर्दू कविता, भारतीय तथा अंग्रेजी साहित्य आदि पर भी उन्होंने लिखा।

निराला बंगला, ब्रजभाषा, मैथिल, अंग्रेजी, उर्दू के काव्य को सामने रखकर तथा उसके अभिजात्य की परख करके खड़ी बोली हिन्दी की कविता में यह नयी चेतना लाना चाहते थे जो बंगला तथा अंग्रेजी साहित्य में है। हिन्दी खड़ीबोली कविता की सामान्यतया शुरुआत भारतेन्दु हरिश्चन्द्र युग से स्फुट रूप से सृजन के साथ मानी जाती है। ब्रजभाषा कविता की तुलना में न इसमें सौन्दर्य, सुकुमारता एवं आकर्षण दिखता था और न प्रवाह। निराला बराबर खड़ीबोली भाषा के स्वरूप और प्रकृति को लेकर असमंजस में थे और उसके दीर्घान्त प्रयोग रूप के प्रति चिन्तित भी। प्रवाह एवं मार्दव दोनों के लिए काफी प्रयास करना था। इसी तरह निराला अपने प्रारम्भिक काल में संस्कृत भाषा की आरोपित शब्दावली को हिन्दी में उतारने के पक्षधर नहीं थे। उनकी दृष्टि प्रवाहपूर्ण और सरल हिन्दी के भाषिक विन्यास पर थी पर उन्होंने आरम्भिक कविताओं में स्वयं उसका अनुपालन नहीं किया। निराला 1932 की अपनी सुधा की एक टिप्पणी के शीर्षक 'नवीन काव्य' के अन्तर्गत विचार करते हुए कहते हैं, "हिन्दी की खड़ीबोली की कविता में कहीं-कहीं छोड़कर कल्पना और भावों की परिपक्वता नहीं आयी। हिन्दी की यह प्राथमिक दशा है।" वे कवियों को पुरानी लीक

पीटने का उल्लेख करते हुए कहते हैं—"पुरानी लीकें पीटना पशु स्वभाव में दाखिल है और मनुष्य वह है जो वृहत्तर विषय को देखकर अपना स्वभाव बदल दे।"[53]

निराला राष्ट्रभाषा हिन्दी के जागरूक कवि के नाते हिन्दी कविता को परम्परा से मुक्त करते हुए स्वयं को एक मुक्त कवि के रूप में स्थापित करना चाहते हैं। उनके तुलनात्मक अनुशीलन में सर्वप्रथम रवीन्द्रनाथ ठाकुर आते हैं, आधुनिक भारतीय भाषाओं में सबसे तरल एवं ललित बंगला भाषा आती है। वे सर्वप्रथम इस तत्त्व को रवीन्द्र की कविता से आत्मसात् करते हैं। 'रवीन्द्र कविता कानन' में वे सर्वप्रथम रवीन्द्र साहित्य की एक पृष्ठभूमि तैयार करते हैं, बंगला भाषा, बंग संस्कृति, पाश्चात्य सम्पर्क में आने के कारण पश्चिम की आधुनिकता से सर्वप्रथम प्रभावित, बंग प्रदेश के लोक जागरण की पीठिका और तब आते हैं, नोबेल पुरस्कार विजेता रवीन्द्रनाथ टैगोर की कविताओं पर, उनकी कविताओं की भाषिक प्रांजलता, कल्पना की मधुर उड़ान, भावनात्मक समृद्धि तथा सृजनकला के रचनाधर्मी सन्दर्भों से सँवरी समृद्धि पर निराला के विवेचन से लगता है कि वे हिन्दी खड़ीबोली कविता का आलोकमय वातावरण बना रहे हों, मतिराम, बिहारी, पद्माकर की मध्यकालीन काव्य चेतना से मुक्ति के लिए हिन्दी कविता परम्परा में ब्रजभाषा, कवित्त, सवैया, दोहों, नायिकाभेद और अलंकार प्रणाली से स्वाधीनता के लिए।

इस सन्दर्भ में प्रसिद्ध लेख दो महाकवि 'गोस्वामी तुलसीदास और रवीन्द्रनाथ' भी द्रष्टव्य हैं, हिन्दी के अप्रतिम कवि तुलसी और आधुनिक युग के नोबेल पुरस्कार विजेता रवीन्द्रनाथ ठाकुर। यह जिज्ञासा का विषय है, कि कई शताब्दियों के अन्तराल के इन दोनों कवियों को निराला तुलना के निमित्त क्यों चुनते हैं? दोनों महाकवियों की तुलना करते हुए टिप्पणी देते हैं कि, "छायावाद, रहस्यवाद या आध्यात्मवाद की तुलना में रवीन्द्र नाथ किसी तरह भी गोस्वामी तुलसीदास के सामने नहीं ठहरते।"[54] निराला तुलसी के जिस आध्यात्मिक मुक्ति की चर्चा करते हैं, वहाँ रवीन्द्र नाथ ठाकुर पहुँच ही नहीं पाते और निराला उन्हीं के वाक्यों का साक्ष्य रखते हुए कहते हैं, "वे स्वयं कहते हैं, **वैराग्य साधने मुक्ति से आमार नय।** वैराग्य साधना द्वारा मुक्ति की भारत में खासी खिचड़ी पकती है। पत्तों की हरीतिका, आकाश की नीलिमा तथा पुष्पों की सुगन्ध में इन्हें मुक्ति का स्वाद मिलता है।"[55]

इस तुलनात्मक विवेचन से स्पष्ट है कि निराला हिन्दी कविता की मुक्ति का वातावरण पश्चिम तथा बंगला साहित्य के साहित्यधर्मी वातावरण से बनाते हैं किन्तु मूल में भारतीय चिन्तन की अजस्र तथा निर्मल भावधारा को सामने रखकर। इसी निबन्ध में वे इस तथ्य को अनेक स्थलों पर इंगित करते हैं कि पश्चिम की आधुनिक सभ्यता हमें भोग एवं धन संग्रह की ओर ले जाकर भौतिक तृष्णा के पीछे दौड़ाती है जबकि भारतीय चिन्तन जड़ता, भौतिकता, भोग तथा तृष्णा से मुक्ति पर आधारित है। निराला हिन्दी खड़ीबोली कविता को मध्यकालीन सामन्तवादी कालचेतना से मुक्ति दिलाकर आधुनिकता के परिवेश में ले जाना चाहते हैं किन्तु इस आधुनिकता के मूल में भारतीय आध्यात्मवाद की गहन चेतना का स्वर है। निराला का यह तुलनात्मक

लेख हिन्दी की आधुनिक कविता को कालजयी दृष्टि प्रदान करता है।

निराला रवीन्द्र नाथ ठाकुर तथा अंग्रेजी कवि शेली के दर्शन का तुलनात्मक अध्ययन करके भारतीय दर्शन की श्रेष्ठता और कविता द्वारा आत्ममुक्ति के सिद्धान्त को स्थापित करते हैं। निराला दर्शन के भारतीय तथा पश्चिमी दृष्टिकोण में अन्तर प्रस्तुत करते हुए कहते हैं कि भारत में दर्शन का अर्थ है आत्ममुक्ति या आत्मसाक्षात्कार जबकि पश्चिम में दर्शन का अर्थ है, ज्ञान की खेज और शेली तथा रवीन्द्र नाथ टैगोर की कविताओं द्वारा वह उनकी चिन्तनगत गहनता का विश्लेषण करते हैं।

इसी प्रकार एक तुलनात्मक उन्होंने मैथिली कवि विद्यापति और बंगला के मध्यकालीन कवि चण्डीदास की, की है। दोनों की तुलना करते हुए वे चण्डीदास को भावुकता का कवि बताते हैं किन्तु विद्यापति को सौन्दर्य पर्यवेक्षण की वर्णना तथा भावुकता दोनों से समन्वित ठहराते हैं।''[56]

मानो निराला हिन्दी, बंगला, मैथिली, अंग्रेजी के श्रेष्ठतम कवियों की तुलना द्वारा जैसे कविता में श्रेष्ठतम तत्त्वों का अनुसन्धान कर रहे हों और जैसे यह भावना सर्वत्र टीसती है कि हिन्दी खड़ी बोली कविता को इन सबके ऊपर ले जाना है, रवीन्द्र नाथ ठाकुर, विद्यापति चण्डीदास, बिहारी, पद्माकर उनकी दृष्टि में कतिपय श्रेष्ठ कवि हैं— 'हिन्दी खड़ीबोली की कविता के निर्माण के लिए इनसे एक वातावरण बनता है।'

निराला अपने युग के प्रसिद्ध कृतिकारों की समीक्षा भी करते हैं किन्तु समीक्षा की सन्दर्भ में उनका दृष्टिकोण अपना है और उसे स्पष्ट करते हुए वे बिना किसी संकोच के कहते हैं, ''इधर काव्य कला पर पश्चिमी ढंग से, पर एक विशेष सन्तोष कर विचार (मैं यह पश्चिमी ढंग से कह रहा हूँ) जोशी बन्धु भी प्रकट करते जा रहे हैं। मैं इन पूर्वीय और पश्चिमी दोनों तरीकों के बीच रहना पसन्द करता हूँ। दोनों की खूबियों की परीक्षा किये बिना, ऐसा होता है, जैसे समालोचना या काव्य के सौन्दर्य प्रकाशन को लकवा मार गया हो, एक अंग परिपुष्ट होता है तो दूसरा कमजोर हो जाता है।''

निराला जिस प्रकार कला, सृजन, दर्शन एवं चिन्तन के क्षेत्र में भारतीयता की जातीय चेतना को छोड़ने के पक्ष में नही हैं, उसी प्रकार, वे समालोचना को पश्चिमी मानदण्डों पूरी तरह से आधारित करके कविता का विश्लेषण भी उचित नहीं मानते। निराला इस पक्ष में थे कि कला को किसी परिभाषा की संकीर्णता में न बाँधकर उसे मुक्त रखने के लिए स्वस्थ सौन्दर्यमूलक वातावरण बनाया जाय और इसी सन्दर्भ में वे कहते हैं—

''जब कला परिभाषा की जंजीर में जकड़ दी जाती है, तब वह मेशा के लिए या किसी खास मजहब की हो जाती है। इस संकीर्णयता से उसे अलग करने के लिए ही उसे सत्य, शिंव, सुन्दर के आवरण से ढकने की कोशिश की गयी है।''[57]

निराला के सन्दर्भ में यह विशेष ध्यान देने योग्य तथ्य है कि वे साहित्य को सम्पूर्णतः संकीर्णताओं से ऊपर ले जाना चाहते हैं और ऐसी स्थिति में कविता से जुड़े

उन बुनियादी आधारों को ही किसी कवि की कविता के लिए विश्लेषण का आधार बनाते हैं, जो उसकी सृजनधर्मी का मूल संवेदना बिन्दु हो। वे इसी सन्दर्भ में रवीन्द्र नाथ ठाकुर की कविता पर एक पुस्तक लिखते हैं, 'रवीन्द्र कविता कानन' और डॉ. नन्दकिशोर नवल की इस आलोचना के सम्बन्ध में टिप्पणी है कि 'इसमें निराला की आलोचना का रूप आस्वादनपरक है। इस आस्वादधर्मी समीक्षा को निराला समापन देते हैं पश्चिम की मूल्यधर्मिता की दृष्टि से, जबकि निराला यह भी सिद्ध करते हैं कि—"पर वे क्षुद्र की भी उपेक्षा नहीं करते हैं बल्कि उसे भी विराट् का ही अंग मानते हैं।"[58]

इसी प्रकार निराला ने, गोस्वामी तुलसीदास पर जो उनके नितान्त प्रिय कवि हैं, कई लेख लिखे। उनके प्रसिद्ध निबन्ध कविवर श्री सुमित्रानन्दन पन्त तथा पन्त जी और पल्लव हैं। सुकवि पद्माकर की कविताएँ, 'भक्त' जी और प्रकृति निरीक्षण, श्री चकोरी जी की कविता, नवीन कवि प्रदीप, अंचल आदि उनके अन्य कवियों से सम्बद्ध लेख हैं।

गोस्वामी तुलसीदास निराला के अनुसार अद्वैत चिन्तन के कवि हैं। वे तुलसी के राम का विवेचन करते हुए कहते हैं कि "भगवान श्री रामचन्द्र जी मनुष्यों को अद्वैत सत्य पर प्रतिष्ठित करने के लिए मानो माया के राज्य में आये थे।"[59] वे तुलसी को ज्ञान तथा भक्ति का कवि कहते हैं किन्तु मानस के अद्वैत भाव के प्रबल पक्षधर हैं।

निराला स्वयं नव अद्वैतवाद के समर्थक हैं। उन्हें यह चिन्तन स्वामी विवेकानन्द के चिन्तन से प्राप्त हुआ था। निराला अपनी कविता में जिस अद्वैत भूमि की स्थापना करते हैं, उसकी संगति उन्हें तुलसी में मिलती है। 'ज्ञान और भक्ति' दोनों सोपान भारतीय हैं और निराला तुलसी की भाँति इन्हें प्रकारान्त भाव से अपने साहित्य और सृजन द्वारा स्वीकृति देते हैं। यही नहीं, श्री रामचरितमानस को स्वीकृत देते हुए वे कहते हैं—"जब सम्पूर्ण भारत सरल और सरस भाषा में वर्णित रामायण की राजनीति, समाज नीति, धर्म नीति और ऊँचे वेदान्त तत्त्व को देखकर अपनी स्वाभाविक प्रेरणा से तदनुसार ही अपना सुधार और संशोधन आदि करने पर तत्पर होगा।"[60]

कुल मिलाकर, निराला बंगला, हिन्दी, मैथिली, अंग्रेजी आदि कवियों का भी अध्ययन करते हैं, उनमें उनकी कलात्मक समझ का सन्निवेश प्रतिपल बिम्बित होता चलता है और उकने इस विश्लेषण को देखकर उनकी रचनात्मक प्रबुद्धता पर कहीं भी संशय नहीं उठता। कला की बारीकी समझ और खड़ीबोली काव्य रचना में उस समृद्धि का समावेश ताकि उसे राष्ट्रभाषा की कविता का आसन दिया जा सके, उनकी अपनी निजी समस्या थी। निराला जब गीतिका की भूमिका लिखते हैं तो गीत सृजन के मूल सन्दर्भ को सामवेद से शुरू करते हैं संगीत की सम्पूर्ण भारतीय परम्परा अर्थात् जयदेव, विद्यापति, चण्डीदास, गोविन्ददास, कबीर, सूर, मीराँ, तुलसीदास, बंगाल के वि गीतिकार द्विजेन्द्र लाल राय, रवीन्द्रनाथ ठाकुर आदि का क्रमशः अध्ययन करते हुए भारतीय संगीतशास्त्र पर आ जाते हैं। उनकी मान्यता है कि प्राचीन ढंग से रहने पर भी

वे नवीन कण्ठ में नया रंग पैदा करेगी।[61] निराला की मूल चिन्ता है राष्ट्रीय संस्कृति की अस्मिता तथा प्राचीनता से मुक्ति और हिन्दी की समृद्धि को इतना आर्थिक वैभवशाली बनाना ताकि उसकी गरिमा के सम्बन्ध में प्रश्नचिह्न न उठ सके। वे गीतिका की भूमिका में कहते हैं—"ऐसा मुझे मालूम होने लगा कि खड़ीबोली की संस्कृति जब तक संसार की अच्छी-अच्छी सौन्दर्य भावनाओं से युक्त न होगी, वह सामर्थ्य न होगी।"[62]

निराला की सैद्धान्तिक समीक्षा दृष्टि और हिन्दी कविता पश्चिम के समीक्षक हिन्दी कविता के विश्लेषण का मानदण्ड फ्रांस, इंग्लैण्ड, रूस, अमेरिका तथा जर्मनी में खोजते हैं। हिन्दी कविता के संसकार और उसकी रचना धर्मीचेतना बराबर भारतीय है। यह सत्य है कि कविता कला का बुनियादी ढाँचा 'शब्दार्थ' है किन्तु यह शब्दार्थ पत्थर की शिला नहीं हैं अपने संस्कारों, सांस्कृतिक उपादानों, कला के जातीय माध्यमों एवं चिन्तन दृष्टि से तराशी गयी मूर्तियाँ हैं। पश्चिमी आलोचना के रचनात्मक ढाँचे में सम्पूर्ण भारतीय सृजन नहीं समा सकता और निराला इस तथ्य के सबसे बड़े समर्थक हैं। वे 'सौन्दर्य दर्शन और कवि कौशल' शीर्षक निबन्ध में बतलाते हैं, "इधर काव्य कला पर पश्चिमी ढंग से, पर विशेष सन्तोषकर विचार (यह मैं पश्चिमी ढंग से कह रहा हूँ) जोशी बन्धु भी प्रकट करने जा रहे हैं। मैं इन पूर्वीय और पश्चिमी दोनों तरीकों के बीच रहना पसन्द करता हूँ। दोनों की खूबियों की परीक्षा किये बिना ऐसा होता है, जैसा समालोचना या काव्य सौन्दर्य प्रकाशन को लकवा मार गया हो, एक अंग परिपुष्ट होता है तो दूसरा कमजोर हो जाता है।"[63]

निराला के सृजन की बुनियादी है, परम्परा, नवीनता,बाह्य काव्य सौन्दर्य से हिन्दी काव्य सम्पदा की गौरवमयी श्रीवृद्धि। निराला कविता की सैद्धान्तिक परम्परा में सृजन के अन्तर्वर्ती तत्त्वों को मूलाधार मानते हैं। तुलसीदास, बिहारी, तथा पद्माकर का विश्लेषण करके वे भारतीय काव्यशास्त्र की दृष्टि से कविता को नहीं देखते वरन् काव्य की अपनी व्यावहारिक निष्पत्ति में समाहित सर्जक की बारीकी को उधेड़ते हैं। दो महाकवियों, 'गोस्वामी तुलसीदास और रवीन्द्रनाथ' की तुलना करते हुए वे कहीं न पश्चिम को आने देते हैं और न पूरब को। उनकी दृष्टि केवल उन्हीं बारीकियों पर टिकती है, जिनसे कलात्मक उन्मेष की सृष्टि हुई है। तुलसीदास का उदाहरण वे रखते हैं—

प्रभुहिं चितइ पुनि चितइ माहि राजत लोचल लोल।
खेलत मनसिज मीन जुग जनु बिधुमण्डल डोल।।
गिरा अलिनि मुख पंकज रोकी। प्रगट न लाज निसा अवलोकी।
लोचन जल रह लोचन कोना। मानहुँ परम कृपन कर सोना।

यहाँ निराला भारतीय सिद्धान्तों में अलंकार, रस, ध्वनि, रीति वक्रोक्ति किसी को आधार नहीं बनाते। उनके लिएआधार है, कविता और कविता के अन्तर्गत कवि के द्वारा बनायी गयी कारीगरी। इसकी व्याख्या करते हुए निराला कहते हैं, "दोहे के भीतर

है, दुःख, चिन्ता और अस्थिरता जो इससमय उनके मानसिक दशा के अनुकूल है परन्तु बाहर है, शृंगार का पवित्र मनोहर चित्र। यों मानसिक अवस्था का वर्णन है, फिर भाषा की वर्णना है, जो लज्जावश नहीं खुलती।''[64] इसी प्रकार वे, पन्त तथा रवीन्द्रनाथ ठाकुर की व्याख्या करते हैं और तो और बिहारी की नायिका तथा पद्माकर के छन्दों की व्याख्या करते समय उनकी अलंकरण वृत्ति का उल्लेख नहीं करते।

निराला की सैद्धान्तिक समीक्षा के मानदण्ड उनके प्रसिद्ध निबन्धों, टिप्पणियों तथा काव्य भूमिकाओं, कवि और कविता, साहित्य और भाषा, हमारे साहित्य का ध्येय, मेरे गीत, मेरी कला, व्यापक साहित्य कविता में चित्र और भाव, बिम्ब और भाषा, साहित्य का आदर्श, साहित्य और जनता, रचना रूप, रचना-सौष्ठव, प्रतिभा, साहित्य का चरित्र तथा उनकी परिमल, गीतिका तथा अर्चना की भूमिकाओं में सन्निविष्ट हैं।

निराला की सैद्धान्तिक समीक्षा के पक्ष अधिक स्पष्ट नहीं हैं, कारण, उन्होंने अधिकांशतः समीक्षाएँ अपने को स्पष्ट करने, अपनी रचनात्मक उपलब्धियों की उत्कृष्टता तथा समसामयिक विरोधी समालोचकों को उत्तर देने आदि सन्दर्भों में की है। व्यावहारिक समीक्षा के लिए बनाये गये सैद्धान्तिक मानदण्ड रचना प्रक्रिया की जीवन्तता से जुड़े हैं, निराला उनका मानकीकरण न करके उनको व्यावहारिक समीक्षा की ओर ले जाते हैं।

सैद्धान्तिक समीक्षा के अन्तर्गत निराला एक लम्बा लेख लिखते हैं, विषय है—कवि और कविता।[65] इस कवि और कविता की परिभाषा में वे शास्त्रकारों का कम वड्र्सवर्थ, तुलसीदास, बिहारी, मैथिलीशरण गुप्त, शेली, प्रसाद, रवीन्द्रनाथ ठाकुर की उन काव्यात्मक पंक्तियों का उल्लेख करते हैं, जहाँ कविता के स्वरूप तथा विधान को व्यंजना में समझाकर उसके प्रभाव का अंकन किया गया है, और कवि के सन्दर्भ में व्याकरण सम्बन्धी व्युत्पत्तिपरक अर्थ निरूपण तथा उपनिषद् के वाक्य 'कर्विमनीषी परिभूस्वयंभू' की व्याख्या करते हैं। निराला को स्वयं अपनी व्याख्या से सन्तोष नहीं होता। फलतः कहते हैं—''समय की इस सूचना को देखते हुए हमें कहना पड़ता है कि कवि और कविता की परिभाषा में अब कुछ परिवर्तन हो गया है। यह परिवर्तन क्या और कैसा है, इस पर हम अगले अंक में विचार करेंगे।''[66]

निराला ने फिर लौटकर अपनी प्रतिज्ञा पूरी नहीं की और करते तो निश्चित ही, हिन्दी की सैद्धान्तिक समीक्षा की श्रीवृद्धि होती।

काव्यभाषा की चर्चा करते हुए निराला, 'कोमलता तथा व्यापकता' को उसका मूलधर्म मानते हैं।[67] इस कोमलता का अर्थ पदावली का लालित्य है और व्यापकता का अर्थ है, लोक में व्यापक ग्राह्यता। यह काव्य भाषा का विश्लेषण न होकर उसके प्रभाव की व्याख्या है।

निराला का इसी प्रकार का एक लेख है, 'काव्य में रूप और अरूप।'[68] निराला के चित्रांकन के वस्तुविषय को रूप एवं भावाभिव्यक्ति को अरूप की संज्ञा देते हैं।

निराला एक ओर विषयवस्तु की विराटता पर बल देते हैं तो दूसरी ओर सृजन में अमूर्त कल्पना के वैशिष्ट्य को भी नितान्त सार्थक मानते हैं। प्रकारान्तर से वर्ण्य-विषय के साथ 'भावना और चित्र' उनके इस विवेचन के मूलाधार हैं।

'मेरे गीत और कला' उनका व्यावहारिक तथा सैद्धान्तिक मिला-जुला निबन्ध है। सृजन की श्रेष्ठता का उल्लेख करते हुए वे विषय पर अच्छी सिद्धि पाने को 'प्रसिद्धि' कहते हैं। उनके अनुसार यह प्रसिद्धि सृजन की प्रेरणा से जुड़ती है। निराला इसी प्रकार, समयानुसार काव्यभाषा के बदलाव की बात इसी निबन्ध में कहते हैं। इस परितर्वन क्रम में काव्य सृजन के अन्तर्गत भाषा के साथ पुराने मुहावरे, सन्दर्भ, दृष्टियाँ सब-कुछ बदलते रहते हैं। यह बदलाव सृजन की ग्राह्यता है।

निराला इस भाषा परिवर्तन के तीन सन्दर्भ इंगित करते हैं—कवि सामर्थ्य, सुखानुशयता या भाषिक मुक्ति। वे मुक्ति का सन्दर्भ विशेष महत्त्व के साथ स्वीकार करते हैं।[69]

निराला की सैद्धान्तिक टिप्पणियों में एक है—'चित्रण कला' और चित्रण कला का सारांश निकालते हुए वे कहते हैं—

"चित्रों तथा भावनाओं के भीतर से निरन्तर सत्य में पहुँचना, अपार सौन्दर्य में भावना तथा चित्रों की कृतियों को मिला देना कविता की पूर्णता कहलाती है।"[70]

निराला का यह सिद्धान्त विश्लेषणगत न होकर अनुभवगत है। यद्यपि इस सिद्धान्त की सत्यता में सन्देह नहीं है किन्तु (क) वस्तुविषय का चिन्तन सत्य (ख) उस सत्य तक रचनाकार के हृदय का पहुँचना या उसका साक्षात्कार (ग) उस अपार सौन्दर्य में बिम्बात्मक चित्रों तथा घनीभूत भावना को जोड़ना सैद्धान्तिक समीक्षा के अन्तर्गत अनुभूत सत्य माना जा सकता है विशेषणगम्य सिद्धान्त नहीं।

इसी प्रकार निराला का एक सैद्धान्तिक लेख है, कविता में चित्र और भाव।[71] निराला का चित्र से अर्थ 'बिम्ब' से है और भाव का अर्थ है, संवेदनशीलता। वे कविता में 'बिम्ब' तथा 'संवेदनशीलता' के मेल-मिलाप का आदर्श प्रस्तुत करते हैं। निराला भाव प्रधान कविता को दो भाग में बाँटते हैं, केवल गहन संवेदना की कविता या संवेदना तथा बिम्ब की मिश्रित कविता।

निराला कविता का इन्हें श्रेष्ठ मानक मानते हुए पश्चिम की श्रेष्ठ कविताओं की भाँति हिन्दी में इनके प्रयोग तथा प्रसाद की आकांक्षा प्रकट करते हैं।

इसी कड़ी में निराला का एक लेख और है—साहित्य का आदर्श।[72] निराला साहित्य के लिए 'ऊँचे विचार' आवश्यक मानते हैं और यह भी मानते हैं कि हिन्दी में इसकी कमी है। वे देश तथा काल की सीमा को इस कमी का कारण बताते हुए कहते हैं—

"दूसरी पराधीनता की तरह यह भी पराधीनता है। धर्म और समाज का शासन इसी पराधीनता की पुष्टि करता है।"[73]

इसी प्रकार, सामयिक तथा उच्चतम मानवीय आदर्श को निराला साहित्य का लक्ष्य बताते हैं और उसके लिए यदि परम्परित धार्मिक तथा सामाजिक व्यवस्था से

मुक्ति लेनी पड़े तो अवश्य लेनी चाहिए। निराला परम्परित आदर्श की तुलना में इसीलिए वर्तमान यथार्थ को आवश्यक बताते हैं और उनकी दृष्टि में यह यथार्थ भी साहित्य का आदर्श है। निराला राष्ट्रभाषा हिन्दी की कविता की बात करते हुए कहते हैं—"हिन्दी राष्ट्रभाषा है, राष्ट्र का विराट् रूप उसकी आधुनिक भावनाओं और क्रियाकलापों से प्रकट होना चाहिए। पर ऐसा नहीं हो रहा है, लोग अधिक-से-अधिक संख्या में पुरानी लीक को पीटते जा रहे हैं।"[74]

निराला साहित्य का आदर्श मानवीय भावनाओं के विकासक्रम में सन्दर्भित करते हैं। उनके अनुसार परम्परित आदर्श वर्तमान समाज व्यवस्था के लिए जड़ता है और वे राष्ट्रभाषा हिन्दी की कविता में इस जड़ता से मुक्ति चाहते हैं।

निराला ने साहित्य को मौलिकता के सवाल को अपनी 'प्रतिभा' शीर्षक टिप्पणी के द्वारा उठाने की चेष्टा की है। 'प्रतिभा' को सृजन की मौलिकता का आधार मानते हुए वे इस प्रकरण में आनन्दवर्द्धन की 'प्रज्ञा नवोन्मेषशालिनी प्रतिभा' की परिभाषा का समर्थन करते हैं। पाण्डित्य को वे प्रतिभा नहीं मानते। वे इस प्रकरण में मौलिकता की व्याख्या करते हुए पाँच लक्षण बताते हैं, "जो 'नवीनता' से सन्दर्भित अर्थात् 'नवोन्मेष' से संयुक्त हो। नवीनता की उनकी टिप्पणी निश्चित रूप से सर्जन की रूढ़ियों के बदलाव से सम्बद्ध, परम्परा मुक्ति की ओर इंगित करती है।

"जो लोग नवीनता को नहीं मानते उनके मत से संसार में उन्नति के लिए स्थान नहीं है। यदि प्रतिभावान लोग अपनी-अपनी रचनाओं में नवीनता न लाये होते तो वेद भागवत और वाल्मीकि रामायण के बाद किसी का आदर ही नहीं होता।"[75]

इसी प्रकार, नीवनता की प्रतिष्ठा से सम्बन्धित उनकी टिप्पणी 'हिन्दी में तर्कवाद' है। वे हमारी रूढ़िग्रस्त मानवीय चेतना की भर्त्सना करके नयेन की तलाश तथा स्थापना की बात करते हैं। वे कहते हैं—

"साहित्य को प्रतिक्षण नवीनता की आवश्यकता है। पर नवीनता उस मस्तिष्क से नहीं निकल सकती, जो रूढ़िग्रस्त होता है।" हिन्दी साहित्य के लिए समझ के विकास तथा व्याप्ति को निराला आवश्यक मानते हैं। तर्कवाद का अर्थ है, वैज्ञानिक समझ और बौद्धिक विश्लेषण की शक्ति। आस्थावाद भारतीय संस्कृति से वे आडम्बर तथा गलित आस्था को निकालने के पक्षपाती थे।

समालोचक का दायित्व—निराला व्यावहारिक तथा सैद्धान्तिक समीक्षा के पश्चात् तथा समालोचक के दायित्व पर टिप्पणी देते हैं। 'मेरे गीत और कला' की व्याख्या के सन्दर्भ में वे सृजन की जिन बारीकियों की ओर इंगित करते हैं—उनमें 'कौशल तथा विदग्धता' महत्त्वपूर्ण है और बिना उनकी समझ के कृति की समालोचना सम्भव नहीं है। इस सन्दर्भ में हिन्दी के कतिपय आलोचकों पं. बनारसी प्रसाद चतुर्वेदी, शान्तिप्रिय द्विवेदी आदि की आलोचना वे इसीलिए करते हैं कि उनकी दृष्टि में उनमें कला की समझ का अभाव है।

निराला पार्टी से सम्बद्ध लेखक और उस लेखक की पार्टी से जुड़े आलोचक के लेखन की भी निन्दा करते हैं। वे आलोचक की पक्षधरता को अन्याय मानते हैं।

निराला व्यक्तिगत प्रोपेगैण्डा तथा द्वेषवश किसी रचनाकार के विरोध दोनों को निन्द्य बताते हैं।

निराला सैद्धान्तिक या शास्त्रवादी आलोचक को भी तटस्थ आलोचक नहीं मानते। वे कहते हैं, "किन्हीं-किन्हीं पतिक्राओं के आलोचना स्तम्भों पर हाथ में तराजू लिए एक पुरुष का चित्र देखा जा सकता है। ऐसे चित्रों में समालोचना के प्रति जो वृत्ति स्पष्ट होती है, उसी के अनुसार आलोचक भी काम करता है। हाथ में काँटा ले एक पलड़े में उसने आलोच्य वस्तु रखी, दूसरे में अपने सिद्धान्त। तौल में जैसी वस्तु उतरी वैसी ही कीमत लगा दी। ऐसी दशा में आलोचक पहले से ही लेख से अपने को बड़ा मान लेता है।"[76]

निराला आलोचक का दायित्व बताते हैं, "हिन्दी के आलोचकों को भी उसी प्रकार देश-विदेश के अच्छे-अच्छे साहित्यों से परिचय प्राप्त कर, अपने यहाँ नये विचारों को लाना चाहिए अपने साहित्य का पूर्ण अध्ययन कर, अपनी संस्कृति का पूरा ज्ञान प्राप्त कर जब हम दूसरे की संस्कृति व साहित्य को पहचानेंगे, उस संघर्ष से सभ्यता को जो नया वायुमण्डल उत्पन्न होगा, भावी साहित्य की श्रीवृद्धि के बीज उसी में छिपे होंगे।"[77]

कुल मिलाकर, तटस्थता तथा साहित्य की परम्परा, सम्बद्ध संस्कृति तथा संस्कृति की समझ साथ ही, देश-विदेश के साहित्य का गहन अध्यन आलोचक के गुण हैं।

उसके अनुसार, आलोचक केवल साहित्य का विश्लेषण ही नहीं करता, भावी साहित्य के निर्माण का मार्ग-दर्शन भी करता है।

इस प्रकार निष्कर्ष रूप में कहा जा सकता है कि निराला के साहित्यिक, निबन्धों का सम्बन्ध, कृतिकारों के स्वतन्त्र तथा तुलनात्मक अध्ययन-सैद्धान्तिक समीक्षा, साथ ही, समालोचक के गुण-दोष-जैसी समस्याओं से है। इनके अतिरिक्त वे अपनी समसामयिकता से सम्बद्ध कतिपय टिप्पणियाँ प्रस्तुत करते हैं, उन्हें वर्गबद्ध नहीं किया गया है।

कुल मिलाकर, निराला के साहित्यिक निबन्धों में निहित मान्यताएँ इस प्रकार हैं—

निराला साहित्य में कविता की मुक्ति के पक्षपाती हैं और इस प्रकार साहित्यिक मुक्ति का आधार वे सामाजिक मुक्ति ही बतलाते हैं। निराला की सैद्धान्तिक मान्यताएँ सामान्यतया इसी मुक्ति या नवीनता से जुड़ी हैं और व्यावहारिक स्तर पर कवि तथा आलोचक दोनों के लिए यह आवश्यक है कि वे परम्परा के मूलभूत तत्त्वों की पहचान रखते हुए रूढ़िग्रस्तता को तोड़कर प्रतिपल नवीनता तथा सामाजिक विकास की प्रतिबद्धता को सृजन से जोड़ें। कविता के कलात्मक सृजन के स्तर पर निराला कलात्मक सृजन सामर्थ्य और कल्पना की सार्थकता दोनों पर बल देते हैं। उनकी दृष्टि

में संवेदना की गहनता तथा चित्रात्मक (बिम्बात्मक) अभिव्यक्ति कविता के लिए आधार हैं। हिन्दी कविता की विकास प्रक्रिया में अपने समसामयिक काव्यों की उत्कृष्टता का विश्लेषण वे इन्हीं दो तत्त्वों के आधार पर करते हैं। रवीन्द्रनाथ टैगोर, सुमित्रानन्दन पन्त, महादेवी वर्मा तथा स्वयं अपनी कविता की समसामयिक जीवन्तता के आधार के रूप में निराला इन्हीं दो तत्त्वों की बात करते हैं। व्यावहारिक आलोचना के सन्दर्भ में निराला हिन्दी की समसामयिक कवता की समझ के लए बंगला, ब्रजभाषा, उर्दू, मैथिली आदि के श्रेष्ठ कवियों में अभिव्यक्त सर्जनात्मक उत्कृष्टता का विवेचन करके वातावरण तैयार करते हैं।

कुला मिलाकर, निराला के साहित्यिक निबन्ध हिन्दी कविता की परम्पराबद्धता से मुक्ति का एक नया परिवेश रचकर भावी हिन्दी कविता के विकसित होने के लिए वातावरण निर्मित करते हैं।

सन्दर्भ

1. निराला रचनावली, भाग-5 तथा 6, डॉ. नन्दकिशोर नवल, दोनों खण्ड की भूमिकाएँ
2. निराला रचनावली, भाग-5, पृ. 486, 495, 413, 526, 493, 490
3. देखें, निबन्ध साहित्य का विकास निराला रचनावली, भाग-6, पृ. 493
4. निराला रचनावली, भाग-6, पृ. 6
5. निराला रचनावली, भाग-5, साहित्य का आदर्श
6. साहित्य का विकास, पृ. 492, निराला रचनावली, भाग-3
7. निराला की साहित्य साधना, डॉ. रामविलास शर्मा, पृ. 546
8. निराला रचनावली, भाग-5, साहित्य की वर्तमान स्थिति, पृ. 454
9. स्वदेशी प्रदर्शनी, निराला रचनावली, भाग-6, पृ. 240
10. लखनऊ जिला कान्फ्रेन्स, निराला रचनावली, भाग-6, पृ. 237
11. संयुक्त प्रान्तीय यवुक कान्फ्रेन्स, निराला रचनावली, भाग-6, पृ. 236
12. कांग्रेस का रंगमंच, निराला रचनावली, भाग-6, पृ. 258
13. कांग्रेस का रंगमंच-निराला रचनावली, भाग-6, पृ. 258
14. कवीद्र-रवीन्द्र और राष्ट्रभाषा, निराला रचनावली, भाग-6, पृ. 459
15. सुभाषचन्द्र बोस का व्याख्यान, पृ. 249, निराला रचनावली, भाग-6
16. जनता और सरकार, निराला रचनावली, भाग-6, पृ. 266
17. साम्राज्यवाद और सत्याग्रह, निराला रचनावली, पृ. 366

18. निराला रचनावली, भाग-6, पृ. 244, 256, 268, 289, 318 आदि।
19. नौकरशाही का महिलाओं पर हमाला : निराला रचनावली, भाग-1, पृ. 290
20. लखनऊ में गोली और पुलिस की डण्डेबाजी : निराला रचनावली भाग-6, पृ. 287
21. लखनऊ में गोली औरपुलिस की डण्डेबाजी : निराला रचनावली,, भाग-6 पृ. 288
22. निराला की साहित्य साधना, भाग-2, पृ. 148, 149
23. निराला रचनावली, भाग-6, पृ. 262
24. निराला रचनावली, भाग-6, पृ. 264, 265
25. निराला रचनावली, भाग-6, पृ. 442
26. निराला रचनावली, भाग-6, गाँधी जी से बातचीत, पृ. 215
27. निराला की साहित्य साधना, पृ. 23
28. निराला रचनावली, भाग-6, पृ. 230
29. निराला रचनावली, भाग-6, पृ. 404
30. निराला रचनावली, भाग-6, पृ. 405
31. निराला रचनावली, भाग-6, पृ. 422
32. हिन्दू व हिन्दवी-निराला रचनावली, भाग-6, पृ. 324
33. प्रस्तुत शोध प्रबन्ध, अध्याय 2
34. निराला रचनावली, भाग-6, पृ. 36, 37
35. निराला रचनावली, भाग-6,वर्णाश्रम धर्म की वर्तमान स्थिति, पृ. 101
36. निराला रचनावली, भाग-6, वर्णाश्रम धर्म की वर्तमान स्थिति, पृ. 105
37. निराला रचनावली, भाग-6, वर्णाश्रम धर्म की वर्तमान स्थिति, पृ. 108
38. निराला रचनावली, भाग-6, पृ. 119, 224, 242, 258, 276, 280, 289, 301, 352, 359, 420, 472।
39. निराला रचनावली, भाग-6, पृ. 473
40. निराला रचनावली, भाग-6, पृ. 474
41. निराला रचनावली, भाग-6, पृ. 435
42. निराला रचनावली, भाग-6, पृ. 241
43. निराला रचनावली, भाग-6, पृ. 362
44. निराला रचनावली, भाग-6, पृ. 421
45. निराला रचनावली, भाग-6, पृ. 54
46. निराला रचनावली, भाग-6, पृ. 299
47. निराला रचनावली, भाग-6, पृ. 452
48. निराला रचनावली, भाग-6, पृ. 440

49. हिन्दी साहित्य की प्रगति : निराला रचनावली, पृ. 208
50. निराला रचनावली, सौन्दर्य दर्शन और कवि कौशल, पृ. 215
51. परिमल की भूमिका, पृ. 399, निराला रचनावली, भाग-1
52. परिमल की भूमिका, पृ. 401, निराला रचनावली, भाग-1
53. निराला रचनावली, भाग-5, पृ. 480
54. निराला रचनावली, भाग-5, पृ. 359
55. निराला रचनावली, भाग-5, पृ. 397
56. निराला रचनावली, सौन्दर्य दर्शन और कवि कौशल, भाग-6, पृ. 215
57. निराला रचनावली, सौन्दर्य दर्शन और कवि कौशल, भाग-6, पृ. 215
58. निराला रचनावली, भाग-5, भूमिका, पृ. 7 एवं 8
59. निराला रचनावली, भाग-5, पृ. 128
60. तुलसीकृत रामायण का आदर्श, पृ. 133, निराला रचनावली, भाग-5
61. गीतिका-भूमिका, पृ. 411, निराला रचनावली, भाग-1
62. गीतिका, भूमिका, पृ. 410, निराला रचनावली, भाग-1
63. निराला रचनावली, भाग-5, पृ. 215
64. निराला रचनावली, भाग-5, पृ. 289
65. निराला रचनावली, भाग-5, पृ. 147
66. निराला रचनावली, भाग-5, पृ. 156
67. निराला रचनावली साहित्य और भाषा, पृ. 364
68. निराला रचनावली, भाग-5, पृ. 368
69. मेरे गीत और कला, निराला रचनावली, भाग-5, पृ. 394
70. चित्रण कला, निराला रचनावली, भाग-5, पृ. 433
71. कविता में चित्र और भाव, निराला रचनावली, भाग-5, पृ. 459
72. साहित्य का आदर्श-निराला रचनावली, भाग-5, पृ. 489
73. निराला रचनावली, भाग-5, पृ. 406
74. मौलिकता, पृ. 158, पृ. 406
75. साहित्य में समालोचना, पृ. 516, 'निराला रचनावली'
76. साहित्य में समालोचना, पृ. 516, 'निराला रचनावली'
77. साहित्य में समालोचना, पृ. 517, 'निराला रचनावली'

चतुर्थ अध्याय

स्वाधीनता की चेतना और निराला की कहानियाँ

सांस्कृतिक स्वाधीनता का पक्ष और निराला की कहानियाँ

कहानियों के सन्दर्भ में निराला की स्वाधीनता की चेतना की भावना कई स्तरों पर दिखायी देती है लेकिन इन सबके मूल में सांस्कृतिक स्वाधीनता का ही भाव निहित है। उनकी सांस्कृतिक स्वाधीनता पराधीन भारत की जातीय स्वाधीनता, सामाजिक, आर्थिक तथा अन्य सभी स्वाधीनता दृष्टियों का प्रतिनिधित्व करती हैं। जहाँ तक कहानियों का प्रश्न है, उनकी कहानियाँ इन सभी को छूती हैं।

राजनीतिक स्वाधीनता

निराला का जीवनकाल महात्मा गाँधी द्वारा संचालित राष्ट्रीय स्वाधीनता, आन्दोलन का उत्कर्ष काल है। गाँधी जी मानव मूल्यों दया, सत्य, अहिंसा का व्यावहारिक प्रयोग करके तथा देश के लोगों में देशभक्ति जागृत करके देश को आजाद कराने का प्रयत्न कर रहे थे और उनके ये देशमुक्ति के लिए किये जानेवाले प्रयास बार-बार असफल होते जा रहे थे। निराला की कहानियों में स्वाधीनता मुक्ति का यही भाव है और साधन भी गाँधी जी द्वारा अपनाये गये मानवमूल्य ही हैं। लेकिन यहाँ स्वाधीनता का अर्थ निराला के लिए केवल गाँधी जी द्वारा अपनाये गये देशमुक्ति से भिन्न लोकमुक्ति है और निराला स्वाधीनता का अर्थ, लोकमुक्ति से लेते हैं। निराला जी का यह दृढ़ विश्वास है कि पराधीनता रूढ़ियों एवं अन्धविश्वास से जकड़े होने के कारण देश की सोच संकुचित होकर रह गयी है। अतः भारतवासी अनेक प्रकार के सामाजिक-जातीय-धार्मिक कुरीतियों के गुलाम बने हुए हैं, भारत के लोगों को पहले सांस्कृतिक रूप से स्वाधीन होने की आवश्यकता है। सांस्कृतिक रूप से स्वाधीन हुए व्यक्ति को किसी तरह से गुलाम नहीं बनाया जा सकता और भारत में सभी लोग किसी-न-किसी रूप में पराधीन हैं, "हिन्दू-मुसलमान, सिख, पारसी, जैन, बौद्ध, क्रिस्तान सभी साफा, टोपी, पगड़ी, कैप, हैट से लेकर नंगा सिर-घुटना तक, अद्वैतवादी, विशिष्टतावादी, द्वैतवादी, द्वैताद्वैतवादी, शुद्धाद्वैतवादी, साम्राज्यवादी, आतंकवादी, समाजवादी, काजी, सूफी से लेकर छायावादी तक, खड़े-बड़े, सीधे-टेढ़े सब तरह के तिलक-त्रिपुण्ड, बुरकेवाले,

घूँघटवाले, पूरे और आधे और चौथाई बालवाली।''[1] अर्थात्, सभी लोग स्व-श्रेष्ठता के कु-संसकार से ग्रस्त हैं। अतः निराला जी स्वाधीनता के सन्दर्भ में सबसे अधिक जातीय एवं सामाजिक स्वाधीनता की बात करते हैं क्योंकि प्राचीन भारतीय वर्ण-व्यवस्था अपने पुराने सन्दर्भ को खो चुकी है और आज के परिवेश में वह किसी भी तरह से फिट नहीं बैठती। इसमें जातीयता का भाव इतना प्रबल है कि छोटी-से-छोटी जाति अपने को दूसरी सभी जातियों से संस्कारित, पवित्र एवं श्रेष्ठ समझती है, लखुआ तेज आँखों से देवीदयाल को देखकर बोला, ''सुनो महाराज, हम बाँभन नाहीं, जो कुरमी-काछी, तेली-तमोली सबकी पूरियों में पहुँचा पेल दें। हम हैं, लोध-लोध का बच्चा, कभी न कच्चा। अब खरी न कहलावाओ।''[2] जब निम्न जाति लोधों में यह अभिमान भाव है तो उच्च ब्राह्मण जाति का कहना ही क्या—''रामेश्वर जी ने अपनी पत्नी से कहा यह एक दूसरा फसाद खड़ा हुआ। न तो कुछ कहते बनता है, न करते। मैं कौम की भलाई चाहता था, अब खुद ही नकटों का सिरताज हो रहा हूँ। हम लोगों में अभी तक यह बात न थी कि ब्राह्मण की लड़की का किसी क्षत्रिय लड़के से विवाह होता। हाँ, ऊँचे कुल की लड़कियाँ ब्राह्मणों के नीचे कुलों में गयी हैं। लेकिन, यह सब आखिर कौम में ही हुआ है।''[3] इसीलिए निराला जी जगह-जगह इन हिन्दू धर्म के रूढ़िवादी नियमों में परिवर्तन की आकांक्षा व्यक्त करते हैं। वे जयोतिर्मयी कहानी में ज्योति के विधवा होने की स्थिति को स्पष्ट करते हुए हिन्दी धर्म के रूढ़िवादी नियमों पर प्रहार करते हैं, ''लेकिन मेरे भी हृदय में मोम के पुतले को गलाकर बहा देने, मुझसे जुदा कर देने के लिए समाज आग है, साथ-ही-साथ यह भी कहिये।'' उँगली चूनादानी में, बड़ी-बड़ी आँखों की तेज निगाह युवक की तरफ फेरकर युवती ने कहा, ''मैं बारह साल की थी, ससुराल नहीं गयी, जानती भी नहीं, पति कैसे थे और विधवा हो गयी।''[4]

निराला जातीय स्वाधीनता के सन्दर्भ में बार-बार हिन्दुत्व की बात करते हैं; वे हिन्दू धर्म को पुनः उसी उच्च मानवीय भावभूमि पर प्रतिष्ठित करना चाहते हैं। समय के प्रभाव से उसमें आ गये दुर्गुणों को वे दूर करने की अभिलाषा रखते हैं। महाराणा प्रताप में वे कहते हैं कि ''आज मैंने तुम लोगों के जिस उद्देश्य की पूर्ति के लिए यहाँ बुलाया है, वह हिमालय से भी महान् और समुद्र से भी गम्भीर है, आकाश से भी अगम और आँख उठाकर देखो, उस जाति की ओर जो वेदों की अनादि व्याख्या की तरह अपनी उत्पत्ति को अनादिकाल प्रसूत बतलाती है, भगवान् रामचन्द्र को भगवान् कृष्णचन्द्र को जन्म देने का गर्व करती है, देखो आज कुछ ही शताब्दियों के अन्दर कितना घोर परिवर्तन हो गया। उस जाति के आदर्श से भ्रष्ट, धर्म से पतित, सहानुभूति से बहिष्कृत, देश की हिताकांक्षा से विमुख और तुर्कों की सेवा में तत्पर होते देखकर क्या कभी कोई सच्चा स्वदेश भक्त एक क्षण के लिए भी स्थिर रह सकता है?''[5]

जातीय उत्कर्ष के लिए आत्मत्याग की आवश्यकता होती है जिसके कारण लोगों में भक्ति और गौरव का भाव जागृत होता है। इसके लिए पूजा पाठ, यज्ञ होम आदि

की आवश्यकता न होकर लोगों को वैचारिक रूप से प्रबुद्ध करने की आवश्यकता है—इस राज परिवार के अपूर्व त्याग के आदर्श ने प्रजाजनों में विस्मय का परिवर्तन पैदा कर दिया। एक अव्यक्त भक्ति का संचार अज्ञात भाव से उनमें होने लगा। राज्य में घर-घर देशोद्धार की चर्चा होने लगी। लोग अपनी स्त्रियों और बच्चों को भी यही शिक्षा देने लगे। सबके अन्दर स्वधर्म और स्वेदश का विचित्र अनुराग फैल गया। ऐश्वर्य की भावना, भोग की लालसा सब में हृदय में निस्सार स्वप्न की तरह विलीन हो गयी। उस निर्जन वनभूमि में भी लोगों की भीड़ लगी रहती। पूजा-पाठ, यज्ञ-होम आदि समाप्त उपदेश लिया करते, व्यूह रचना और संगठित सिपाहियों के युद्ध कौशल की शिक्षा ग्रहण करते। देखते-ही-देखते वह एकान्त स्थान त्याग और वीरत्व का विश्वविद्यालय हो गया।[6] महाराणा प्रताप से जुड़े मुसलमानों के सन्दर्भ द्वारा तत्कालीन ईसाई जाति पर प्रहार करते हुए कहते हैं, "एक जाति के विजयी होने पर वह जाति सिंहासन और सत्ता के विजय के मद में यह भूल जाती है कि दूसरी जाति के लोग भी मनुष्य हैं लेकिन वे अपने को श्रेष्ठ मानकर उनसे जानवरों की तरह व्यवहार करते हैं जो किसी भी जाति के लिए उचित नहीं है। अतः जब तक संसार की सभी जातियाँ विजय का भाव नहीं छोड़ती तब तक किसी भी जाति के मनुष्य की उन्नति सम्भव नहीं, कितना बड़ा अन्याय है? अधिकार के मद में मनुष्य अपनी शक्ति का कितना दुरुपयोग करता है? और यही एक शक्ति किसी दूसरी जाति का गला घोटती, दूसरी जाति के बच्चें को नेस्तनाबूत कर देती, अपनी जाति के अहंकार का झण्डा ऊँचा उठाती, उस समय विजयी जातवाले उस शासक की स्तुति-वन्दना करते, उसे देवता-जैसे श्रेष्ठ मानते हैं। और जब दूसरी जाति के पदाघातों से उसकी अपनी स्वतन्त्रता की रंगभूमि भूमिस्सात हो जाती है, बालकों के चीत्कार से आकाश गूँज उठता है, तब दूसरे की विजय का यथार्थ सम्मान करना, इसे न्याय का पुरस्कार देना वे भूल जाते हैं। सोचो, एक जाति दूसरी जाति को सताती है, उसे अपना गुलाम बनाती है, उसका सर्वस्व लेकर बदले में उसे कुछ भी नहीं देती, उसके सम्राट् के आसन पर बैठकर उसकी शिक्षा और भोजन-वस्त्र का उपाय भी नहीं करती, वह जाति हरगिज इस योग्य नहीं हो सकती, उससे लड़नेवाली जाति उसकी नीचता का ही विरोध करती है। येन-केन-प्रकारेण, आदर्श भी यही है, होना भी ऐसा ही चाहिए।"[7]

निराला की मान्यता है कि प्रत्येक राष्ट्र, प्रत्येक जाति, प्रत्येक धर्म और प्रत्येक मनुष्य एक-दूसरे से परस्पर गुंथे हुए हैं। अतः मनुष्य संसार, जाति और धर्म की उन्नति के लिए परस्पर सद्भाव एवं समभाव आवश्यकता तत्त्व हैं। यही स्थिति वस्तुतः विवेकानन्द के नव अद्वैतवाद की है—आभा ने सुना और तौलकर देखा, यह स्वर वहीं पहुँचा है, जहाँ कभी आँखों की सहानुभूति से स्नेह पहुँचा था। इसमें उपदेश की गुरुता नहीं, मनुष्य का मनुष्य के प्रति समभाव है।

वीणा स्वर से झंकृत हुआ, "क्या है, वह रास्ता?" तुम्हारे और मेरे जीवन से बँधकर बिलकुल एक नया, जिससे आगे और लोग आयेंगे, मनुष्य के लिए मनुष्य

होने को।"[8] मनुष्य में उत्पन्न यह स्थिति उसे लोकोत्तर बना, देवत्व के निकट ले जाती है जहाँ वह राष्ट्र, धर्म, मनुष्य आदि के द्वैत से मुक्त होकर सम्पूर्ण प्राणि जाति से अद्वैत स्थापित कर लेता है, "तमाम विराट् प्रकृति अच्छे भाव से एक-दूसरे से गुँथे हुए हैं, कीट से लेकर प्रत्येक मनुष्य तक उस एक ही धागे में पिरोये हुए हैं, इस विचार से विरोध किसी भी प्रकृति का न करना चाहिए। वह विजातीय भी क्यों न हो।"[9]

निराला का मानना है कि जहाँ व्यक्ति की चरम उन्नति नव अद्वैतवाद में है, अर्थात् उसका किसी भी स्तर पर भेद नहीं रहता। लेकिन यह किसी भी समाज एवं जाति की उन्नति के लिए उचित स्थिति नहीं है क्योंकि किसी भी जाति, समाज एवं धर्म में तब तक उन्नति सम्भव नहीं है जब तक उसमें विरोधी तत्त्व विद्यमान न हों। उनका कहना है कि, "समाज में इस तरह की दुर्बलता का होना अनिवार्य है, यदि सुख के नाम से कोई चित्र होगा भी तो दुःख के आकार की कोई वस्तु होगी, पारस्परिक विरोधी भावों के बिना कभी प्रगति हो नहीं हो सकती, उत्थान और पतन, विद्वता और मूर्खता, विजय और पराजय इस तरह के दो चित्रों से संसार-जाति की एक और अनेकों व्याख्या हो सकती है। जब तक तुम कुछ बोल नहीं सकते हो, सोच सकते हो अपने कर्त्तव्य का विचार कर सकते हो, तब तक तुम्हें इन दोनों को स्वीकार करना होगा।[10]

विरोधी तत्त्वों को मौजूदगी के साथ-साथ उनका उचित सामंजस्य भी जाति एवं समाज में आवश्यक है क्योंकि इसके अभाव में जातिगत एवं धर्मगत कट्टरता का उदय होता है, जो प्रत्येक के लिए घातक होता है। ध्रुव की कथा की भूमिका में निराला जी कहते हैं कि, "इस धर्मनिष्ठ और कर्त्तव्य-परायण बालक के चरित्र का चित्रण हमने यथासम्भव सरल भाषा में करने का प्रयत्न किया है। साथ ही, ईश्वर प्राप्ति विषयक गूढ़ रहस्यों का उद्‌घाटन भी कर दिया गया है, ताकि धर्म के मार्ग से घातक कट्टरता का इस देश से लोप हो जाय, बच्चे हर प्रान्त और हर जाति के बालकों से सहानुभूति रखना सीखें।"[11] भक्त ध्रुव में व्यक्त मानव जाति के प्रति निराला जी का चिन्ता को व्यक्त करते हुए, सातवें खण्ड के सम्पादन की भूमिका में डॉ. नन्दकिशोर नवल कहते हैं कि, "भक्त ध्रुव में निराला ने यथास्थान मानव जाति की प्रकृति का भी वर्णन किया है, जैसे, सुनीति के त्याग और सुरुचि के सपत्नी-द्वेष तथा उत्तानपाद के भोग में लिप्त होकर सब-कुछ भूल जाने का और दूसरे, इसमें उन्होंने ध्रुव की चिन्ता को एक मानवीय अर्थ देने का भी प्रयास किया है। गहन अरण्य में चिन्ता में डूबा हुआ एक बालक मन-ही-मन अपनी विषय की चिन्ता कर रहा है, वह मनुष्य है, मनुष्य का हक लेकर पैदा हुआ है, मनुष्य से मनुष्योचित व्यवहार की आशा रखता है, मनुष्यों की सम्पूर्ण वृत्तियाँ उसके अन्दर भी विराजमान हैं। चाहे उसका रूप बहुत क्षुद्र ही क्यों न हो, चाहे अनुकूल अवस्था के अभाव से अब तक उनकी अंकुरित दशा भी विपरीत ही क्यों न हो। वे बीजरूप में ही क्यों न हो। तिरस्कार, घृणा, अपमान, अत्याचार, निर्वसन इन पाशविक प्रवृत्तियों के विरोध

के लिए आज अत्याचार का उपाय। चिरकाल से मनुष्य जाति, मनुष्य जात पर जो अत्याचार करती चली आ रही हैं, इसका कारण, साथ ही इसका प्रतिरोध भी। वह अत्याचार सहने के लिए नहीं आया।[12] अतः मनुष्य द्वारा जहाँ मनुष्य जाति के अत्याचार, अनाचार का प्रतिरोध आवश्यक है वहीं अपने कार्य के प्रति पूर्ण समर्पण एवं फल के प्रतिपूर्ण सन्तोष भी आवश्यक है क्योंकि असन्तोष, लालच ये ऐसे तत्त्व हैं जो मनुष्य-मनुष्य के बीच समता के भाव को क्रमशः नष्ट करते जाते हैं। अत; ऐसे बुरे भावों के प्रति दण्ड और अच्छे भावों के प्रति पुरस्कार की प्रवृत्ति भी मनुष्य में दिखायी पड़नी चाहिए जैसा कि निराला जी ने 'वरुणदेव एवं लकड़हारा' की कहानी में स्पष्ट किया है। जहाँ एक लकड़हारा की कुल्हाड़ी वापस पाने के लिए वरुणदेव से याचना करता है, वरुणदेव प्रकट होकर सोने की कुल्हाड़ी निकालते हैं लेकिन लकड़हारा कहता है कि मेरी कुल्हाड़ी इतनी सुन्दर नहीं थी, इसके बाद वे पुनः चाँदी की कुल्हाड़ी जल में से निकालकर लाते हैं, लकड़हारा उसको भी अपनी न होने के कारण नहीं लेता और जब उसकी लोहे की कुल्हाड़ी निकालते हैं तो वह कहता है कि यह मेरी कुल्हाड़ी है और उसे ले लेता है तो वरुणदेव कहते हैं, "तुम भले आदमी हो। देवता ऐसे ही आदमियों को प्यार करते हैं। तुम्हारे बरताव के कारण हम तुम्हें तुम्हारी कुल्हाड़ी के साथ-साथ सोने और चाँदीवाली भी कुल्हाड़ी देंगे।"[13]

जातीय उदात्तता मनुष्य में भी उत्पन्न होगी, जब वह राष्ट्र, राज्य, धर्म, वर्ण आदि भेदों से हटकर सोचना प्रारम्भ करता है, तभी वह एक-दूसरे के काम आता है। देवी नामक कहानी में निराला ने इस तथ्य का सुन्दर चित्रण किया है, एक दिन मेरे पास एक मित्र ने पगली से मजाक किया। किसी ने उन्हें बतलाया कि इसके पास बड़ा माल है, मिट्टी में गाड़कर इसने बड़े पैसे इकट्ठे किये हैं। मेरे मित्र पगली के पास गये और मुस्कराते हुए ब्याजवाली बात समझाकर दो रुपये उधार माँगे। उनकी बात सुनकर वह पगली जी खोलकर हँसी, फिर कमर से तीन पैसे निकालकर निःसंकोच देने लगी।"[14] यहाँ एक अनाथ भिखारिन में मनुष्य के प्रति इतना दर्द शेष है कि रुपये की आवश्यकता के कष्ट को समझकर अपनी सारी पूँजी उसे निःसंकोच देने लगती है। अतः देश की मुक्ति के लिए तथा समाज की मुक्ति के लिए इसी उदात्तता की जरूरत है, जहाँ न कोई वर्ण-भेद हो, न धर्म का भेद हो, न प्रान्त का, आज हमें ऐसे ही संकल्प की आवश्यकता है। निराला जी कहानियों में यह बार-बार प्रयास कर रहे हैं कि समाज एवं व्यक्ति की ऐसी स्थिति का फर्क किया जाय जहाँ पर हिन्दुत्व आदि भेदों से ऊपर उठकर मनुष्य-मनुष्य की सत्ता प्रतिष्ठित हो। वे बार-बार हिन्दुत्व की बात करते हैं, फिर उसके रूढ़िवादी नियमों एवं आस्थाओं की बात करते हैं और फिर आगे बढ़कर इस हिन्दुत्व से मुक्ति की बात करते-करते उसे ले जाकर मानववाद के धरातल पर प्रतिष्ठित कर देते हैं जो निश्चय ही दार्शनिक परम्परा की दृष्टि से विवेकानन्द के नव-अद्वैतवाद के नजदीक है। जहाँ व्यक्ति राष्ट्र, भाषा-प्रान्त, धर्म, वर्ण आदि भेदों से हटकर सम्भव की स्थिति में पहुँच जाता है, वह है सार्वभौम मानवता मनुष्य की।

सामाजिक स्वाधीनता

निराला जी देश की स्वाधीनता को सामाजिक स्वाधीनता से जोड़कर देखते हैं। उनका मानना है कि सामाजिक स्वाधीनता देश से अधिक जरूरी एवं श्रेयस्कर है क्योंकि यदि हम सामाजिक गलीजपन एवं रूढ़ बन्धनों से मुक्त हुए बिना आजादी प्राप्त करते हैं तो वह बहुत मतलब की नहीं होगी और आगे चलकर राष्ट्र के विकास, एकता और आजादी के लिए पुनः घातक हो सकती है। इसीलिए निराला अपनी लेखनी के द्वारा सामाजिक समरसता लाने के लिए प्रयत्नशील हैं। वे प्रयत्नशील हैं कि भारत के लोगों का हिन्दू-मुस्लिम द्वन्द्व समाप्त हो, देश के अन्दर अनादिकाल से धर्म के रूढ़िगत बन्धन से जकड़ी नारियाँ आजाद हों, देश की अमीर-गरीब के बीच शिक्षा का समभाव तथा व्रूापक प्रचार-प्रसार हो जिससे वे विचारवान हो सके, उनमें छुआछूत, पुरातन वर्ण व्यवस्था, बाल-विवाह, बहुविवाह आदि कुरीतियाँ समाप्त हों। निराला 'विधवा कहानी में कहते हैं कि, "हिन्दु-मुसलमानों की एकता के दृश्य कोई आँख खोलकर देखना चाहे तो जब चाहे हमारे पश्चिमवाले झरोखे से झाँककर देख ले। यह अनन्य प्रेम केवल मनुष्यों में नहीं, वहाँ के पशु-पक्षियों में भी है। उनका द्वेषभाव बिलकुल दूर हो गया है।[15]

इसी तरह निराला वर्णगत रूढ़ियों को भी तोड़ने की बात करते हैं इस सन्दर्भ में उनका मानना है कि प्राचीन गलित रूढ़िगत वर्णव्यवस्था दो ही तरीके से टूट सकती है, प्रथम स्त्री-पुरुषों को शिक्षित करने से, दूसरे एक-दूसरे मनुष्य को समान समझने से और उनका कहना है कि इसमें हमारा समाज इतना जकड़ चुका है कि बिना इससे मुक्त हुए हम देश-समाज की उन्नति की कल्पना ही नहीं कर सकते। 'पद्मा और लिली' कहानी में निराला कहते हैं कि "तुम हिमालय की तरह अटल हो, मैं भी वर्तमान की तरह सत्य और दृढ़।" रामेश्वर जीने कहा, "तुम्हें इसलिए मैंने नहीं पढ़ाया कि तुम कुलकलंक बनो।" आप यह सब क्या कह रहे हैं?

"चुप रहो। तुम्हें नहीं मालूम? तुम ब्राह्मण कुल की कन्या हो, वह क्षत्रिय घराने का लड़का है, ऐसा विवाह नहीं हो सकता।"[16]

निराला के अनुसार दुःख में भी यह स्तर भेद मिट जाता है लेकिन सामाजिक अड़चन मनुष्य को मनुष्य की सहायता करने में, दुःख दूर करने में रुकावट पैदा करती है जैसा कि निराला ने 'श्यामा' नामक कहानी में दिखाया है, इसका प्रमुख पात्र बंकिम जो ब्राह्मण है, एक लोध कन्या के दुःख से सहानुभूति रखकर सहायता करता है और लोग इसे स्वीकार नहीं कर पाते, "सुधुआ के जबड़े कस गये थे, दोनों खोलकर दवा पिलाने के प्रयत्न में थे। वहाँ ब्राह्मण और लोध में सामाजिक जितने स्तरों का भेद है, व न था। खड़े यही देख रहे थे। लोगों की निगाह में श्यामा और बंकिम के सामीप्य का जो अर्थ था उसके साथ सुधुवा का सहयोग बिलकुल न था, वह मर रहा है, लोग यह नहीं देखते थे, वह क्या कर रहा है, ईर्ष्या कर रहे थे। प्रकट सत्य को छोड़कर अप्रकट तत्त्व को पहुँच गये थे।"[17] दोनों जातियों ने उनका

बहिष्कार कर दिया। लेकिन वे झुकते नहीं और समाज की इन रूढ़ियों का हटकर मुकाबला करते हैं और शादी करके दोनों जी तोड़ पढ़ने में श्रम करके अन्त में डिप्टी हो जाते हैं और उन्हीं के वर्ण (ब्राह्मण) के पण्डित दयाराम बाग पर कब्जा कर लेते हैं। उसकी बहिन का लड़का आपत्ति करता है, पं. दयाराम बंकिम के घर रिश्वत का सामान लेकर जाते हैं तो बंकिम की पत्नी श्यामकुमारी देवी (श्यामा) उसे कान पकड़कर निकलवा देती है और बंकिम अपनी बहिन के पक्ष में फैसला करता है। अतः ऐसी स्थिति में निराला जी की मान्यता है कि इस जर्जर वर्ण व्यवस्था से डरने की कदापि आवश्यकता नहीं है। यह अन्दर से पूर्णतः खोखली हो गयी है। इस पर प्रहार करके इसको नष्ट कर डालने की जरूरत है क्योंकि जाति के झूठे घमण्ड में व्यक्ति जीवन पर्यन्त फँसा रह जाता है, उससे कभी निकल नहीं पाता और ऐसे में न वह अपनी उन्नति कर पाता है, न समाज की। आज ऐसे रूढ़ियों से मुक्त होने की आवश्यकता है। इसके लिए नयी शिक्षा पद्धति को अपनाना जरूरी है, जिससे इसका ज्ञान हो सके कि क्या उचित है और क्या अनुचित? जिसने उचित शिक्षा प्राप्त कर ली, वह इस पोंगापन्थी व्यवस्था से दूर हट गया, उसने उन्नति कर ली, जैसा कि निराला कहते हैं, "कई साल हो गये, लेकिन बंकिम अपने गाँव नहीं गया, वहाँ कितना परिवर्तन हो गया, पर गाँव के लोग अपने स्वभाव से जहाँ थे, वहीं ठहरे हुए हैं। अत्याचार उसी प्रकार होते हैं, प्रतिकार का मार्ग वैसा ही रुका है।"[18]

निराला जी की कहानियों में स्वाधीनता की चेतना वर्ण-व्यवस्था को तोड़ने के साथ जुड़ी दिखायी पड़ती है। इसे वे राष्ट्रीय मुक्ति एवं राष्ट्रीय चेतना के विकास के लिए अनिवार्य मानते हैं। उनका मानना है कि "जो ब्राह्मण और क्षत्रिय अपनी वर्णोच्चता का ढोंग भी नहीं छोड़ सकते, अपने ही घरों के अन्त्यजों को अधिकार नहीं दे सकते, भारतीयता के अँधेरे में प्रकाश देखने में राजी हैं, वे बिना कुछ दिये पाने का विचार कैसे रखते हैं? उनकी सामाजिक नीचता 'समाज' शब्द को उन्नतिशीलता के अर्थ की कैसे पुष्टि कर सकती है? हमारी दुर्बलता यहीं पर है। यहीं से हमें समाज-जातीय समाज-भारतीय समाज की नींव डालनी है। उसी की मजबूरी राष्ट्र की दृढ़ता।" इसी सन्दर्भ में डॉ. रामविलास शर्मा का कहना है कि, "सामाजिक क्रान्ति के बिना राजनीतिक आन्दोलन दुर्बल रहेगा। निराला की यह धारणा कितनी सच थी, यह 1970 के स्वाधीन भारत को देखकर अच्छी तरह समझ में आ जाती है।"[19]

वर्ण व्यवस्था के प्रति निराला जी का यह तर्क बार-बार उपस्थित करते हैं। उनका कहना है कि, "किसी भी पराधीन देश में नागरिक न ब्राह्मण होते हैं, न क्षत्रिय। दास होने के कारण वे सब समान रूप से सिर्फ शूद्र रह जाते है। यथा-म्लेच्छ शासन में रहने के कारण स्मृति में निषेध है, क्योंकि इससे जाति में संस्पर्श दोष आ जाते हैं। आर्य जाति अनार्य संस्कारों में पड़कर अनार्य हो जाती है। हमारे यहाँ ऐसा ही हुआ। चिरकाल से म्लेच्छ संसर्ग ने जाति को पूर्व स्थान से च्युत कर दिया। रक्षा के लिए अनेक प्रकार चेष्टाएँ होती रहने पर भी आचार-विचार, वेशभूषा और भाषा तक में

म्लेच्छों के चिह्न आ गये। पर उच्च वर्णवालों ने फिर भी अपनी धार्मिक अकड़ न छोड़ी। पराधीन जाति शूद्रत्व को प्राप्त करती है, यह विश्वास उसे न हुआ।"[20]

अतः लोगों को अपने ब्राह्मणत्व एवं क्षत्रियत्व का झूठा अहंकार त्यागकर सबको मनुष्य जाति का समझना चाहिए, इसी सामाजिक स्वाधीनता के भाव में देश की स्वाधीनता दुपी हुई है अन्यथा हम राजनीतिक दृष्टि से स्वाधीन हो जायँगे पर सच्ची स्वाधीनता हम कभी प्राप्त नहीं कर सकेंगे।

वर्णव्यवस्था के बाद उन्होंने सबसे अधिक बल नारी की स्थिति पर दिया। नारी चाहे जिस वर्ण की हो, उसे समाज से बराबर दूर रखा गया है। नारी धर्म के नाम पर उससे निरन्तर काम भावना की अपेक्षा की गयी है, लेकिन जहाँ कहीं भूले से भी अधिकार की बात उठती है, उसे सहने, मौन रहने की शिक्षा दी जाती है। और जहाँ वह नहीं मौन होती है, उसे जबरन मौन करा दिया जाता है। निराला शास्त्र एवं समाज द्वारा प्रदत्त की गयी इस स्थिति के जबर्दस्त विरोधी थे। वे स्त्रियों को पुरुषों के बराबर सम्मान शिक्षा एवं अधिकार देने की बात करते हैं और लगातार उनके पक्ष में डटकर खड़े होते हैं। उनकी मान्यता है कि स्त्रियों के शिक्षित और अपने अधिकार के प्रति जागरूक होते ही समाज में काफी हद तक बदलाव आ जायगा क्योंकि सित्रयाँ ही भारतीय समाज की धुरी हैं निराला जी अपनी कहानियों में नारी उत्थान की दो तरह की बातें करते हैं—(1) उसको शिक्षित करने के अर्थ में (3) उसे वैवाहिक आजादी प्राप्त करने के अर्थ में, क्या देखा, पद्मा और लिली, ज्योतिर्मयी, श्यामा, कमला, सुकुल की बीबी आदि कितनी ही कहानियाँ हैं, जहाँ स्त्रियाँ परित्यक्ता होकर, विवाह विमुख होकर, विधवा होकर शिक्षा के द्वारा अपना मुकाम स्वयं बनाती हैं और इज्जत एवं सम्मान की दृष्टि से देखी जाती हैं। वे अपनी शिक्षा को प्राथमिकता देने लगती हैं। 'पद्मा और लिली' में पद्मा शादी के सम्बन्ध अपने पिता से पहले पढ़ाई पूरी करने के लिए कहती है और वह इससे कोई भी समझौता नहीं करती, "मैं निश्चय कर चुका हूँ, जबान भी दे चुका हूँ। अबके तुम्हारी शादी कर दूँगा।"

पं. रामशेवर जी ने कन्या से कहा, "लेकिन मैंने भी निश्चय कर लिया है, डिग्री प्राप्त करने से पहले विवाह नहीं करूँगी। सिर झुकाकर पद्मा ने जवाब दिया।"[21] इस तरह की स्त्रियाँ शिक्षित होकर अपने विचार एवं सोच के अनुसार अपना जीवन व्यतीत करना चाहती हैं और ऐसे में उनके लिए वर्णभेद एवं नारी-पुरुष कोई मायने नहीं रखता। अतः पिता का देहावसान हो जाता है, लेकिन वे मरते-मरते कह जाते हैं, राजेन्द्र या किसी अपर जाति के लड़के से विवाह न करना।"[22] लेकिन वह भी परम्परा के आगे न टूटकर एक नया संकल्प लेती है और पिता की गलत एवं संकीर्ण विचारधारा जो कि समाज के बहुसंख्यक लोगों की विचारधारा है, को बदलने के दृढ़ निश्चय के साथ बालिकाओं को शिक्षित करना प्रारम्भ कर देती है। "इसके बाद पद्मा के जीवन में आश्चर्यजनक परिवर्तन हो गया। जीवन की धारा ही पलट गयी। एक अद्‌भुत स्थिरता उसमें आ गयी। जिस जाति के विचार ने उसके पिता को इतना दुर्बल

कर दिया था, उसी जाति की बालिकाओं को अपने ढंग पर शिक्षित कर, अपने आदर्श पर लाकर पिता की दुर्बलता से प्रतिशोध लेने का उसने निश्चय कर लिया।"[23]

निराला जी उच्च एवं निम्न वर्ग के मध्य विवाह के हिमायती थे। उनका दृढ़ निश्चय था कि इस तरह के तथा इस प्रकार के सम्बन्धों से जहाँ रूढ़िवादी वर्ण व्यवस्था कमजोर होगी वहीं व्यक्तियों में आपसी समरसता का वातावरण पैदा हो सकेगा। इस सम्बन्ध में वे लिखते हैं कि, "खान-पान विवाहादि के सम्बन्ध के लिए घबराने की कोई बात नहीं। विवाह तो वास्तव में शरीर से पहले मन से सम्बन्ध रखता है, पुरुष और प्रकृति का मेल दो मनों के भीतर से होना चाहिए। आजकल ब्राह्मणेत्तर समाज में ऐसे मनुष्यों की कमी नहीं, जो विद्या एवं बुद्धि के बराबर हैं, फिर ब्राह्मणों की कन्याओं का उनके साथ और उनकी कुमारियों का ब्राह्मणों के साथ मानसिक मेल तथा विवाह असंगत या अस्वाभाविक कदापि नहीं। और ब्राह्मणों तथा क्षत्रियों में ऐसी स्थितिवालों की कमी नहीं, जिनसे चमार, धोबी, नाई और लोध आदि बुद्धि तथा कर्म-कौशल में बढ़े हुए हैं। फिर, विवाह की व्यापकता में बाधा कौन-सी हो सकती है।"[24]

उनकी अनेक कहानियों में इसका व्यावहारिक रूप दिखायी पड़ता है। 'श्यामा' नामक कहानी में पुरुष मात्र बंकिम जो कि जाति का ब्राह्मण और श्यामा जो कि जाति की लोभ है। बंकिम उसकी गरीबी एवं दुःख से दुखी होकर उसकी और उसके परिवार की मदद करता है परिणामस्वरूप गाँव के सभी समाज के लोग उनको बहिष्कृत कर देते हैं। अन्ततः बंकिम श्यामा को लेकर कानपुर चला जाता है। वहाँ आर्यसमाज के मन्त्री एवं सामाजिक कार्यकर्त्ता सत्यप्रकाश से मुलाकात होती है, "उन्होंने बंकिम को अपने साथ यहाँ बुला लिया और एक दिन आर्यसमाज में दोनों का विवाह करा दिया। बंकिम के वीरोचित कार्य से वह इतने प्रसन्न हुए कि अपने वकील और कर्मचारी मित्रों से कहकर रिसर्च के लिए प्रतिमास तीस रुपये की छात्रवृत्ति दिला दी। वह पढ़ने में जी तोड़ श्रम करने लगा। सत्यप्रकाश जी स्वयं तत्परता से उसे पढ़ाते थे। और उसे अपने में मिला लिया। श्यामा के भी पढ़ने और दस्तकारी सीखने का प्रबन्ध हो गया।"[25] और अन्ततः वही बंकिम डिप्टी बना तथा जाति एवं समाज में मान-सम्मान तथा प्रतिष्ठा प्राप्त की।

निराला अपनी कहानियों में जहाँ अन्तर्जातीय विवाह को प्रोत्साहित करते हैं, वहीं दूसरी तरफ बाल विवह, बहुविवाह आदि की भी कटु आलोचना करते हैं वे ऐसे लोगों के कटु आलोचक हैं, जो झूठे अहंकार में अपनी पत्नियों को कष्ट दे-देकर मार डालते हैं और पुनः दूसरा विवाह करते हैं तथा पत्नी से प्रतिव्रता होने की अपेक्षा रखते हैं ज्योतिर्मयी कहानी में निराला ऐसे लोगों की खिल्ली उड़ाते हुए कहते हैं कि, "युवती मुस्कुराती हुई बोली, "अच्छा बताइये तो, यदि पहले ब्याही स्त्री इसी तरह स्वर्ग में अपने पूज्यपाद पति देवता की प्रतीक्षा करती हो और पतिदेव क्रमशः दूसरी

तीसरी, चौथी पत्नियों को मार-मारकर प्रतीक्षार्थ स्वर्ग भेजते रहे तो खुद मरकर किसके पास पहुँचेंगे।''[26]

निराला जी बेमेल विवाह की भी निन्दा करते हैं। उनका मानना है कि इस तरह के विवाह से अनेक सामाजिक बुराइयों का विकास होता है। श्रीमती गजानन्द शास्त्रिणी, नामक कहानी में इसी तथ्य की ओर संकेत करते हुए हिन्दू धर्म एवं पुरुष प्रधान समाज पर व्यंग्य किया है, ''श्रीमती गजानन्द शास्त्रिणी श्रीमान् पं. गजानन्द शास्त्री की धर्मपत्नी हैं। श्रीमान् शास्त्री जी ने आपके साथ चौथी शादी की है, धर्म की रक्षा के लिए। शास्त्रिणी जी के पिता को षोडशी कन्या के लिए पैंतालीस साल का वर बुरा नहीं लगा, धर्म की रक्षा के लिए वैद्य का पेशा अख्तियार किये शास्त्री जी ने युवती पत्नी के आने के साथ, ''शस्त्रिणी का साइनबोर्ड टाँगा, धर्म की रक्षा के लिए शास्त्रिणी जी उतनी ही उम्र में गहन पतिव्रत पर अविराम लेखनी चलायी, धर्म की रक्षा के लिए। मुझे भी कहानी लिखनी पड़ रही है, धर्म की रक्षा के लिए।''[27]

निराला समाज में विधवा विवाह को प्रोत्साहन देते हैं। उनका मानना है कि कम उम्र में लड़कियाँ जो असमय विधवा हो जाती हैं, उनका कठिन, घृणास्पद एवं अपमानित विधवा जीवन व्यतीत करने की अपेक्षा यथायोग्य पुनः विवाह होना चाहिए, यह स्वस्थ समाज के लिए आवश्यक है। उनका मानना है कि पुरुष मरने के बाद पुनः विवाह कर सकता है तो स्त्रियाँ को भी यह अधिकार मिलना चाहिए, ''शास्त्री जी की तीसरी पत्नी का असमय चिकित्सा के कारण देहान्त हो गया था। बड़े आदमी की तलाश में मिलनेवाले अपने मित्रों से शास्त्री जी बिना पत्नीवाले अड़चनों का बयान करते हैं और पुनः गृहस्थी टूट जाती है, इसके लिए विलाप।''[28] उसी तरह स्त्रियों को भी पुनः विवाह की मान्यता मिलनी चाहिए। निराला 'ज्योतिर्मयी' कहानी में लिखते हैं कि इसके लिए युवकों को आगे आने की जरूरत है, उन्हें रूढ़िगत धार्मिक-सामाजिक मान्यताओं को तोड़कर इस सामाजिक कुरीति को समाप्त कर देना चाहिए'' तो सारांश यह कि तुम उस पावन-मूर्ति अबला का, जिसे तुमने बढ़कर प्यार किया, पिता समझकर गुप्त हृदय की व्यथा प्रकट कर दी, उस देवी का समाज पक्ष से उद्धार नहीं कर सकते?''

'देखों हृदय अवश्य उसने छीन लिया है, पर शरीर पिता जी का है, वीरेन, मैं यहाँ दुर्बल हूँ। कैसी वाहियात बात! कितनी बड़ी आत्मप्रपंचना है, यह ! विजय, हृदय शरीरसे अलग भी है? जिससे तुम क्षण-क्षण में विजय प्राप्त कर लो, उसने तुम्हारे शरीर को भी जीत लिया है। अब उसका तिरस्कार परोक्ष अपना ही है। समाज का धर्म तो उसके लिए भी था, क्या फूटे हुए बरतन की तरह वह भी एक तरफ निकाल कर न करख दी जाती? क्या उसने यह सब नहीं सोच लिया।[29]

अतः निराला जी का मानना है कि आज समाज को वीरेन्द्र जैसे लड़कों की आवश्यकता है जो समाज के सामने एक मिसाल रख सकें और अन्य धर्म, समाज एवं परिवार से भीरु युवकों को समझा सकें, जिससे युवक-युवतियाँ अपने विचार के अनुसार कार्य कर सकें, किसी भयवश नहीं। निराला का कहना है कि हमारे समाज में

ऐसी स्त्रियाँ भी हैं जो एक बार भी ससुराल नहीं गयी, फिर भी, जीवनपर्यन्त वैधव्य निर्वाह करती रह गयी हैं। यह स्त्री जाति के ऊपर सरासर अन्याय है जिसका प्रतिकार होना चाहिए। 'ज्योतिर्मयी' कहानी में ज्योति कहती है कि "मैं बारह साल की थी, ससुराल नहीं गयी, जानती भी नहीं, पति कैसे थे, और विधवा हो गयी।"[30] ऐसी परिस्थिति में बारह वर्ष की एक युवती के लिए जो कभी न ससुराल गयी और न ही जिसने पति को देखा, वैधव्य धर्म का उसके लिए आजीवन निर्वाह, कितना धर्मयुक्त है? यह सहज ही समझा जा सकता है। इसीलिए निराला की कहानियों में इस तरह के प्रसंग बार-बार उठाये गये हैं, और इसके लिए स्त्रियों एवं पुरुषों दोनों को बराबर प्रयास करने की आवश्यकता है। 'सफलता' कहानी में निराला लिखते हैं, "गाँव में खबर उड़ी-नरेन्द्र बाबू ने आवारगी परकम कस ली, बाप-दादे का नाम मिटा दिया। घर-द्वार-जीन, जो कुछ भी था, बेच डाला, पाप कहीं छिपता है? आज वह चेहरा ही नहीं रहा।

"आभा, मैंने रास्ता ठीक कर लिया है।" यह आचार्य का कण्ठ न था, एक घनिष्ठ मित्र का था, जिसकी ध्वनि प्राणों में बहुत निकट तक पहुँचती है।"

आभा ने सुना और तौलकर देखा यह स्वर वहीं पहुँचा है, जहाँ कभी आँखों की सहानुभूति से स्नेह पहुँचा था। इसमें उपदेश की गुरुता नहीं, मनुष्य के प्रति मनुष्य का समभाव है। वीणा का स्वर झंकृत हुआ, "क्या है वह रास्ता?" तुम्हारे और मेरे जीवन से बँधकर बिलकुल एक नया, जिसमें आगे और लोग आयेंगे, मनुष्य के लिए मनुष्य होने को।"

आभा ने नरेन्द्र को देखा, फिर निगाह फेरकर दीपक प्रकाश में श्वेत शिव को देखने लगी। प्राणों में कैसी गुदगुदी हुई। बोली, "आप मुझे भगाना चाहते हैं?

"नहीं" नरेन्द्र का कण्ठ बिलकुल स्थिर था

"मेरे लिये जैसी आज्ञा हो।"

"हाँ, मैं तुम्हें वही अधिकार लेने के लिए कहता हूँ जो तुमसे छिन चुका है" जिस दुनिया में तुम्हें छोटी, अधम, भाग्य से रहित कहा, क्या तुम उसे नहीं समझाना चाहती कि तुम बहुत बड़ी हो, बहुत बड़ी भाग्य से भरी हुई।"

"ऐसा तो अब क्या होगा?"

"होगा आभा, वही रास्ता देखकर मैं आ रहा हूँ।"

आभा की आँखें, हृदय वह सम्पूर्ण निश्चलता कह रही थी, यह ठीक कह रहे हैं"

"यह" नरेन्द्र ने मन में कहा—'यह आभा है' खुलकर बोला, "आभा चलो, मेरे घर में बहुत दिनों से अँधेरा है, उसमें प्रकाश भर दो।"

होश में आते ही हृदय खिला उठा, आँखों में शंका आयी, "आपको लोग क्या कहेंगे?

मुझे कुछ नहीं कह सकते, अब अपनी किस्मत को रोयेंगे-आओ। नरेन्द्र आगे था, इस दृढ़ता को सर्वस्व सौंपकर आभा पीछे-पीछे चली।''

इस कथोपकथन में विधवा विवाह की समस्त शंकाओं का समाधान करते हुए निराला उससे निर्भीकता से मुकाबला करने की बात कहते हैं, वे कहते हैं कि इन धर्मभीरुओं से डरकर भागने की अपेक्षा इनसे डटकर मुकाबला करने की आवश्यकता है, जिससे इनको अपनी गलती का एहसास हो कि जिस धर्म का आश्रय लेकर वह समाज की शुचिता एवं पवित्रता को कायम रखने की बात करते हैं, उससे समाज एवं धर्म की पवित्रता नहीं बरकरार रहेगी। वे इसी कहानी में नरेन्द्र के मुख से आगे कहते हैं कि, ''आभा, अभी हमें कुछ रोज यहाँ रहना होगा। गाँववालों को बता जाना है कि हम भागनेवाले नहीं थे, तुम्हें भगानेवाला रास्ता बतलानेवाले थे।''[31]

निराला जी विधवा विवाह के साथ-साथ स्त्री पर झूठी जातिगत पवित्रता के दोष में उसे त्याग देने का कटु विरोध करते हैं और उस स्थिति में गुजर रही स्त्री की पीड़ा को बराबर व्यक्त करते हैं। 'कमला' नामक कहानी में 'कमला' को पति रमाशंकर उसे पहली बार विदा कराने ससुराल गया। नाई, रमाशंकर के ससुराल आता है और वापस लौट चलने को कहता है, रमाशंकर के पूछने पर वह कहता है, रमाशंकर के होश उड़ गये, कुछ देर सोचकर पूछा, ''इसका कोई कारण भी है'' हाँ, विदा कराने पर भैयाचार और नातेदार छोड़ देंगे। यह बहुत बड़ी बात है। घर चलकर मालूम कीजिये।''

उसने कहा हम कहते हैं, 'संकोच छोड़कर कहो।''

लाचार जमीन पर नजर गड़ाये कहने लगा, कल यहाँ के कुछ लोग, इन्हीं के भैयाचार, गाँव गये थे। जगनू बाबू, रामकिशोर चाचा वगैरह को अलग बुलाकर कहा कि लड़की काम की नहीं है। कानपुर में किसी मुसलमान की...''

रमाशंकर सोचता रहा, विषय कोई न था, केवल चिन्ता और क्रोध था, जिसका अर्थ था कि स्त्री जाति कैसी छल से भरी होती है।''

...कमला कारण सुनकर सूख गयी। यह बात बिलकुल झूठी थी। कानुपर में वह अपनी मौसी के यहाँ थी, उसी समय एक रात वहाँ चोरी हुई थी, जिसका अर्थ भैया चारों ने अपनी तरफ से बढ़ा लिया था।''[32] लेकिन वही स्थिति जब अपने ऊपर गुजरती है तो जिन लोगों को कमला को पकड़ने के लिए छोड़ दिया गया था, वे सब लोग उसको घर से निकाल देते हैं और फिर कमला ही सहारा देती है और स्त्री के आत्मसम्मान और गौरव को जो आदर्श प्रस्तुत करती है कि वे सिर उठाने की स्थिति में ही नहीं रह जाते, पं. रामचन्द्र और रमाशंकर बड़े घबराये, पर उपाय न था। ढोरवाले घर में गये। शाम को भैयाचारों का जमाव हुआ। सबने राय दी कि, ''तुम लोग गधे बन गये हो, अब लाख धोने पर घोड़े नहीं बन सकते। इसीलिए अब अपना परिवार लेकर अलग रहो।''

लड़की जवान हो चुकी थी और भैयाचार छोड़ चुके थे। पता लगाकर विवाह करनेवाले कनवाजिये फँस नहीं सकते, इस विचार से एक दिन राजकिशोर के यहाँ गये।

कमला अनावृत्त-मुख पद-पद सामने आकर खड़ी हो गयी। रमाशंकर ने कहा, "आपकी इच्छा होगी, तो ऐसी स्थिति में मैं विवाह करने को तैयार हूँ क्योंकि आपको उठा लेना मेरा धर्म है।"[33]

निराला जी अपनी कहानियों में हिन्दू-मुसलमानों के बीच रोटी बेटी के सम्बन्ध पर भी जोर दिया है। इनका मानना है कि भारतीय समाज इन्हीं दोनों धर्मों के लोगों से बना है। अतः यदि इनके बीच वैवाहिक-सम्बन्ध कायम हो गये तो समाज में अपनी सौहार्द की वृद्धि होगी, परिणामस्वरूप जो हिन्दू-मुस्लिम दंगे हैं, समाज को इस बड़े भारी संकट से छुटकारा मिल जायगा। इनकी कहानी 'सुकुल की बीबी' में सुकुल की बीबी की हिन्दू माँ को उसके पति ने घर से निकाल दिया और एक मुसलमान ने शरण दी, उसी ने उनकी रक्षा की, उसी मुसलमान पिता ने उसे पढ़ाया-लिखाया। पढ़ते समय कालेज के प्रोफेसर सुकुल से प्रेम हो गया और एक दिन रात को सुकुल के घर आ गयी। मुसलमानों ने रिपोर्ट लिखा दी। कुछ दिन रहकर वहाँ से वे दोनों चले गये और अन्त में निराला जी मिसेज सुकुल को अपनी चाचा की लड़की बताकर उसका नाम पुखराज से पुष्कर कुमरी कर सुकुल से विवाह कर दिया। ऐसी स्थिति के लिए अत्यन्त साहस की जरूरत है, क्योंकि इसमें दोनों वर्गों द्वारा व्यापक विरोध होगा।

निराला जी विवाह में दहेज प्रथा के कट्टर-विरोधी हैं उनका मानना है कि यह अत्यन्त घृणित बात है कि आज परिवार के लोग अपने बच्चों को पढ़ाते-लिखाते हैं उसके भविष्य के साथ-साथ वे उसकी शादी में दहेज वसूलने के प्रति भी सजग रहते हैं और उसको दुकान की वस्तु की तरह से तोल-मोल और लड़की के पिता से अधिक-से-अधिक धनराशि वसूल कर लेने की इचछा रखते हैं, जिससे कि उनकी आर्थिक स्थिति मजबूत हो सके।

विजय के पिता और चाचा मकान के भीतर आपस में सलाह करते हैं।

"दादा, लेकिन एक पै तो है ये सनाढ्य ब्राह्मण हैं, ऐसा फिर न हो कि कहीं के भी न रहे।"

"तुम भी, मारो गोली, हमको रुपये से मतलब, हमारे पास रुपया है तो भाईबन्द, जात-बिरादरी सब साले आवेंगे। नहीं तो कोई लोटे भर पानी को न पूछेगा।"

"तो क्या राय है?"

"विवाह करो और क्या?"

"सात हजार से आगे नहीं बढ़ता"

घर घेरे बैठा है, देखते नहीं? धीरे-धीरे दुहो, लेकिन शिकार न निकल जाय।"

"अब फँसा है, तो क्या निकलेगा।"

लेकिन लड़के के माता-पिता यह भूल जाते हैं कि लड़की के माता-पिता को जिस तरह से दबाकर के पैसा ऐंठा जाता है उसस्थिति में लड़की के ऊपर क्या गुजरती है, वह आजन्म मन-ही-मन लड़के के पिता से घृणा रखती है, "ज्योतिर्मयी की आँखों से घृणा मध्याह्न की ज्वाला की तरह निकल रही थी, छिः! मैंने यह क्या किया! यह वही विजय-संयत, शान्त वही विजय है? ओह! कैसा परिवर्तन! वीरेन्द्र, तुम्हारे-जैसा सिंह पुरुष ऐसे स्यार का भी साथ करता है। इसी कहानी में दहेज के तोलमोल का चित्रण इस प्रकार हुआ है—

अच्छा तो कहिये, क्या चाहते हैं आप?

'पन्द्रह हजार।"

"तब तो हमारे यहाँ बरतन भी न रहेंगे।"

"अच्छा तो आप कहिये।"

"नौ हजार लीजिये।"

"अच्छा बारह हजार में पक्का।"

पं. सत्यनारायण अपनी अघारी सँभालने लगें

"ग्यारह हजार देते हैं आप?" पं. कृष्णशंकर ने उभरकर पूछा।

'दस हजार सही, बताइये।"

"अच्छा, पक्का, मगर पाँच हजार पेशगी।"[34]

विवाह के सम्बन्ध में निराला जी की मान्यता है कि सबसे अच्छी विवाह की स्थिति वही है जिसमें लड़की और लड़के की आपसी सहमति हो क्योंकि लड़के और लड़की को ही एक-दूसरे के साथ जीवन व्यतीत करना है। उनकी अनेक कहानियाँ इसके उदाहरण हैं। इस सम्बन्ध में उनकी दृढ़ धारणा है कि समाज में स्त्री-पुरुष विवाह, विधवा विवाह जितनी स्थितियाँ हैं, सभी निराकरण इसी एक प्रेम विवाह के द्वारा ही सम्भव है। लेकिन इसमें लड़के और लड़की की दृढ़ता और साहस आवश्यक है क्योंकि कोई भी समाज इतनी आसानी से अपनी वर्षों से चली आ रही व्यवस्था चाहे वह कितनी ही जर्जर एवं गन्दी हो गयी है, तोड़ने नहं देगा, उसके लिए तो 'पद्मा और लिली' कहानी में पद्मा-जैसे साहस की आवश्यकता है, जहाँ राजेन्द्र पद्मा से पूछता है, राजेन्द्र, तुम उदास हो!"

"तुम्हारा विवाह हो रहा है?" राजेन्द्र पूछा।

पद्मा उठकर खड़ी हो गयी। बढ़कर राजेन्द्र का हाथ पकड़कर बोली, "राजेन तुम्हें मुझ पर विश्वास नहीं? जो प्रतिज्ञा मैंने की है, हिमालय की तरह उस पर अटल रहूँगी।"[35]

निराला जी की कहानियों में एक और प्रमुख सामाजिक समस्या छुआछूत के रूप में दिखायी पड़ती है। समाज की सवर्ण जातियों एवं निम्न वर्ण की जातियों से स्पष्ट भेद दिखायी पड़ता है, जो अत्यन्त व्यापक रूप लिये हुए है। इनकी कहानियाँ निम्न

वर्ण के उत्पीड़न से भरी हुई हैं और सवर्ण उनका विधिवत् शोषण करने में मग्न रहते हैं। इन निम्न जातियों में से कुछ इन शोषण वर्ग से लड़ने का प्रयास करते हैं, लेकिन वे बहुत कामयाब नहीं होते हैं। चतुरी चमार तथा श्यामा इनके प्रमुख उदाहरण हैं। 'श्यामा' में निराला जहां निम्न वर्ग 'लोध' की लड़की के साथ एक ब्राह्मण युवक बंकिम का वैवाहिक सम्बन्ध दिखाते हैं और दिखाते हैं कि एक जमींदार और ब्राह्मण वर्ग किस तरह से निम्न जातियों का शोषण करते हैं। सब एक मत होकर उस लोध 'सुधुआ' के अन्तिम क्रिया-कर्म में भी पूरे गाँववालों को रोक देते हैं और लोध लड़की को पिता की लाश ले जानेवाला भी गाँव में कोई नहीं मिलता। धर्म एवं जाति के नाम पर इतना घृणास्पद व्यवहार प्रेमचन्द की कहानी 'कफन' की याद ताजा कर देती है। अन्ततः मानवधर्म के नाते बंकिम उसकी सहायता करता है और अन्त तक सहायता करता है। 'चतुरी चमार' में छुआछूत का सारा भेद निराला ने गाँववालों के सामने छिन्न-भिन्न करके रा दिया है और चतुरी चमार के बच्चे को पढ़ाकर उसकी अगली पीढ़ी को इससे छुटकारा पाने की राह दिखाते हैं। छुआछूत की यह भावना इतनी कठोर है कि मुसलमानों के घर जाने मात्र से ही धर्म भ्रष्ट हो जाता है और उन्हें जाति से बहिष्कृत कर दिया जाता है। जिसका उदाहरण 'कमला' कहानी है जहाँ पण्डित रमाशंकर आदि का उनके भैयाचार के लोग ही उसे निकाल कर बाहर कर देते हैं।

सबने राय दी, "तुम लोग गधे बन गये हो, अब लाख चाहने पर घोड़े नहीं बन सकते। इसलिए अब अपना परिवार लेकर अलग रहो।"

लाचार होकर पं. रामचन्द्र जी को अलग होना पड़ा। गाँव में उनके प्रबल प्रताप से भी लोग काँपते थे, जिसके मकान से वह पानी पी लेते थे,. वह अपने को कृतार्थ, इन्द्रतुल्य समझता था, उन्हीं बाजपेयी जी के लिए किसी शूद्र का पानी छू लेना दुश्वार हो गया।"

निराला जी इन सभी सामाजिक समस्याओं के सुधार के मूल में शिक्षा मानते हैं, वे कहते हैं कि समाज सुधारकों को इन सारी समस्याओं पर बल देने के बाजय सभी जाति के लड़के एवं लड़कियों की शिक्षा पर ध्यान देना चाहिए क्योंकि आधुनिक शिक्षा वैज्ञानिक शिक्षा है और इसके अध्ययन से तमाम गलत सही तत्तवों का ज्ञान होगा और जिससे वे उन कुरीतियों को अपने ढंग से दूर करने का प्रयास करेंगे। इसमें समाज और उनका दोनों का हित सम्मिलित होगा। इसीलिए 'पद्मा और लिली' में पद्मा के पिता को अपर जाति में शादी करने से रोकते हैं तो वह शिक्षित होने के कारण न तो घर छोड़कर भागती है और न अन्य गलत तरीके से कार्य करके अपने पिता सदृश लोगों से बदला लेती है बल्कि और लड़कियों को शिक्षित करना आरम्भ कर देती है, यह आश्चर्यजनक परिवर्तन है। जीवन की धारा ही पलट गयी एक अद्‌भुत स्थिरता आ गयी। जिस जाति के विचार ने उसके पिता को इतना दुब्रल कर दिया था, उसी जाति की बालिकाओं को अपने ढंग से शिक्षित कर अपने आदर्श पर लाकर पिता की दुब्रलता से प्रतिशोध लेने का निश्चय कर लिया।"[36] इसी तरह कमला, श्यामा, चतुरी चमार आदि कहानियों में पात्र अपनी सामाजिक एवं आर्थिक स्थिति में बदलाव

शिक्षा के द्वारा ही लाते हैं। अतः निराला की दृष्टि में शिक्षा सामाजिक बदलाव का सबसे प्रमुख कारण है।

धार्मिक स्वाधीनता

निराला जी धार्मिक स्वभाव के पक्षपाती रहे हैं। उनका मानना है कि धार्मिक साहिष्णुता भारतीय समाज की रीढ़ है। भारत के लोगों ने सदियों से एक-दूसरे के प्रति सहिष्णुता की भावना रखकर, जीवन, हम भारतीयों ने व्यतीत किया है। आज भी इस संकट के समय उसी सहिष्णुता को बनाये रखने की आवश्यकता है। समाज के जितने भी घृणित लोग हैं, वे भारतीय समाज के दो प्रमुख धर्मों के अनुयायियों को आपस में लड़ाकर जहाँ, परम्परागत धार्मिक सौहार्द्र को नष्ट करना चाहते हैं, कि देश की राजनीतिक स्वाधीनता से पहले धार्मिक स्वाधीनता की आवश्यकता है। इसीलिए आजादी प्राप्ति की लड़ाई में वे मानव मूल्यों को साधन बनाने पर जोर देते हैं, क्योंकि गाँधी जी की तरह उनका भी विश्वास है कि यदि स्वाधीनता प्राप्ति के लिए अच्छे मार्गों को अपनाया जायेगा तभी देश के लोगों में भ उन्हीं गुणों का विकास होगा यदि स्वाधीनता में धार्मिक उदारता का समावेश नहीं होगा तो समाज में धार्मिक कट्टरता का विकास होगा जो किसी भ व्यक्ति समाज या राष्ट्र के लिए हितकर नहीं है।

उनका मानना है कि, "जिस तरह जड़ विज्ञान में सत्य का सार्वभौम चिराश्रय ऐक्य मिलता है और सभी देशों को समभाव से उन्नयन करने का अधिकार है, उसी तरह धर्म विज्ञान में भी। आजकल बड़े-बड़े विचारवान् ऐसे ही प्रयत्न में लगे हुए हैं। पर हमारे यहाँ धार्मिक कट्टरता ही प्रबल है। इसका परिणाम यह होता है कि कट्टरता का जड़त्व मस्तिष्क का विकास नहीं होने देता। अपने अनुकूल न होने पर धार्मिक तत्त्व झूठ जान पड़ते हैं। यह आत्मानुकूल तत्त्ववृत्ति बहुत बड़ी मानसिक दुर्बलता है। इसके कारण सभी रेखाओं से मनःशकित का विकास नहीं हो पाता। प्रहार करनेवाली पशुवृत्ति बनी रहती है। मनुष्य सब देशों के साहित्य, समाज, राजनीति और धर्मा का महत्त्व नहीं समझ पाता। प्रगति एक हद तक बँधी रहती है।

धार्मिक रूढ़ियों से मुक्त होने पर ही हिन्दुओं और मुसलमानों में एकात स्थापित हो सकती है। वे दोनों एक ही समाज के सामाजिक संस्कारों की दृष्टि से भी अभिन्न अंग बन सकते हैं। हिन्दू और मुसलमानों की यह समस्या इस देश की पराधीनता की सबसे बड़ी समस्या है।"[37]

अतः निराला जी का दृढ़ विश्वास है कि बिना दोनों धर्मों को माननेवाले लोगों के आपसी सौहार्द्र के देश की राजनीतिक स्वाधीनता का कोई मतलब नहीं है, क्योंकि बिना इस तत्त्व के देश एवं समाज में शान्ति सम्भव नहीं है। इसका संकेत उन्होंने 'क्या देखा' कहानी में किया है—"हिन्दू-मुसलमान के एकता के दृश्य कोई आँख खोलकर देखना चाहे तो जब चाहे, हमारे पश्चिमवाले झरोखे से झाँककर देख ले। यह अनन्य प्रेम हम सुबह-शाम देखा करते हैं। तारीफ तो यह कि वह प्रेम केवल मनुष्यों में नहीं, वहीं के पशु-पक्षियों में भी है। हिन्दुओं के पालतू कुत्ते और

मुसलमानों की मुर्गियाँ भी प्रेम करती हैं। उनका द्वेषभाव बिलकुल दूर हो गया है। वही पीपल के पेड़ के नीचे एक छोटे-से चबूतरे पर भगवान् भूतनाथ जी स्थापित हैं। चार चावल चढ़ाकर चक्रवर्ती बनने का अभिलाषी शिव जी को जरूर चढ़ाता है—

मुर्गियाँ शिव जी पर चढ़ाये गयेवाल चुगा करती हैं और मारे आनन्द के सिर उठाकर 'कु क डूँ कूँ' की हर्षध्वनि से हिन्दुओं को चक्रवर्ती (चक्की में पिसनेवाला) बना देने के लिए खुदा से दुआ माँगती हैं।[38]

निराला का विश्वास है कि इस धार्मिक सहिष्णुता का विकास एक-दूसरे धर्मों के लोगों के प्रति दया, ममता आदि सदगुणें को प्रकट करने पर ही हो सकता है। इसके उदाहरण उनकी अनेक कहानियों में दिखायी पड़ते हैं। 'सुकुल की बीबी' कहानी में हिन्दी पति द्वारा अपनी गर्भवती पत्नी को रात में घर से बाहर निकाल देने पर किसी ने सहारा नहीं दिया, तब एक मुसलमान, माँ की मदद से उसे घर ले आया, "एक रात को पति ने बाँह पकड़कर निकाल दिया। माँ रास्तों पर मारी-मारी फिरी। सुबह जिस आदमी ने उनके आँसू देखे वह मुसलमान था। उस वक्त माँ के दिल में हिन्दू, धर्म और भगवान् के लिए कितनी जगह थी, आप सोच सकते हैं। अन्तःसत्त्व, अबला केवल आश्रय चाहती है, सहानुभूतिपूर्ण, मनुष्यतायुक्त, वह एक मुसलमान से प्राप्त हुआ।"[39] जब तक दोनों समुदायों के लोगों में इस तरह से मानवीय मूल्यों की अभिव्यक्ति नहीं होगी, तब तक धार्मिक सहिष्णुता की कल्पना नहीं की जा सकती है। इसके अतिरिक्त निराला जी का मानना है कि लोगों में एक-दूसरे के धर्मों के माननेवालों के प्रति धार्मिक उदारता का भी भाव होना चाहिए, तभी सच्चे अर्थों में धार्मिक स्वाधीनता का भाव विकसित हो सकेगा क्योंकि किसी भी धर्म के माननेवाले के लिए इतनी स्वतन्त्रता होनी चाहिए कि वे किसी भी दूसरे धर्म के माननेवाले के धार्मिक समारोहों में बिना किसी धार्मिक असुविधा के भागीदारी कर सकें। साथ ही, उनका मानना यह भी है कि यह सबसे बड़ा मनुष्य धर्म है। अतः मनुष्य की उन्नति में बाधा पहुँचानेवाली सभी धार्मिक रूढ़ियों को हटा देना चाहिए। वे कहते हैं, "पाप का आश्रय लेना शास्त्र का विरोध करना है। पाप का इस तरह से विरोध होता है, समाज, समाज नहीं रह जाता। समाज तो वही है जिसमें तुम्हारी सम्यक उन्नति हो, शारीरिक, मानसिक, चारित्रिक एवं आध्यात्मिक, हमने जो पहले यह कहा है कि धर्म के साथ अधर्म का होना अनिवार्य है, उसके ये अर्थ नहीं हैं कि जानबूझकर किया जाय, इस तरह दृष्टि अधोमुखी हो जाती है, लक्ष्य से च्युत होकर पतित होना पड़ता है। यहाँ अधर्म की व्याख्या सिर्फ इसलिए है कि वह द्वैत का समर्थन करती है।...मनुष्य के लिए मृत्यु अवश्यम्भावी होने पर भी, उन्नति उसका लक्ष्य रखा गया है, तुम अपने मनुष्यत्व के बल से बढ़ो।"[40] अतः किसी के भी द्वारा मनुष्य जाति पर किया जानेवाला अन्याय अधर्म है और उसका प्रतिकार करना ही सच्चे अर्थ में धर्म है। क्योंकि जो धर्म व्यक्ति की भौतिक, आध्यात्मिक उन्नति न कर सके, मानवीय मूल्यों का विकास न कर सके, वह धर्म कहलाने के कदापि योग्य नहीं कहा जा सकता।

निराला ने हिन्दू धर्म, इस्लाम धर्म, ईसाई धर्म आदि रूढ़िवादी मान्यताओं से हटाते हुए उसे व्यापक वैचारिक धरातल पर प्रतिष्ठित करने का प्रयास किया है और उनके लिए यहाँ धार्मिक स्वाधीनता से तात्पर्य इन धर्मों को रूढ़िवादिता एवं जड़ता को तोड़ना है। निराला की कहानी 'अर्थ' में व्यक्ति का धर्म एवं ईश्वर के प्रति के अन्धविश्वास पर बार-बार प्रहार किया गया है। और ईश्वर के अस्तित्व पर प्रश्नवाचक चिह्न लगाया है, "जब जागा, जब दोपहर थी। देह फूल-सी हलकी हो गयी थी। इतनी स्वच्छता का उसे कभी अनुभव नहीं हुआ था। शंका आप ही आप पैदा हुई, क्या भगवान् नहीं है?"[41] भगवान् एवं धर्म के प्रति उत्पन्न यह अनास्था संसार के ऊँच-नीच से टकराकर कर्म की ओर उन्मुख हो जाती है और अन्त में कर्म को ही धर्म एवं ईश्वर स्वीकार कर लेता है।

इसी प्रकार निराला धर्म को हिन्दू-इस्लाम-ईसाई आदि धर्म विशेष के रूप में न देखकर उसे व्यापक रूप में देखने का प्रयास करते हैं। एक धार्मिक आस्थावान् व्यक्ति के लिए केवल उसकी जाति या उसके धर्म को माननेवाले लोग ही धार्मिक नहीं हैं वरन् सम्पूर्ण समाज एवं राष्ट्र को धर्मरूप मानकर चलना होगा। 'भक्त और भगवान्' नामक कहानी में भक्त की सबसे ईश्वर में आस्था अत्यन्त दृढ़ हो जाती है तो वह अपने इष्ट हनुमान का दर्शन उनके उस परम्परागत रूप में न पाकर पूरे राष्ट्र की समग्रता के रूप में पाता है, "उसने आज महावीर जी की वीरमूर्ति देखी। मन इतने दूर आकाश पर था कि नीचे समस्त भारत देखा, पर यह भारत न था, साक्षात् महावीर थे, पंजाब की ओर मुँह, दाहिने हाथ में गदा-मौन शब्द शास्त्र बंगाल के ऊपर दायें-बायें पर हिमालय पर्वत की श्रेणी, बगल के नीचे बंगापसागर, एक घुटना वीर वेश सूचक-टूटकर गुजरात की ओर बढ़ा हुआ एक पैर प्रबल्भवत् अँगूठा-कुमार अन्तरीप, नीचे राक्षस रूप लंका-कमल समुद्र पर खिला हुआ।"[42]

निराला का मानना है कि धर्म के जो नियम आदि दिखायी देते हैं वे मनुष्य के उत्थान के लिए मनुष्य के द्वारा बनायी गयी धार्मिक प्रणालियाँ हैं जो अपने युग, समय एवं समाज के अनुसार निर्मित हुई हैं। हमारी सबसे बड़ी कमजोरी यह है कि हम आज के समाज एवं समय के अनुसार से नयी धर्म की प्रणालियों का निर्माण न करके उन्हीं प्राचीन धर्म की प्रणालियों को धर्म मान बैठे हैं जिसके कारण हममें और हमारे धर्म एवं समाज में सब जगह जड़ता आ जाती है, आज समय के अनुसार हमें अपने-अपने धर्म के लिए नयी-नयी धर्म प्रणालियों के विकास की आवश्यकता है जिससे मनुष्य, समाज एवं देश की उन्नति हो सके, क्योंकि सभी धर्मों के मूल में व्यक्ति की भौतिक-सामाजिक एंव आध्यात्मिक उन्नति का ही उद्देश्य निहित होता है।

निराला का माना है कि लोग अपने धर्म को भूल गये हैं। धर्म क्या है? लोगों को इसका ज्ञान नहीं रह गया है। ये धर्मों के आडम्बर को भ्रमवश धर्म मान लेते हैं। यह भ्रम मनुष्यों को अक्सर हो जाता है लेकिन जो इस भ्रम को जान लेता है, वहीं वस्तुतः सच्चा धर्मनिष्ठ व्यक्ति है, "महाराज, इस संसार में मनुष्य मात्र को भ्रम हुआ करता है। वे बड़े ही ही पुण्यात्मा है, अपने जीवन काल में जिन्हें अपने भ्रम का ज्ञान

हो जाय।"[43] मनुष्य को मानवीय मूल्यों को धारण करना चाहिए अर्थात् मानवीय मूल्यों को ही समाज में प्रतिष्ठा करनी चाहिए यही एकमात्र हमारा सनातन धर्म है। वे कहते हैं—"सनातन धर्म का अर्थ यही है कि हम अपना कर्तव्य पूरा करते हैं, जो कार्य ईश्वर को करना होगा, उसे हम हमारी कर्तव्य परायणता की शक्ति से पूरा करेंगे। हमारी कर्तव्य-परायणता की शक्ति ही ईश्वर की शक्ति है।"[44] अतः निराला का मानना है कि ईश्वर के पास कोठ अलौकिक शक्ति नहीं, हमारे अच्छे कार्यों से ही शक्तिमान् बनता है। गरीब-दुखियों की मदद ही धर्म है। 'देवी' कहानी में निराला धार्मिक भक्तों पर व्यंग्य करते हुए कहते हैं कि एक गपगली अपने छोटे से बच्चे को गोदी में लिये जाड़ा-गर्मी-बरसात में भूख-प्यास-गर्मी-सर्दी सह रही है, भक्त लोग इस पर धर्म का शास्त्रार्थ करते हैं लेकिन उस पगली की कोई मदद नहीं करता, एक दिन पगली के पास एक रामायणी समाज में कथा हो रही थी। मैंने देखा, बहुत से भक्त एकत्र थे। एतवार का दिन। दो बजे से साहित्य सम्राट् गोस्वामी तुलसीदास जी के रामायण का पाठ शुरू हुआ, पाँच बजे समाप्त। उसमें हिन्दुओं के मँजे स्वभाव को साहित्य सम्राट् गोस्वामी तुलसीदास जी ने और माँज दिया है, आप लोग जानते हैं। पाठ सुनकर, मँजकर भक्तमण्डली चली। दुबली-पतली-ऐश्वर्य-श्री से रहित पगली बच्चे के साथ बैठी हुई मिली। एक ने कहा, इसी संसार में स्वर्ग और नरक देख लो। दूसरे ने कहा, 'कर्म के दण्ड हैं। तीसरा बोला, "मकान पदारथ है जग माहीं, करम हीन पर पावत नाहीं।" सब लोग पगली को देखते, शास्त्रार्थ करते चले गये।"[45]

इस तरह, निराला जी धार्मिक कर्मकाण्ड एवं धर्म दोनों को अलग-अलग रूप में देखते हैं क्योंकि कर्म वही श्रेष्ठ है जो ज्ञानजन्य हो। अज्ञानजन्य कर्म कार्मकाण्ड है, रूढ़ि पालन करना मात्र इसीलिए यदि धर्म ज्ञानजन्य कर्म का आदेश देता है तो वह ठीक है, यदि वह रूढ़ियों के पालन का आदेश करता है तो उसका विरोध करना चाहिए, आज मानवमूल्यों को आधार बनाकर अपने सामाजिक दायित्वों एवं कर्त्तव्यों को निश्चित करना चाहिए क्योंकि निराला जी का माना है कि बात-बात में धर्म एवं शास्त्र की दुहाई देना पराधीन मनोवृत्ति का सूचक है।

आर्थिक स्वाधीनता

निराला की आर्थिक स्वाधीनता की संरचना के तीन आधार हैं—एक वर्ग शासक का है, दूसरा वर्ग जमींदार का और तीसरा वर्ग किसानों का। उनकी आर्थिक स्वाधीनता की जो लड़ाई है और राजनीतिक सन्दर्भ में भी जो स्वाधीनता है, वह सच्चे अर्थों में किसानों की ही स्वतन्त्रता है क्योंकि पराधीनता के इस समय में जो सबसे अधिक शोषित या प्रताड़ित है, वे किसान ही हैं, क्योंकि भारत कृषिप्रधान देश है और यहाँ के अधिकतर रहनेवाले किसान हैं। इसीलिए निराला जी देश की स्वाधीनता की इस लड़ाई में आर्थिक स्वाधीनता के प्रति अत्यन्त सजग रहे हैं।

निराला जी अपनी कहानियों एवं निबन्धों में यह बार-बार, बताते हैं कि हमें आर्थिक स्वाधीनता के लिए विदेशियों द्वारा लादा जानेवाला दोनों ढाँचा मंजूर नहीं है

क्योंकि पूँजीवादी अर्थव्यवस्था जहाँ समाज और व्यक्ति को वस्तु में बदलकर उसे बाजार बना डालती है, वहीं समाजवादी व्यवस्था जो पूँजी के सामन वितरण की बात करती है, वह भी पूँजीमुखी हो जाती है। भारत के किसानों को न तो बाजार बनाना है और न भीड़, उन्हें सच्चे अर्थों में देश की सेवा करनेवाला, पेट भरनेवाली स्वाधीनता मिले, वह मूल्यपरक होनी चाहिए और कोई भी मूल्यपरक सेवा भावना त्याग की बात करती है, अधिकार की नहीं। अधिकारों की माँग से प्रतिद्वन्द्विता आती है और एक-दूसरे का गला काटने के लिए छल-प्रपंच-ईर्ष्या-कपट-घृणा आदि की बढ़ोत्तरी ही होती चली जाती है और निराला कहते हैं हमें इन दुर्गुणों के सहारे अपने समाज का निर्माण नहीं करना है क्योंकि इसके द्वारा वर्गों में कभी भी समरसता सम्भव नहीं है, हमें तो मानवीय मूल्यों, उदारता, अहिंसा तथा त्याग के सहारे अपने आर्थिक ढाँचे को विकसित करना है, जहाँ हर कोई एक-दूसरे की मदद के लिए खड़ा हो, स्पर्द्धा के लिए नहीं, इसीलिए निराला जी दोनों प्रकार की पूँजीवादी और समाजवादी अर्थव्यवस्था को नकार देते हैं।

निराला तो अंग्रेजी शासन प्रणाली से पूरी तरह वाकिफ हैं, क्योंकि वे जानते हैं कि इनकी साम्राज्यवादी व्यवस्था पूरी तरह आर्थिक-शोषण की व्यवस्था है। इस व्यवस्था के अन्तर्गत ब्रिटिश पूँजीपति भारत को गुलाम बनाकर इसीलिए रखते थे जिससे कि यहाँ का कच्चा माल कम दामों पर खरीदकर विलायत ले जाय और वहाँ का तैयार माल यहाँ महँगें दामों में बेचकर मुनाफा कमायें। दूसरे स्तर पर यहाँ की घरेलू वसूली के लिए अंग्रेज स्वयं प्रत्यक्ष रूप से सम्मिलित नहीं थे, वरन् जमींदारों का एक वर्ग खड़ा कर रखा था और उन्हें किसानों पर ममाने ढंग से अत्याचार एवं शोषण करने का लाइसेंस दे रखा था, वे किसानों एवं कृषि व्यवसायियों को इस स्थिति में ही नहीं रहने देते थे कि अंग्रेजी व्यवसायियों से किसी तरह मुकाबला कर सकें। 'श्यामा' नामक कहनी में जमींदारों के अत्याचार का वर्णन करते हुए 'सुधुवा' कहता है—"महाराज आठ रुपये बीघे के हिसाब से जमींदार दयाराम महाराज ने तीन बीघे खेत दिये थे। मैंने कई साल तक खोतों को खूब बनाया, खाद छोड़ी, जब खेत कुछ देने लगे, तब परसाल उन्होंने बेदखल कर दिया, पहले इजाफा लगान बीघा पीछे पाँच रुपये माँगते थे। अपने पास इतना दम न था। खेत छोड़ दिये। पर किसान जाय कहाँ, क्या खायें? फिर उन्हीं जमींदार दयाराम महाराज के पैरों नाक रगड़नी पड़ी। उन्होंने पाँच रुपये बीघे पर का एक खेत दिया, खेत बिलकुल ऊसर है। मैं जानता था, पर लेना पड़ा। खेती न करें तो महाजन उधार नहीं देता। भूखों मरा नहीं जाता।"[46]

निराला कहते हैं कि अंग्रेजों की जो शासन व्यवस्था है, उसका आधार साम्राज्यवाद है जो पूँजी पर खड़ा है, वहा पूँजी है, सब-कुछ है जबकि भारतीयों की अभी तक जो आर्थिक व्यवस्था है, वहाँ पूँजी सब-कुछ नहीं है। वहाँ धर्म के लिए धन है, जबकि यहाँ धन के लिए सब-कुछ है। अंग्रेजों के शासन और व्यवहार के कारण यहाँ का भी परम्परागत आर्थिक ढाँचा अब टूटता जा रहा है। यहाँ के समाज में भी

अब पूँजी सब-कुछ होती जा रही है, उसकी उपस्थिति हाकेने पर कुछ भी गलत-सही देखने की जरूरत नहीं, सब-कुछ माफ है।

'ज्योतिर्मयी' कहानी में निराला ने स्पष्ट किया है कि अब व्यक्ति की पहचान पूँजी से होने लगी है, "तुम भी, मारो गोली हमको रुपये से मतलब, हमारे पास रुपया है तो भाई-बन्धु, जाति-बिरादरीवाले साले सब आयेंगे, नहीं तो कोई लोटे भर पानी को नहीं पूछेगा।"[47]

इस व्यवस्था में अंग्रेजों ने भारतीय समाज को इतना अर्थवादी बना दिया है कि जिस भारतीय समाज में भगवान् के भक्त, भगवान् की खोज अपनी आध्यात्मिक उन्नति के लिए करते थे वहाँ अब भक्त भगवान् की खोज धन के लिए करने लगे हैं, "चुपचाप कुछ देर के विश्राम किये बिना लौटा। महावीर जी की सहायता से विश्व सम्राट् भगवान् श्री रामचन्द्र जी से वह पैसे माँगने गया था, चढ़ाने नहीं।"[48] उसे धक्के खाने के बाद वह ज्ञान हो गया कि इस संसार में अब धन ही ईश्वर रूप है, उससे बढ़कर कुछ नहीं है, रामकुमार का कहना है कि ईश्वर ही अर्थ है, वह जिस भक्त पर कृपा करते हैं, उसमें सूक्ष्म अर्थ बनकर रखते हैं।"[49]

निराला का मानना है कि शासक वर्ग का वह कर्तव्य है कि देश के धन में देश के लोगों की सेवा-करें, देश का कल्याण करें, धन का यही सदुपयोग है यदि वह ऐसा नहीं करता तो वह शासन करने योग्य नहीं, यह धन देश की रक्षा के निमित्त खर्च कीजिये। यह सब मुझे आप ही के यहाँ से मिला है। इस पर मेरा अधिकार कुछ भी नहीं है। देश का धन, देश की विपत्ति के समय अवश्य खर्च किया जाना चाहिए।"[50] यदि कोई शासक ऐसा नहीं करता तो उसको राज-सत्ता से च्युत कर दिया जाना चाहिए, ईश्वर की इच्छा से आज तुम विशाल जनसमूह के शासक हो। लाखों मनुष्यों के भाग्यविधाता हो परन्तु तुम्हें स्मरण रखना चाहिए, कि अधिकार के माने यह नहीं कि स्वेच्छाचार किया जाय, निरपराध मनुष्यों से तुम अपनी शक्ति की थाह लो।"[51]

इस तरह निराला ने अपनी कहानियों में अंग्रेजी शासन पद्धति, उसकी आर्थिक प्रणालियों का पर्दाफाश करते हुए ब्रिटिश सरकार द्वारा किये जानेवाले किसी भी आर्थिक सुधार का विरोध करते हैं क्योंकि अंग्रेजी शासन व्यवस्था आर्थिक एवं राजनीतिक दोनों स्तरों पर घृणित बर्बरता का सहारा ले रही थी। इसका चित्रण उन्होंने अपनी कहानियों में स्थान-स्थान पर किया है। एक तरफ अंग्रेज उच्च वर्ग (जमींदार) को अधिकार और धन का लालच देकर किसानों के ऊपर अमानवीय अत्याचार करने की छूट देता है, दूसरी तरफ राजनीतिक प्रतिनिधियों से नये-नये सुधारों की बात करता है।

निराला के अनुसार इन दुहरे मानदण्डों की समाप्ति के बिना आर्थिक-स्वाधीनता एवं जागरुकता सम्भव नहीं है क्योंकि भारत की ज्यादातर जनसंख्या किसान है और यह आर्थिक स्वाधीनता पूँजी और बाजार व्यवस्था पर अधिकार भावना से नहीं वरन् धन के समान त्याग सेप्राप्त की जा सकती है।

भाषिक स्वाधीनता

निराला जी की कहानियों में भाषिक स्वाधीनता की बात बार-बार उठायी गयी है। निराला जी का मानना है कि अंग्रेज अपने व्यवहार एवं शिक्षा से यह बार-बार दिखलाने का प्रयास करते हैं कि भारत के अनेक खण्ड हैं इसके लिए वे जाति, धर्म, शरीर की बनावट, रंग और भाषा को आधार बनाते हैं। इस धारणा का वे खण्डन करते हैं कि भारत एक देश नहीं, अनेक देशों का समुदाय है, यहाँ न एक भाषा है और न एक प्रकार का समाज, अनेक छोटी-बड़ी भाषाओं के रहते भारतवर्ष उन्नति नहीं कर सकता। इसीलिए सबको अंग्रेजी पढ़ना चाहिए। अंग्रेजी के हिमायती अब तक कुछ ऐसी ही दलील पेश करते रहे हैं। आश्चर्य तो यह है कि उनमें कुछ तो इसी देश के निवासी भारतीय हैं।''[52] इसलिए देश की स्वाधीनता की लड़ाई में भाषिक स्वाधीनता की बात कही गयी है और हिन्दी को भारत की राष्ट्रभाषा स्वीकार करते हुए उसको व्यापक रूप से समृद्ध और प्रचलन पर लाने पर बल दिया गया। निराला भी इसके पक्षपाती हैं। निराला की अनेक कहानियों में उसके प्रमुख पात्र जब देश या समाज की सेवा में अपना जीवन अर्पित कर देते हैं तो उनका अथक प्रयास राष्ट्रभाषा के समुन्नत करने पर भी रहा है।

निराला की कहानी 'ज्योतिर्मयी' में 'साहित्यिक पत्रों ने लिखा, नरेन्द्र जी प्रतिभाशाली तो पहले से थे, परन्तु अब वह विशेष रूप से राष्ट्रभाषा को समुन्नत कर रहे हैं। दिल्ली में उनका अर्द्धनारीश्वर नाटक बड़ी सफलता से खेला गया, जिसमें पति और पत्नी दोनों उतरे। 'यह है, पिछड़े हुए हिन्दीवालों को पढ़ने की उचित शिक्षा।''[53]

इसी तरह 'श्रीमती गजानन्द शास्त्रिणी' कहानी में, "सम्पादक जी लेखक मात्र को प्रोत्साहित करते हैं ताकि हिन्दी की मरुभूमि सरस होकर आबाद हो।''[54] उनकी अनेक कहानियों में इस तरह के भाव मिलते हैं, जहाँ देश की भाषा के रूप में हिन्दी को आगे बढ़ाने और प्रोत्साहित करने का विशेष प्रयत्न किया गया है क्योंकि उनकी मान्यता है कि जब तक भाषा अपनी नहीं होगी, स्वाधीनता की लड़ाई चाहे वह जिस मोर्चे पर लड़ी जा रही हो, बहुत दूर तक नहीं लड़ी जा सकती। इसके लिए देश की जनता की एक स्वाधीन भाषा होनी चाहिए।

निष्कर्ष

निराला जी की कहानियों में स्वाधीनता का जो रूप दिखायी पड़ता है, वह सभी रंगों से भरा हुआ है। वे कहानियों में जहाँ एक ओर समसामयिक राजनीतिक घटनाओं पर जागरूक निगाह रखते हैं, वहीं वे इस बात के लिए भी सतर्क हैं कि ये राजनीतिक घटनाएँ समाज की मुख्यधारा को वैचारिकता एवं व्यावहारिकता का कौन-सा आकार देंगी, उनके मन में उभरनेवाले इन्हीं चित्रों को अपनी कहानियों से उन्होंने शब्दों का रूप दिया है। अंग्रेजी शासकों द्वारा उत्पीड़न, नारियों का अभिशप्त जीवन, वर्ण

व्यवस्था की कठोरता, धर्म की पाखण्डपूर्ण स्थिति, हिन्दू-मुस्लिम संघर्ष-अर्थात् कुल मिलाकर उनकी कहानियों में, राजनैतिक, आर्थिक, धार्मिक सभी दृष्टियों से पराधीन भारत की एक पूर्ण तस्वीर दिखायी पड़ती है, जिसको लेकर उनके मन में एक गहरी निराशा एवं आक्रोश का भाव है।

निराला जी इस पराधीन देश को स्वाधीन बनाने के लिए गाँधी जी द्वारा चलाये जा रहे मूल्यपरक आन्दोलनों का समर्थन करते हैं। अपनी कहानियों द्वारा शोषण, अन्याय, अत्याचार, उत्पीड़न का विरोध करते हैं। वे सामन्तवादी जमींदारी व्यवस्था और पूँजीवाद का खत्मा चाहते हैं, इस स्वाधीनता की लड़ाई को कृषकों की आजादी की लड़ाई स्वीकार करते हैं और आर्थिक दृष्टि से ऐसी व्यवस्था की सम्भावना तलाश करते हैं, जहा पूँजी का वितरण अधिकारपरक न होकर त्यागमूलक हो। इनका मानना है कि पूँजी के त्याग से जो सत्ता स्थापित होगी, आर्थिक दृष्टि से वही वास्तविक आजादी है, क्योंकि ऐसी आजादी ही समाज में समरसता ला सकती है।

वे जातीय दृष्टि से हिन्दुत्व की बात करते हैं, ऐसे धर्म की बात करते हैं जो सनातन रहा है, जिसकी पहचान सदवृत्तियों के कारण है और जो मूल्यों पर प्रतिष्ठित है और वे इसके लिए रूढ़िवादी, पाखण्डवादी, कर्मकाण्डीय नियमों से मुक्ति की जोरदार वकालत करते हैं। ये सभी विवेकानन्द के नव अद्वैतवाद के प्रकाश में निर्मित है। ये उनकी कहानियों के पात्रों के ही सन्दर्भ नहीं है, वस्तुतः उन्होंने अपने सम्पूर्ण जीवनकाल में भी इसी प्रकार का जीवन व्यवहार में जिया है।

निराला की कहानियों में स्वाधीनता को लेकर जो सबसे प्रभावी पक्ष है, वह है सामाजिक स्वाधीनता का। इस पक्ष को वे देश की स्वाधीनता प्राप्ति का सबसे महत्त्वपूर्ण तत्त्व मानते हैं और इस सम्बन्ध में उनका दृढ़ मत है कि यदि हमने राजनीतिक स्वाधीनता प्रापत कर ली छुआछूत, जाति-पाँति, विधवा विवाह, बाल विवाह, बेमेल विवाह, बहु-पत्नी प्रथा, अशिक्षा आदि से समाज को छुटकारा नहीं दिलाया तो हमारी आजादी बेमानी हो जायगी। उनका विचार है कि हम सभी लोगों को मिलकर सबसे पहले सामाजिक स्वाधीनता प्राप्त करने की जरूरत है। इसकी समाप्ति के लिए वे शिक्षा की सबसे प्रभावी भूमिका स्वीकार करते हैं। उनका मानना है कि बालक-बालिकाओं के लिए नवीन वैज्ञानिक शिक्षा प्रदान करना ही, समस्याओं तथा सामाजिक दासता से मुक्ति का एकमात्र उपाय है।

वस्तुतः निराला की कहानियों में स्वराज्य की सारी स्थितियाँ लोकजन केन्द्रित हैं। यह जमींदारों, राजाओं, सेठ, साहूकारों की स्वाधीनता नहीं है। यह किसानों एवं निम्न वर्ग की स्वाधीनता है, फिर भी, वे बदले की भावना से क्रान्ति की बात न करके समरसता की बात करते हैं वे ऐसे देश एवं समाज की बात करते हैं, जहाँ जातीय एकता एवं आपसी सौहार्द्र हो। इसके लिए वे मनुष्य की सद्वृत्तियों की सर्वाधिक महत्त्व देते हैं। निराला सत्य, अहिंसा, त्याग, सेवा, सहानुभूति आदि मूल्यों की वकालत करते हैं। यही निराला की स्वाधीनता की परिकल्पना है।

●

सन्दर्भ

1. निराला रचनावली, भाग-4, पृ. 424-425
2. निराला रचनावली, भाग-4, पृ. 328 (श्यामा)
3. निराला रचनावली, भाग-4, पृ. 303 (पद्मा और लिली)
4. निराला रचनावली, भाग-4, पृ. 306
5. निराला रचनावली, भाग-7, पृ. 213
6. निराला रचनावली, भाग-7, पृ. 217
7. निराला रचनावली, भाग-7, पृ. 226
8. निराला रचनावली, भाग-7, पृ. 293
9. निराला रचनावली, भाग-7, पृ. 226
10. निराला रचनावली, भाग-7, पृ. 226
11. निराला रचनावली, भाग-7, पृ. 20
12. निराला रचनावली, भाग-7, पृ. 10-11
13. निराला रचनावली, भाग-7, पृ. 307
14. निराला रचनावली, भाग-7, पृ. 376
15. निराला रचनावली, भाग-4, पृ. 288
16. निराला रचनावली, भाग-4, पृ. 301
17. निराला रचनावली, भाग-4, पृ. 330
18. निराला रचनावली, भाग-6, पृ. 416
19. डॉ. रामविलास शर्मा, निराला की साहित्य साधना, भाग-2, पृ. 114
20. निराला रचनावली, भाग-6, पृ. 387
21. निराला रचनावली, भाग-4, पृ. 301
22. निराला रचनावली, भाग-4, पृ. 305
23. निराला रचनावली, भाग-4, पृ. 305
24. निराला रचनावली, भाग-6, पृ. 415
25. निराला रचनावली, भाग-4, पृ. 333
26. निराला रचनावली, भाग-4, पृ. 306
27. निराला रचनावली, भाग-4, पृ. 426
28. निराला रचनावली, भाग-4, पृ. 426
29. निराला रचनावली, भाग-4, पृ. 308
30. निराला रचनावली, भाग-4, पृ. 306
31. निराला रचनावली, भाग-4, पृ. 394
32. निराला रचनावली, भाग-4, पृ. 316
33. निराला रचनावली, भाग-4, पृ. 320-321
34. निराला रचनावली, भाग-4, पृ. 310

35. निराला रचनावली, भाग-4, पृ. 300
36. निराला रचनावली, भाग-4, पृ. 305
37. डॉ. रामविलास शर्मा, निराला की साहित्य साधना, भाग-2, पृ. 54-55
38. निराला रचनावली, भाग-4, पृ. 288
39. निराला रचनावली, भाग-4, पृ. 420
40. निराला रचनावली, भाग-4, पृ. 226
41. निराला रचनावली, भाग-4, पृ. 359
42. निराला रचनावली, भाग-4, पृ. 401
43. निराला रचनावली, भाग-7, पृ. 58
44. निराला रचनावली, भाग-7, पृ. 217
45. निराला रचनावली, भाग-7, पृ. 375
46. निराला रचनावली, भाग-4, पृ. 324-325
47. निराला रचनावली, भाग-4, पृ. 309
48. निराला रचनावली, भाग-4, पृ. 356
49. निराला रचनावली, भाग-4, पृ. 360
50. निराला रचनावली, भाग-7, पृ. 285
51. निराला रचनावली, भाग-7, पृ. 197
52. निराला रचनावली, भाग-2, पृ. 395
53. निराला रचनावली, भाग-2, पृ. 395
54. निराला रचनावली, भाग-2, पृ. 432

पंचम अध्याय

निराला की स्वाधीनता की चेतना तथा उपन्यास साहित्य

औपन्यासिक कृतियाँ और उनका सामान्य परिचय

निराला ने उपन्यास का लेखन सन् 1930 से प्रारम्भ किया। उनका पहला उपन्यास 'अप्सरा' सन् 1931 में छपकर प्रकाशित हुआ। उनका दूसरा उपन्यास 'अलका' है। यह सन् 1933 में छपा। निराला का ऐतिहासिक उपन्यास 'प्रभावती' का प्रकाशन काल सन् 1936 है और 'निरुपमा' का सन् 1935 है। निराला का 'संस्मरणात्मक उपन्यास 'कुल्लीभाँट' सन् 1939 में छपकर आया। इसके बाद 'बिल्लेसुर बकरिहा' छपा। यह निराला के शब्दों में 'स्केच' है अर्थात् रेखाचित्रात्मक प्रवृत्ति का उपन्यास। इसका प्रकाशन काल सन् 1942 है। उन्होंने स्वतन्त्रता आन्दोलन की मूल संवेदना को आधार बनाकर चार खण्डों में एक लम्बा उपन्यास लिखने की घोषणा की और इसके क्रम में लिखित प्रथमतः 'चोटी की पकड़' है। यह उपन्यास सन् 1946 में छपा। इसके अतिरिक्त 'काले कारनामें' शीर्षक उपन्यास इनके द्वारा सन् 1950 में लिखा गया। इनके दो अधूरे उपन्यास हैं। चमेली तथा इन्दुलेखा, जो क्रमशः 1941 तथा सन् 1960 हैं। इस प्रकार, निराला ने सन् 1930 से प्रारम्भ करके सन् 1960 तक अर्थात् अपने जीवन के 30 वर्षों में अन्य विधाओं के अतिरिक्त आठ सम्पूर्ण तथा दो अधूरे उपन्यासों की रचना की।

सामान्य रूप से निराला के प्रारम्भिक उपन्यासों को आलोचकों ने रोमाण्टिक उपन्यास माना है।[1] डॉ. रामविलास शर्मा ने भी इन उपन्यासामें में दुहरी परस्पर विरोधी प्रवृत्तियाँ देखी हैं। वे कहते हैं—

"निराला के कथा-साहित्य में दो परस्पर विरोधी प्रवृत्तियाँ देखी जाती हैं। एक प्रवृत्ति काल्पनिक इच्छापूर्ति के सपने रचने की है तो दूसरी वास्तविक जीवन संघर्ष को चित्रित करने की।"

निराला जिस देश, काल और सृजन के परिवेश के बीच अपना लेखन कार्य कर रहे थे, हिन्दी कविता के विकास की दृष्टि से वह छायावाद है किन्तु राष्ट्रीय संघर्ष की दृष्टि से स्वाधीनता के आन्दोलन का कालखण्ड है। निराला अपने उपन्यासों में छायावादी रोमानियत का वातावरण बनाकर उसे ध्वस्त करके समाज को स्वाधीनता

तथा रूढ़िग्रस्तता से मुक्ति की ओर आगे बढ़ते हैं। उनका उपन्यास अप्सरा जो सर्वाधिक रोमाण्टिक है, नायक राजकुमार को रोमानियत में नहीं बाँधपाता और एक झटके में सम्पूर्ण रागात्मक बन्धन को तोड़कर अपने क्रान्तिकारी साथी चन्दन की तलाश में चल देता है। निराला की यह क्रान्तिकारिता स्वाधीनता की ओर उन्मुख है, भावुकतापूर्ण प्रणय की ओर नहीं। निराला अपने अधिकांश उपन्यासों में नारी को केन्द्रीय पात्र बनाकर उसकी मुक्ति का परिवेश तैयार करते हैं इस परिवेश को तैयार करने में रोमानियत तथा यथार्थ दोनों पक्ष आकर टकराते हैं और विजय होती है, यथार्थ की। निराला के प्रारम्भिक उपन्यासों में नारी की स्वाधीनता तथा परम्परित रूढ़ियों से मुक्ति का संघर्ष निरन्तर वर्तमान है।

जैसा कि द्वितीय अध्याय में यह निर्दिष्ट किया जा चुका है, निराला सामाजिक, वैयक्तिक तथा सृजन इन तीनों स्तरों पर व्यवस्थावाद एवं परम्परावादी रूढ़ियों के विरुद्ध खड़े दिखायी पड़ते हैं। उनकी कविताओं, निबन्धों, कहानियों तथा उपन्यास साहित्य में निरन्तर उनकी मुक्तिकामी चेतना परम्परा तथारूढ़ि से लड़ती दिखायी पड़ती है। रूढ़ि तथा परम्परा से लड़ना उनका स्वभाव है और जीवन भर उन्होंने किसी-न-किसी रूप में समझौता नहीं किया। निराला का सृजनधर्मी व्यक्तित्व मुक्तिकामी है, इसीलिए वे निरन्तर सामाजिक रूढ़ियों के प्रति आक्रामक बने रहे। निराला बार-बार अपने विभिन्न साहित्य रूपों के द्वारा दासता, गरीबी, शोषण, अन्याय आदि पर प्रहार करते हुए दिखायी पड़ते हैं। निराला का उपन्यास साहित्य भी उनकी इसी वैचारिक आवेग से जुड़ा दिखायी पड़ता है। उनके उपन्यासों में ध्यान से देखें तो रोमानियत, क्लैसिकी तथा परम्परित अध्यात्मवादी दृष्टि के साथ-साथ सामाजिक परम्परा में बदलाव के प्रति अपूर्व उत्साह दिखायी पड़ता है। इसलिए निराला के उपन्यासों में रोमानियत के सूत्र खोजकर उनके आधार पर व्याख्या करना उचित नहीं है, वातावरण में रोमानियत अवश्य है किन्तु निराला इस रोमानियत को जीवन के यथार्थ में बदलने के प्रति कृत संकल्प हैं। इस बदलाव के अन्तर्गत जो प्रवृत्ति विशेष महत्त्वपूर्ण दिखायी पड़ती है, वह है उनकी मुक्ति अर्थात् स्वाधिनता की चेतना की। इस तथ्य को इंगित करते हुए निराला रचनावली भाग-3 की भूमिका में डॉ. नन्दकिशोर नवल बताते हैं—

"स्वाधीनता आन्दोलन एक ओर उपनिवेश विरोधी था, तो दूसरी ओर सामन्त विरोधी। निराला के इन उपन्यासों में जनवादी चेतना से ओत-प्रोत नवशिक्षित तरुण-तरुणियाँ हैं जो सामन्ती रूढ़ियों को तोड़कर समाज के सम्मुख एक आदर्श रखते हैं, उनके कार्यों में बाधाएँ आती हैं, पर वे उनसे विचलित नहीं होते और संघर्ष करते हुए अपने उद्‌देश्य पर पहुँचते हैं।"[2]

इस प्रकार, निराला के उपन्यासों का विश्लेषण करने पर उनमें मुक्ति की चेतना का व्यापक आयाम दिखायी पड़ता है। इन आयामों से जुड़े प्रश्न इस प्रकार हैं—

1. स्वाधीनता का आन्दोलन और निराला के उपन्यास
2. धर्मान्धता एवं धार्मिक रूढ़िग्रस्तता से मुक्ति
3. नारी मुक्ति तथा उनकी शक्ति का संगठन

4. सामन्त जमींदार, सत्ताधारी अंग्रेज और कृषक वर्ग

5. विविध सामाजिक संवर्ग, शिक्षा, आजीविका, वर्ण-व्यवस्था आदि से जुड़ी विसंगतियों का उपहास

निराला के उपन्यास साहित्य में उपर्युक्त सामाजिक मूल्य विशेष रूप से सन्दर्भित दिखायी पड़ते हैं। उन्होंने बहुत सोच-समझकर अपने युग के वर्तमान समाज को रेखांकित करते हुए उसका यथार्थमूलक परिवेश तथा उनसे उत्पन्न संकटों से मुक्ति का मानक तैयार किया है।

स्वाधीनता का आन्दोलन और निराला के उपन्यास

जैसा कि अनेक सन्दर्भों में कहा जा चुका है, निराला की स्वाधीनता का सन्दर्भ दुहरा था। वे कांग्रेसी नेताओं द्वारा देशमुक्ति के प्रश्न को तो समर्थन करते हैं किन्तु उसे स्वाधीनता का अन्तिम लक्ष्य नहीं मानते हैं। वे देश की हजारों वर्षों से चली आ रही आर्थिक, सामाजिक, व्यवस्थामूलक, रूढ़िग्रस्तता तथा नारी की गुलामी से देश की मुक्ति चाहते हैं। इस प्रकार, निराला मुक्ति के दो पक्ष मानते हैं। देश की भौगोलिक मुक्ति के बाद परम्परित सामाजिक दासता से मुक्ति। वे इस सन्दर्भ में दोनों पक्षों पर बल देते हैं और विशेष रूप से एक और बाह्य स्वाधीनता या भौगोलिक स्वाधीनता अर्थात् अंग्रेजों की गुलामी से मुक्ति के सवाल को वे अपनी कहानियों तथा उपन्यासों में बार-बार उठाते हैं, साथ ही उसकी कमियों एवं उसके दोषों को भी इंगित करते हैं तो दूसरी ओर सामाजिक, साथ ही वैचारिक दासता के विविध पक्षों को उठाकर उनकी मुक्ति के उपायों की ओर भी समाज का ध्यान आकर्षित करते हैं। डॉ. रामविलास शर्मा ने इस सन्दर्भ को स्पष्ट करते हुए बताया है कि—

"कांग्रेसी स्वाधीनता आन्दोलन और निराला की राजनीतिक चेतना में एक अन्तर यह भी है कि निराला के लिए स्वाधीनता आन्दोलन अभिन्न रूप से सामाजिक क्रान्ति से जुड़ा हुआ है। देश के नाम पर वह देश की जनता को भूलते नहीं। देश को स्वाधीन होना है, इसी देश की ज़नता के सुखी समृद्ध जीवन के लिए। इसी कारण स्वाधीनता आंन्दोलन और सामाजिक क्रान्ति परस्पर सम्बद्ध है।"

निराला इस वैचारिक आग्रह को अपने निबन्धों, कहानियों तथा उपन्यासों में बार-बार स्थापित करते हैं। उनके अनुसार सम्पूर्ण स्वाधीनता का आन्दोलन बिना सामाजिक स्वाधीनता के व्यर्थ है। निराला अपने उपन्यासों में वैचारिक स्वाधीनता तथा स्वेच्छा से निर्णय लेने के विवेक को सर्वोपरि मानते हैं और इस प्रकार उनका स्वाधीनता का सन्दर्भ अपने में व्यापक एवं मानवीय स्वाधीनता और उसके व्यापक सामाजिक, साथ ही वैयक्तिक स्वतन्त्रता की अवधारणा पर आश्रित है। इन सारे सन्दर्भों को निराला अपने उपन्यासों तथा कथाओं में समझाते हैं। अपने अलका उपन्यास में स्पष्ट करते हुए निराला एक स्थल पर कहते हैं—

"देश की स्वाधीनता एक मिश्र विषय है। वह केवल राजनीतिक प्रगति नहीं, देश की व्यापक स्वतन्त्रता को सब तरह की सुपुष्टि होनी चाहिए।"[3]

निराला अपने समय की राजनीतिक स्वाधीनता का बराबर मूल्यांकन करते हैं और जहाँ उन्हें उसका कमजोर पक्ष दिखा, उसका मखौल उड़ाने में नहीं चूकते। वे 'अलका' उपन्यास में एक स्थल पर कहते हैं—

"संवाद पत्रों में स्वतन्त्रता का व्यवसाय होता है। सम्पादक ऐसी स्वाधीनता की ढोल हैं, जो केवल बजते हैं, बोल के अर्थ, ताल, गति नहीं जानते।"[4]

निराला के उपन्यासों में राजनीतिक स्वाधीनता, उसकी विकृतियों का विस्तारपूर्वक उल्लेख मिलता है, साथ-ही-साथ निराला स्वाधीनता के अपने मूल सन्दर्भ को भी रखने में हिचक या संकोच का अनुभव नहीं करते। उनके अप्सरा उपन्यास में चन्दन सिंह क्रान्तिकारी स्वाधीनता सेनानी है। वे कांग्रेस के शान्तिवादी सेनानियों से इन क्रान्तिकारी सेनानियों को अधिक महत्त्व देते हैं। क्रान्तिकरी नेता चन्दन की पुस्तकों को देखकर निराला की टिप्पणी दृष्टव्य है—

'फ्रांस, रूस, चीन, अमेरिका, भारत, इजिप्ट, इंग्लैण्ड सभी देशों की सजीव स्वर में बोलती हुई स्वतन्त्रता के अभिषेक से दीप्त मुख, मनुष्य को मनुष्यता की शिक्षा देनेवाली किताबें थीं।"[5]

स्वाधीनता के आन्दोलन के प्रकरण में राजनीतिक चरित्र के लिए ये पुस्तकें आपत्तिकर हो सकती हैं। स्वतन्त्रता आन्दोलन के सेनानी चन्दन सिंह की गिरफ्तारी साक्ष्यविहीन मिलती है। उनके अनुसार ये क्रान्तिकारी सेनानी अपने युद्ध में कुशल हैं।

'अप्सरा' उपन्यास की कथा के दो पक्ष हैं। प्रथम पक्ष तो कनक की कथा से जुड़ा है और यहाँ निराला उसमें वैचारिक स्वाधीनता का समर्थन करते हैं। वह वेश्या का सम्पूर्ण रूप से त्यागकर अपनी वैचारिक स्वतन्त्रता के कारण अनेक संकटों को झेलकर राजकुमार को अपना पति स्वीकार कर लेती है और बिना ब्याह के ही। इसी प्रकार यहाँ स्वाधीनता के आन्दोलन का भी एक वातावरण तैयार किया गया है, चन्दनसिंह की कथा द्वारा। यह है प्रारम्भिक उपन्यास किन्तु निराला की स्वाधीनता की दृष्टि को स्पष्ट करता है।

निराला '**कुल्लीभाँट**' उपन्यास को भी सामाजिक क्रान्ति की भूमिका के साथ कांग्रेस आन्दोलन को जोड़ते हैं। कुल्लीभाँट कांग्रेस का नम्बरदार अर्थात् ग्रामीण कांग्रेस का बड़ा नेता बन जाता है। कुल्ली बताता है कि ग्राम तथा टाउन एरिया के बड़े लोग कांग्रेस का नाम तो लेते हैं किन्तु सामाजिक कार्यक्रमों में मदद नहीं करते और इसके लिए कुल्लीभाँट गाँधी और नेहरू को पत्र भी लिखता है लेकिन कोई प्रतिक्रिया नहीं मिलती। गाँधी जी को भेजे गये पत्रों के उत्तर न मिलने पर कुल्लीभाँट अपनी प्रतिक्रिया इस प्रकार व्यक्त करते हैं—

"महात्मा जी, आप मुझसे हजार गुना ज्यादा पढ़े हो सकते हैं, तमाम दुनिया में आपका डंका पिटता है लेकिन हरेक की परिस्थिति को आप बिलकुल नहीं समझ सकते।

आपको बनियों ने भगवान् बनाया है क्योंकि ब्राह्मणों और ठाकुरों में भगवान् हो चुके हैं, बनियों में नहीं।"[6]

निम्नवर्गीय चेतना की जागृति के स्तर पर कांग्रेस का यह अधःपतन निराला आँखों से देख रहे थे। अपने गाँव में रहकर, किसान आन्दोलन से जुड़कर उसकी सम्पूर्ण सार्थकताएँ उनकी समझ में आ चुकी थीं। उनकी यहाँ स्पष्ट टिप्पणी मिलती है—

"किसान इसलिए कांग्रेस में आते हैं कि जमींदार की मारों से, सरकार के अन्याय से बचे रहें और जमीन उनकी हो जाय। गरीब इसलिए तारीफ करते हैं कि उन्हें कुछ मिलता है।"[7]

कांग्रेसी कार्यकर्ताओं की दृष्टि हमेशा बड़े नेताओं के स्वागत पर टिकती है न कि साम्राज्य लोक के बीच कार्यक्रमों के प्रोत्साहन पर। किसान आन्दोलन जन-जन तथा ग्रामीण अंचलों में इसीलिए नहीं फैल सका कि बड़े नेताओं की उसके प्रति आन्तरिक सहानुभूति नहीं दिखायी पड़ती। निराला का उपन्यास 'अलका' जैसा कि प्रारम्भ में निर्दिष्ट है, स्वाधीनता आन्दोलन की भूमिका से जुड़ता है और अलका की यहाँ राजनीतिक स्वतन्त्रता तथा उसके विविध सन्दर्भों में विस्तारपूर्वक बातचीत होती है। वे उसे देश की मनोदशा, कार्यकर्त्ता, स्वतन्त्रता का सन्दर्भ, नेता का अर्थ, किसान तथा निर्धन मजदूर आदि की वास्तविक स्थिति आदि का विस्तारपूर्वक सन्दर्भ समझाते हैं। वे राजनीतिक आन्दोलन जेल भरो से अच्छा सार्वजनिक सेवा मानते हैं और इसी सार्वजनिक सेवा से ही देश को मूल स्वाधीनता का एहसास हो सकेगा। शंकर इसे स्पष्ट करते हुए यहाँ कहते हैं, "चाहते और क्या हैं, न्याय, इस दुःख से मुक्ति। इसीलिए जो लोग वास्तव में क्षेत्र से उतरकर देश के लिए कार्य करते हैं, वे यदि इन किसानों की शिक्षा के लिए सोचें, हर जिले के आदमी, अपने ही जिले में जितने हों, उतने केन्द्र कर, अर्थात् अपने गाँवों में इन किसानों को केवल प्रारम्भिक शिक्षा भी दे तो जेलवास से ज्यादा उपकार होगा।"[8]

इस प्रकार, निराला स्वाधीनता के राजनीतिक पहलू का बार-बार परीक्षण करते हैं और उसकी व्यापकता के लिए वे उस शक्ल में पेश करना चाहते हैं, जो उसे देश की समग्रता से जोड़ सके। निराला का 'अलका' उपन्यास स्वाधीनता आन्दोलन से जुड़ी इन तमाम समस्याओं को अपने से जोड़ता हुआ आगे बढ़ता है, जो उसकाल की सार्वजनिक तथा सामाजिक अपेक्षाएँ थी। इस उपन्यास में विजय (प्रभाकर) का व्यक्तित्व इसी पक्ष के लिए रचा गया है और दूसरी ओर उसके व्याख्याकार हैं, अलका (शोभा) के शहरी पिता ज्ञानशंकर जी। निराला ने इस उपन्यास में एक अध्याय के अन्तर्गत स्वाधीनता के इस सम्पूर्ण सन्दर्भ की विस्तरपूर्वक ज्ञानशंकर जी से व्याख्या करायी है और उसके व्यावहारिक पक्ष के लिए रखा है विजय को, जो स्वाधीनता के आन्दोलन से प्रभावित जन शिक्षा के प्रचार-प्रसार का दायित्व वहन करता है और अलका को भी इसी प्रसंग से जोड़ता है। निराला प्रभाकर तथा ज्ञानशंकर के माध्यम से न केवल अपनी स्वाधीनता की अवधारणा का स्पष्टीकरण देते हैं, वरन् उसका क्रियान्वयन भी करते हैं। निराला ग्राम्य जीवन के ठेठ-से-ठेठ आदमी बुधुवा, महँगू, सुक्खू, लक्खू आदि को स्वाधीनता की समझ के मंच पर ले जाकर लोक की

यथार्थ स्थिति का परिचय देते हैं। जमींदार का लठैत, गाँव के इन गरीब वर्ग के लोगों को 'सुराज' (स्वराज) के नाम पर धमकाता हुआ महँगू से कहता है—

"क्यों रे साले? तू बबुओं का ठेकेदार है या सुराज का भी।" और वह जमींदार का लठैत पुनः धमकाता हुआ कहता है—

"वीरेन ने छोड़ दिया। सोचा था, इस साले के पीछे साल भर और ससुराल (जेल) हो आऊँ। सुराज समझाता है।"[9]

निराला ने एक स्थल पर दो नेताओं (विजय और अजित) के भोजन की व्यवस्था के सन्दर्भ का उल्लेख किया है। भोजन की व्यवस्था के समय गृहिणी ने अपने पति से प्रश्न किया—

"ये नेता कौन जात के होते हैं"

"कोई जात है, इनके। रंगे स्यार हैं। पेट का धन्धा एक कर रक्खा है।" (राजनीति से) गम्भीर उत्तर मिला।

निराला की नेताओं के विषय में यह टिप्पणी निश्चित रूप से उपहास्पद नहीं है। बल्कि यथार्थ को इंगित करती है।

निराला इस उप्न्यास में पूरी तरह शिक्षा के प्रचार-प्रसार से होनेवाली ग्राम्य जागृति का जितना व्यापक स्वप्न देखते हैं, लगता है, वे भारतीय जीवन में व्याप्त अज्ञानान्धकार को समाप्त करने का संकल्प ले चुके हैं। उनका यह संकल्प सही मायने में भारतीय स्वाधीनता की चेतना से जुड़ा हुआ है। उनके अनुसार, बिना शिक्षा और समझ के लोकतन्त्र कैसा? नागरिक के कर्तव्य एवं अधिकार बोध के लिए निराला शिक्षा को अनिवार्य उपादान मानते हैं।

इस प्रकार, निराला प्रभाकर तथा अलका की कथाओं एवं उनसे जुड़े विविध परिवेशों के माध्यम से स्वाधीनता के वास्तविक सन्दर्भ को स्पष्ट करते हुए राजनीतिक आन्दोलन, उसकी व्यवस्था तथा उसके परिणामों में निकली विकृतियों का खुलकर विरोध करते हैं।

निराला का **'चोटी की पकड़'** उपन्यास का वातावरण स्वाधीनता के आन्दोलन की पृष्ठभूमि तैयार करता है। उपन्यास की भूमिका से निराला का मन्तव्य भी कुछ इसी प्रकार का है। सामन्ती वातावरण के बीच स्वाधीनता का वातावरण कुछ इसी प्रकार का है। मुख्य कथा के साथ एक सहायक कथा जो इसी मुख्य कथा की पर्त से उभरकर सामाजिक आन्दोलन से जुड़ती है, कुछेक को छोड़कर प्रायः सभी उपन्यासों में दिखायी पड़ती है। यही दृष्टि यहाँ भी है। प्रभाकर एक पात्र है, जो राष्ट्रीय जागरण का मंच तैयार करता है। वह समस्त सामन्त तथा राजन्य वर्ग को अपनी ओर खींचता है और निराला इसके प्रति सहानुभूति राजा राजेन्द्र प्रताप से जोड़कर इस प्रकार प्रकट करते हैं—

"कुछ ही दिनों में राजों, रईसों तथा वकीलों बैरिस्टरों से मिलने पर राजा राजेन्द्र प्रताप की समझ में आ गया कि देश का साथ देना चाहिए।"[10]

प्रभाकर इस आन्दोलन का नायक है। कवि निराला उसके नायकत्व को सम्पूर्ण उपन्यास भर में फैलाने की चेष्टा करते हैं और फलतः उपन्यास के सभी पात्र राजा राजेन्द्र प्रताप, उनकी राजरानी, नर्तकी एजाज तथा मुल्ला बाँदी उसके सम्पर्क में आकर प्रभावित होते हैं और उसे समर्थन देने के लिए तत्पर हैं। प्रभाकर छुपकर राजा राजेन्द्र प्रताप की कोठी में रहता है और अपने साथियों के साथ वहाँ से स्वाधीनता का क्रान्तिकारी आन्दोलन संचालित करता है।

निराला के इस उपन्यास को पूरा उपन्यास नहीं कहा जा सकता क्योंकि इसमें केन्द्रीय संवेदना का सूत्र मिलता नहीं। विभिन्न घटनाएँ, विभिन्न पात्र और उन सबके बीच एक सामन्ती वातावरण किन्तु इस सामन्ती वातावरण को क्रान्तिकारी आन्दोलन की भावना तोड़ती है, प्रभाकर क्रान्तिकारी नेता को केन्द्र में रखकर और सभी का झुकाव उसकी ओर करके निराला जिस कालखण्ड की कथा यहाँ कहने जा रहे हैं, उपन्यास के प्रारम्भ में उन्होंने उसकी पृष्ठभूमि का उल्लेख किया है—

"यह विभाजन बंग-भंग की आग छोटे-बड़े सभी के दिलों में एक साथ जल उठी। कवियों ने सहयोगपूर्वक देश-प्रेम के गीत रचने शुरू किये। संवाद पत्र प्रकट और गुप्त रूप से उत्तेजना फैलाने लगे। जगह-जगह गुप्त बैठकें होने लगीं। अंग्रेजों के किये अपमान के जवाब में विदेशी वस्तुओं के बहिष्कार की प्रतिज्ञाएँ हुईं। लोगों ने खरीदना छोड़ा। साथ ही, स्वदेशी वस्तुओं के प्रचार के कार्य भी परिणत किये जाने लगे।"[11]

कुल मिलाकर, निराला बंग-भंग आन्दोलन और उसकी प्रतिक्रिया पूर्ण वातावरण से अपने उपन्यास का प्रारम्भ करते हैं। किन्तु यह समग्र उपन्यास सामन्तवाद के परिवेश में दब-सा जाता है। आन्दोलन की एक स्पष्ट एवं तीक्ष्ण रेखा इस सामन्तवाद के बीच से उभरती अवश्य है किन्तु अपनी भूमिका में निराला ने इसे चार खण्डों में पूरा करने की प्रतिज्ञा की थी, और उन खण्डों के न लिखे जाने से इस उपन्यास को उस आन्दोलन की पृष्ठभूमि के ही रूप में स्वीकार करना पड़ेगा।

निराला के अधूरे उपन्यासों में इस प्रकार की स्वाधीनता की चेतना की कोई बात उठायी गयी नहीं दिखती फलतः इस प्रसंग को निष्कर्षबद्ध करते हुए हम कह सकते हैं कि निराला के उपन्यासों में नारी जागरण के पश्चात् दूसरी महत्त्वपूर्ण समस्या राजनीतिक आन्दोलन की है। निराला का राजनीतिक आन्दोलन केवल कांग्रेस पार्टी के देश की आजादी के आन्दोलन तक ही सीमित नहीं था। निराला के अनुसार सामाजिक आजादी के बिना देश की आजादी का कोई मतलब नहीं है और नारी जागरण को भी निराला अपनी सामाजिक आजादी की भावना का अंग मानते हैं। निराला निर्बल समाज की दासता से मुक्ति के लिए शिक्षा को सर्वाधिक महत्त्व देते हैं और अपने उपन्यासों में सर्वत्र उसको स्थापित करते हैं। अछूतों एवं निम्नवर्गीय चेतना में स्वाधीनता की समझ, उनके अनुसार, बिना शिक्षा के सम्भव नहीं है। देश में सामान्य नेतागीरी का माखौल उड़ाने में भी निराला बाज नहीं आते। सामान्यतः राजनीतिक आजादी को वे मात्र माखौल बताते हैं।

धर्मान्धता एवं धार्मिक रूढ़िग्रस्तता से मुक्ति

निराला के उपन्यासों में धर्मान्धता एवं रूढ़िग्रस्तता के प्रति गहरा उपहास एवं व्यंग्यभाव वर्तमान है। अलका उपन्यास में उन्होंने एक प्रमुख पात्र प्रेमशंकर के द्वारा जीवनदर्शन की व्याख्या करते हुए बताया है, "शक्ति के संयम में जितना दुःख जितनी साधना है, उतना दुःख उतनी साधना बेमेल शक्तियों की प्रतिक्रिया में नहीं है।" शक्ति के संयम के लिए व्यक्ति तपता है, संघर्षों को झेलता है और फिर उसे उपलब्धि भी मिली या नहीं। परम्परा एवं चाटुकारिता में कोई संकट नहीं है। निराला के अनुसार, परम्परा से मुक्ति की कामना, उसकी स्थापना के लिए किया गया संघर्ष और जीवन भर उसको झेलना यह मानव जीवन की बहुत बड़ी सार्थकता है। निराला अपने उपन्यासों में ऐसे पात्रों को परम्परा तथा रूढ़ियों से संघर्ष के लिए बराबर तैयार रखते हैं। अप्सरा में चन्दन, अलका में प्रभाकर, इन्दुमती में पात्र इन्दुमती, निरुपमा में कुमार, चोटी की पकड़ में प्रभाकर, काले कारनामें में मनोहर, कुल्लीभाँट में स्वयं कुल्ली इसी संघर्ष के प्रतीक हैं।

निराला भारतीय आध्यात्मिकता के मूल सन्दर्भ को स्वीकार करते हुए धर्मान्धता एवं रूढ़िग्रस्तता के प्रति बराबर विद्रोही बने रहे। उनके अनुसार धर्मान्धता का मूल कारण शास्त्रवाद तथा ब्राह्मणवाद है। निराला दोनों के विरोधी हैं। अन्धविश्वास, कुरीतियाँ, प्राचीन प्रथाएँ निराला के अनुसार केवल अन्धानुकरण मात्र है। आज युग के यथार्थ को देखते हुए उनके औचित्य पर कोई विश्वास नहीं करता।

निराला अपने उपन्यासों में जहाँ धर्मान्धता, परम्परा तथा शास्त्रवाद का अवसर आता है, उसकी वे खुलकर निन्दा करते हैं। निराला के नायक तथा नायिका विविध घटनाओं के सन्दर्भ में बराबर ऐसे प्रकरणों में अपनी प्रगतिशील स्वाधीन चेतना तथा विवेक के अनुसार शास्त्र से हटकर निर्णय लेते हैं। निराला के अप्सरा उपन्यास में कनक राजकुमार का मन-ही-मन वरण करके उसे अपना पति मान लेती है। उसके लिए ब्याह के आडम्बर की कोई आवश्यकता नहीं है। वह अपनी माँग में स्वेच्छया पतिव्रता के प्रतीक चिह्न सिन्दूर भर लेती है। निराला यहाँ विवाह के अर्थ को आत्मिक वरण बताते हैं। इस आत्मवरण में आवश्यक नहीं कि मण्डप बने, फेरे लगें, पुरोहित ब्याह कराये और बारात तथा द्वारचार की तैयारियाँ हों। निराला उसके ब्याह के स्वयं प्रतीक रूप सिन्दूर को इंगित करते हैं—"उसके मस्तक का ऐसे समस्त सन्देह की जड़ काट रहा था।"[12]

निराला **प्रभावती** उपन्यास में भी ब्याह के आडम्बरों की इसी जड़ता को काटते हैं। राजकुमारी इन्दुमती का विवाह राजकुमार से होता है, गान्धर्व रीति से श्मशान घाट पर। कवि यमुना दासी के मुख से यह टिप्पणी देते हैं—

"इस श्मशान से आपको शिव मानकर आपके गले में इन्होंने वरमाला डाली है। वे पृथ्वी रूप से गुण सुगन्ध भूषित हो रही है। जल रूप उन्होंने आपके चरण धोकर, आपको अन्तःकरण का समस्त रस अर्पित कर दिया है। आपको माला पहनाकर

सुरोचित कर स्पर्शजन्य अपना समीर अंश दे चुकी हैं। आरती द्वारा तथा नयनों की... आपमें पंचतत्त्व स्वरूपा शक्ति आकर मिली है। आप इन्हें रोचित कर माला पहनाकर प्रति नमस्कार द्वारा प्रीत करें।"[13]

निराला यहाँ भी ब्याह की परम्परित रूढ़ि तथा शास्त्रवाद को तोड़ते हैं। संयोगिता के स्वयंवर प्रकरण को भी यहा निराला ले आते हैं और ब्याह से जुड़ी मध्यकालीन धारणा की पुष्टि से शास्त्रवाद का वे प्रकारान्तर से खण्डन करते हैं। ब्याह की रूढ़ि को निराला अपने अन्य उपन्यासों में भी रखते हैं।

निराला के **'कुल्लीभाँट'** तथा **'बिल्लेसुर बकरिहा'** उपन्यासों में पग-पग पर परम्परित शास्त्रवाद, आस्थावाद तथा आडम्बर का मजाक उड़ाया गया है। कुल्लीभाँट के सन्दर्भ में ब्राह्मण के मांसाहार के प्रश्न को उठाया गया है। इस तरह पतुरिया के लड़कों का प्रसंग है। पतुरिया के घर का खाना-पीना उसके बच्चों का स्पर्श और यज्ञोपवीत के बाद और भी सख्त मनाही निराला इन सबके विरोधी थे। कुल्लीभाँट का मुसलमान स्त्री प्रसंग, मुसलमान स्त्री का हिन्दू बनना और कुल्ली की मृत्यु के बाद ब्राह्मणी द्वारा त्याग दिये जाने पर उसका श्राद्ध कर्म स्वयं निराला द्वारा करना परम्परित शास्त्रवाद में निहित ब्राह्मणवादी व्यवस्था के एकाधिकारवाद को ध्वस्त करता है।

इसी प्रकार, बिल्लेसुर बकरिहा रेखाचित्रात्मक उपन्यास में 'हनुमान की मूर्ति' का प्रसंग है। बिल्लेसुर बकरिहा जब बकरी चराने निकलते थे, सर्वप्रथम रास्ते में हनुमन जी की मूर्ति को प्रणाम करके उनसे बकरयिों की रक्षा के निमित्त प्रार्थना करते।

निराला के शब्दों में, "आगे महावीर जीवाला मन्दिर मिला, चढ़ गये और चबूतरे के ऊपर से मुँह की गुठलियाँ नीचे फेंककर महावीर जी के पैर छुए और रोज की तरह कहा, "मेरी बकरियों की रखवाली किये रहना।"[14]

बिल्लेसुर का बकरा खो जाने पर उनकी हनुमान मूर्ति के प्रति प्रतिक्रिया देखने लायक है—"देख, मैं गरीब हूँ, तुझे हम गरीबों का सहायक कहते हैं, मैं इसीलिए तेरे पास आता था और कहता था, मेरी बकरियों को और बच्चों को देखे रहना। क्या तूने रखवाली की, बता लिये थूथन-सा मुँह खड़ा है। कोई उत्तर नहीं मिला। बिल्लेसुर ने आँखों-से-आँखों मिलाये हुए महावीर जी के मुख पर डण्डा दिया कि मिट्टी का मुँह गिल्ली की तरह टूटकर बीघे भर जमीन के फासले पर जा गिरा।"[15]

हनुमान आस्था की यह भी एक परिणति है और निराला की शक्ति की कल्पना महावीर हनुमान की मूर्ति की यह दुर्दशा की शक्ल में आकर उपस्थित होती है।

निराला इसी प्रकार, परम्परा के वर्जित शूद्र शिक्षा की शास्त्र वर्जना का खुलकर विरोध करते हैं। उनके 'कुल्लीभाँट' तथा 'काले कारनामें' उपन्यासों में हरिजन शिक्षा का खुला समर्थन मिलता है। निराला वस्तुस्थिति का परचय देते हुए कहते हैं, "अछूत लड़कों को पढ़ाता है, इसीलिए कि उसका एक रत्न हो, लोगों से सहानुभूति नहीं पाता।"[16]

निराला का कुल्ली किसी की चिन्ता नहीं करता और वह अपने कार्य में निरन्तर संलग्न दिखायी पड़ता है।

इसी प्रकार की स्थिति 'काले कारनामें' शीर्षक उपन्यास में दिखायी पड़ती है। निराला उपन्यास के नायक मनोहर से काशी नगरी में शूद्रों को संस्कृति शिक्षा देने की व्यवस्था कराते हैं। सम्पूर्ण विरोध के बाद भी वह अपने दायित्व में लगा रहता है। निराला मनोहर के लिए अपने उपन्यास में कहार पात्रों द्वारा टिप्पणी देते हैं—

"आपके बेटे की तरीफ में है, जो हम लोगों को ऊँचा उठाता है, ब्राह्मणों की तरह हमारा सिर नहीं फोड़ता है।"[17]

इसी प्रकार जातीय विद्वेष एवं उनसे सम्बद्ध शास्त्रवाद के पाखण्ड का निराला खुलकर विरोध करते हैं निराला की प्रकृति अपने स्वयं को तथा समस्त भारतीय समाज को इन आडम्बरों से मुक्त कराने की थी।

इसी प्रकार का एक प्रकरण 'चोटी की पकड़' उपन्यास में आता है। यह प्रसंग है—मुन्नीदासी और राजा के जमादार पण्डित जटाशंकर का। मुन्नीदासी की प्रणय कामना की प्राप्ति के लिए लालायित जमादार की भर्त्सना करती हुई मुन्नीदासी (जो जाति की कहारिन है) कहती है—"जटाशंकर सूख गये। सोचा, यह कुल चकमा उनकी जाति मारने के लिए बहुत था। बहुत डरे। देवता की याद आयी कि उन्होंने न बचाया। ब्रह्मा की लड़ाई में काम आ गये होते तो अच्छा होता।"[18]

कुल मिलाकर, निराला के उपन्यासों में ब्राह्मणवाद और उसके पाखण्ड पर बड़ी तीखी प्रतिक्रिया है। निराला अपने उपन्यासों में वर्ण व्यवस्था सिद्धान्त पर गहरी टिप्पणी देते हैं। क्षत्रियों के सामन्ती जीवन में नृत्य, गान, सुरापान आदि दुर्गुणों तथा ब्राह्मणों के आडम्बरवाद का खुलकर विरोध करते हैं। उनके मन में मनुष्य को सर्वोपरि स्थापित करने की भावना थी और इस स्थापना में शास्त्रवाद की अड़चनों का समस्त विरोध करके अपनी स्वाधीनता प्रेमी मुक्तिकामिता का परिचय देते हैं।

नारी मुक्ति तथा उनकी शक्ति का संगठन

निराला साहित्य, विशेष रूप से उनके उपन्यास और कहानियाँ नारी मुक्ति के आन्दोलन के विविध पक्षों से सम्बद्ध हैं। छायावाद युग के विषय में उसकी सबसे बड़ी आलोचना यह है कि उसमें सामाजिकता से पलायन की प्रवृत्ति दिखायी पड़ती है, किन्तु फिर भी जयशंकर प्रसाद के नाटक और निराला के उपन्यास इसके लिए सबसे बड़े साक्ष्य हैं कि ये दोनों महाकवि नाटककार तथा कथाकार के रूप में नारी स्वाधीनता के प्रश्नों को उठाकर उनकी मुक्ति एवं सामर्थ्य को बार-बार इंगित करते हुए उनकी सामाजिक साझेदारी की आरे बार-बार इंगित करते हैं। उनके थोड़े ही बाद प्रायः एक ही समयान्तराल में निराला ने अपने उपन्यासों के द्वारा ही इस नारी जागरण के प्रश्न को विशेष महत्त्व दिया देकर स्थापित करने की चेष्टा की है। निराला की नारी मुक्ति से सम्बन्धित एक कविता अनामिका के द्वितीय संस्करण में दिखायी पड़ती है। यह सन् 1938 में लिखी गयी थी—

तोड़ो तोड़ो तोड़ो कारा
पत्थर को, निकालो फिर

गंगा जल धारा।
गृह गृह की पार्वती
पुनः सत्य सुन्दर शिव को सँवारती
घर घर की बनी आरती।
भ्रान्तों की निश्चय ध्रुवतारा।
तोड़ो, तोड़ों, तोड़ो कारा।

निराला ने नारी जागरण को इन्हीं संकल्पों से जोड़कर भावी समाज के लिए उन्हें तैयार करने की चेष्टा की है ताकि वे सामाजिक संघर्ष के प्रति चरण को अपनी तेजोमयता से दीप्ति कर सकें। निराला ने स्वयं अपने एक प्रसिद्ध निबन्ध 'बाहरी स्वाधीनता और स्त्रियाँ' के अन्तर्गत नारी मुक्ति के सन्दर्भ में बताया है कि—

"जब तक स्त्रियों में नवीन जीवन की स्फूर्ति भर नहीं जायगी, तब तक गुलामी का नाश नहीं हो सकता।"

इस मन्तव्य को स्पष्ट करते हुए वे पुनः कहते हैं—"हमें स्त्रियों की बाह्य स्वतन्त्रता, शिक्षा-दीक्षा आदि पर विशेष ध्यान देने की जरूरत है। अन्यथा अब के पुरुषों की तरह इनके बच्चे भी गुलामी की अँधेरी रात में उड़नेवाले गीदड़ होंगे, स्वाधीनता के प्रकाश में दहाड़नेवाले शेर नहीं हो सकते और हमारी मातृभाषा का मुख उज्जवल नहीं हो सकता।"[19]

निराला की पूरी-की-पूरी आत्मयीता नारी जागरण से जुड़ी दिखायी पड़ती है। यही नहीं, वे राष्ट्रभाषा हिन्दी की सृजनशील चेतना के एक महत्त्वपूर्ण पक्ष को इस नारी की स्वाधीनता से जोड़कर देखना चाहते थे। निराला के उपन्यासों में नारी की स्वाधीनता का यह स्वरूप हमें बराबर पूरी प्राथमिकता के साथ दिखायी पड़ता है। निराला के प्रायः सभी उपन्यासों में नारी की स्वाधीनता एवं मुक्ति चेतना की संवाहिका नारी पात्र है। उनके प्रथम उपन्यास 'अप्सरा' में कनक है और यह कनक वेश्यापुत्री है। यह वेश्यापुत्री समाज की सामन्तवादी तथा रूढ़ व्यवस्था की शिकार है, किन्तु वह सबको एक झटके में तोड़कर अपनी क्रान्तिकारी चेतना के कारण वातावरण में सामाजिक न्याय प्राप्त करती है। वेश्यापुत्री को समाज के नागरिक का श्रेष्ठ सम्मान दिलाना इस उपन्यास का मन्तव्य है। इस 'अप्सरा' की मूल्यविधियिनी परिस्थितियों को डॉ. रामविलास शर्मा इंगित करते हैं कि इस उपन्यास में कल्पना के छायालोक के नीचे किसान हैं, उनकी मेहनत से ऐश करनेवाला राजा और जागीरदार हैं, किसानों का संगठन करनेवाले क्रान्तिकारी हैं, किन्तु चित्र का यह हिस्सा उभरकर इस उपन्यास में नहीं आता।"[20]

डॉ. रामविलास शर्मा वेश्यापुत्री अप्सरा क उस द्वन्द्व को नहीं देखते जहाँ सम्भ्रान्त समाज में आने के लिए नारी के हृदय में एक कचोट पैदा होती है। वह निरन्तर वेश्या और राजकुमार (ब्राह्मण) की पत्नी बनने के द्वन्द्व में झूलती रहती है। समाज के एक वेश्यापुत्री का यह द्वन्द्व डॉ. शर्मा के क्रान्तिकारी आन्दोलन दबाव की कमी से कहीं

अधिक बेहतर नारी जागरण का उदाहरण है। ईसाई महिला कैथरीन उसे यूरोप ले जाकर क्रिश्चियन बनाकर नारी का सम्मानित स्थान दिलाना चाहती थी किन्तु निराला को वह स्वीकार नहीं था।[21] वेश्यापुत्री के आत्मसम्मान एवं परम्परित अपयश के भावद्वन्द्व का चित्रण निराला कई स्थलों पर करते हैं। राजकुमार के कार्यों से व्यथित उसके हृदय का वर्णन करते हुए निराला एक स्थल पर कहते हैं, "वह देखती, चिन्ता से उसके अचंचल कपोलों पर आत्मसम्मान की एक दिव्यज्योति खिल पड़ती थी जिससे उसके कुछ मस्त जो जान पड़ता और कनक की देह की हरियाली के ऊपर जेठ की लू बह जाती थी।"[22]

निराला कनक को उसके पेशे में पुनः डालकर उसकी परीक्षा लेते हैं और उसको अपने संकल्पों के बीच दृढ़ बनाने का प्रयास करते हैं। विजयपुर के राजा साहब के विलास भोग भरे वातावरण से मुक्ति लेकर वह अपनी पवित्रता बरकरार रखती है और अन्ततः नारी सम्मान जिसकी उसे आकांक्षा थी, को भी पुनः प्राप्त कर लेती है। एक वेश्यापुत्री नारी सम्मान को अत्यन्त संघर्ष के बाद किस प्रकार प्राप्त करती है, यह निराला की अपनी सोची-समझी नारी मुक्ति की आकांक्षा का एक स्वरूप है।

निराला 'अप्सरा' उपन्यास में परस्पर स्वाधीनता के समर्पणों की एक सारणी खड़ी कर देते हैं। चन्दन किसान आन्दोलन के प्रति समर्पित है। राजकुमार उस आन्दोलन की आजादी में लगे कार्यकर्ता के प्रति समर्पित हैं और उसकी परेशानी का समाचार सुनकर भूखा होने पर भी कनक का परोसा हुआ भोजन तक छोड़ जाता है। कनक राजकुमार के प्रति समर्पित है और वह विजय कुमार के राजा के विलास भरे ऐश्वर्य का परित्याग कर छिपकर छलपूर्वक राजकुमार के लिए रात्रि में अनेक संकटों को झेलकर पलायन करती है। अन्त में, उसे राजकुमार मिलता है। इस मिलन में नारी के सम्मान स्वातन्त्र्यभाव, स्वाभिमान सभी कुछ बरकरार हैं। वह अब भाग्यशालिनी पत्नी की भाँति गाती है—

'आज रजनि बड़भागिनि लेख्यउँ पेख्यउँ पिय मुख चन्दा।'

इस प्रकार, उपन्यास की केन्द्रीय संवेदना किसान आन्दोलन एवं सामन्तवादी व्यवस्था का विरोध आदि न होकर निराला की नारी स्वाधीनता की दृष्टि है और वे दातसा के संस्कारों से जकड़ी एक नारी को समाज के उच्च सिंहासन पर बैठाते हैं।

निराला का एक दूसरा उपन्यास है, **अलका**। यह अलका बाल्यावस्था में एक गाँव में पली, किन्तु आपदा की मारी है। महामारी में उसके पिता और उसकी माता की मृत्यु, फिर पूरी तरह से असहाय एक नारी, जिसे अवध के ताल्लुकेदार मुरलीधर बाबू अपने घर में अपहरण कराकर लाना चाहते थे। वह निराश्रित, रात में गाँव छोड़कर भागी और उसे दैववशात् ऊँचे दरजे के शिक्षित तथा अत्यन्त सज्जन व्यक्ति स्नेहशंकर जी का सान्निध्य प्राप्त हुआ। वह गाव की 'शोभा', 'अलका' बन गयी तथा उसने नयी सामाजिक रोशनी में अपने को रंग डाला। शोभा का पति विजय था, जिसको उसने संकट में आने के लिए पत्र लिखा था, किन्तु उसे प्राप्त करने के बाद भी वह शोभा को प्राप्त नहीं कर सका। अकेला विजय 'स्वाधीनता' आन्दोलन का

निष्कासित सिपाही बन जाता है। निराला कृत इस उपन्यास, अलका की कथा—मुरलीधर, विजय, स्नेहशंकर उसकी पत्नी सावित्री तथा शोभा उर्फ अलका के आसपास घूमती है। अलक अब स्नेहशंकर की पुत्री थी। विजय प्रभाकर के छद्म नाम से स्नेहशंकर का प्रिय पात्र और अलका के समीप हो जाता है।

दैव के प्रभाव से बिछुड़कर भी एक-दूसरे के साथ अज्ञात भाव से मिलनेवाले प्रभाकर (विजय-अलका का पति) और शोभा अर्थात् अलका विजय की पत्नी एक-दूसरे के आमने-सामने हैं, किन्तु एक-दूसरे के वास्तविक स्वरूप से सर्वथा अपरिचित हैं। आगे चलकर, डिप्टी कमिश्नर उसे अपनी पुत्री बना लेते हैं। इसी क्रम में उपन्यास आगे बढ़ता है और अन्त में उपचार शैय्या पर स्थित शोभा (अलका) औ़र उसके पति प्रभाकर (विजय) का रहस्य उठता है।

इस लम्बे उपन्यास में निराला 'नारी' की स्वाधीनता की वृत्ति और सम्मान तथा मर्यादा को सर्वोपरि मानते हैं। शोभा परिस्थितिवश अलका हो जाती है किन्तु वह प्रत्येक स्थिति में अपने सम्मान की रक्षा में तत्पर रहती है। उसे आत्मसम्मान की रक्षा में जमींदार मुरलीधर बाबू की हत्या करने से लेशमात्र का भय या संकोच नहीं होता। प्रभाकर उपनाम से सामाजिक कार्यकर्त्ता विजय के परामर्श पर मलिन बस्तियों में नारी शिक्षा के प्रचार-प्रसार में उसे प्रसन्नता होती है और निराला स्थल-स्थल पर उसके माध्यम से नारी स्वाधीनता तथा उसके सम्मान के सन्दर्भ को उठाने में लेशमात्र भी संकोच नहीं करते। प्रभाकर (विजय) के वाक्य द्वारा अलका के इस प्रकरण को इंगित किया जा सकता है—

"आप जैसी सुहृदया विदुषियों की भारत की अशिक्षित ठुकरायी हुई समाज की उपेक्षित स्त्रियाँ करुण कण्ठ से प्रतिक्षण अपशब्द निमन्त्रण दे रही हैं।"[23]

स्नेहशंकर जो अलका को पुत्री के रूप में स्वीकार करते हैं और कमिश्नर साहब जिन्होंने उसे दत्तक पुत्री बना लिया था, उसके दलित बस्तियों में कार्य करने पर आपत्ति करते हैं। उनकी आपत्ति पर नारी स्वाधीनता तथा दलित नारी जागरण को केन्द्र में रखकर अलका कहती है—

"यदि आप ऐसी पुत्री की तलाश में हैं जो पुन्नाम नरक में आपके लिए स्थायी वास स्थल तैयार कर सके तो मुझसे उस प्रयोजन की आशा न रखें।"[24]

कुल मिलाकर, निराला का यह उपन्यास नारी स्वाधीनता की चेतना को मुख्य रूप से इंगित करता है किन्तु इसमें कहीं-कहीं सामाजिक जागरण विशेष रूप से किसान आन्दोलन की चर्चा मिलती है। 'गाँव' तथा 'नगर' दोनों परिवेशों को मिलाकर उनके शोषण की मुक्ति का वातावरण तैयार करते हैं। इस शोषणमुक्ति के वातावरण में जागरण और स्वाधीनता का भाव बरकरार है। 'अलका' उपन्यास में एक स्थल पर एक गाँव का बुधुवा महँगू व्यापारी से पूछता है—"सुराज क्या है रे?" बुधुवा ने महँगू से पूछा—

"किसानों का राज" गम्भीर होकर महँगू ने उत्तर दिया। बुधुवा पुनः पूछता है—"फिर ये जमींदार और पटवारी क्या करेंगे?"

"झख मारेंगे और क्या करेंगे।"

निराला इस उपन्यास में सामान्य नागरिकों की पीड़ा, उनके दुःख, दुःख से मुक्ति, गरीबी, अशिक्षा आदि का वातावरण तैयार करते हैं।

उपन्यास कला की दृष्टि से इस उपन्यास की कमियों को उनकी सामाजिक जागरुकता सर्वत्र ढँकने का कार्य करती है। डॉ. रामविलास शर्मा इस सन्दर्भ में ठीक ही टिप्पणी देते हैं—"किसान संगठन कांग्रेस के साथ मिलकर हो या अलग हो, संघर्ष में पराजित होने पर किसान अपने क्रान्तिकारी नेताओं का साथ छोड़ दे तो ये नेता क्या करेंगे, इस तरह-तरह की समस्याओं पर निराला ने हिन्दी कथा-साहित्य में पहली बार विचार किया है।"[25]

इसी प्रकार, निराला का तीसरा उपन्यास **'प्रभावती'** है। निराला का यह उपन्यास प्रभावती यद्यपि ऐतिहासिक है, फिर भी निराला यहाँ नारी जागरण को ही आधार के रूप में स्वीकृति देते हैं। सामन्तवादी ढाँचे पर नारी जागरण की चोट की झंकार इस उपन्यास में सर्वत्र सुनायी पड़ती है। नारी को अपने पति (सहधर्मी या सहकर्मी) को चुनने की स्वाधीनता, अन्याय के विरुद्ध लोक को समन्वित करने का अधिकार तथा अन्यायों के विरुद्ध शक्तिपूर्वक प्रतिरोध करने की क्षमता ये तीन समस्याएँ विशेष रूप से उठायी गयी हैं। अन्याय से युद्ध करने में यदि नारी को पति विछोह, परिवारजनों से अलगाव तथा अनेक सामाजिक संकट भी झेलने पड़े तो (प्रभावती) इसका अकेले ही पर्याप्त एवं समर्थ उदाहरण है। निराला ने इस उपन्यास में एक स्थल पर नारी द्वारा विष्णुताल तथा शिवताल नृत्य कराकर यह सि करने का प्रयास किया है कि वह सृजन तथा विध्वंस दोनों में समवेत् प्रतीक हैं और समाज में प्रत्येक स्थिति में अन्याय के विरुद्ध लड़ने में सक्षम तथा उसके निर्माण में प्रतिपल सहयोगिनी है।

इस उपन्यास में, इतिहास एक आवरण है और इस आवरण के माध्यम से निराला नारी जागृति तथा स्वाभिमान की ही प्रकारान्तर भाव से स्थापना करते हैं।

निराला का चौथा उपन्यास है—'निरुपमा'। यह कथा कलकत के उच्च समाज के परिवेश में लिखी गयी है, जहाँ सम्भ्रान्त वर्ग, सामान्य वर्ग के एक सभ्य तथा शिक्षित व्यक्ति को ऊँचो, गोरू, गाधा (छछूंदर, गाय तथा गधा) कहने में किसी भी तरह का संकोच का अनुभव नहीं करता।[26] निराला ने अपने इस उपन्यास की भूमिका में बड़े साफ तौर पर सामाजिक वैषम्य एवं परम्परित, रूढ़िग्रस्तता के विष की ओर इंगित करते हुए कहा है—"मेरे लिये हुए भिन्न दो समाज के विषय, हिन्दी के अपरिचय के कारण, यद्यपि विष ही होना चाहते थे, फिर भी यथासाध्य मैंने अमृत बनाने की कोशिश की है।"[27] यहाँ निराला ने भाषिक विषमता ही नहीं, वर्ग विषमता के साथ-साथ रूढ़िग्रस्तता से मुक्ति पाने की भरसक चेष्टा की है।

इस उपन्यास में एक ओर अंग्रेजी विषय से डी. लिट्. करके कलकत्ते से लौटा कुमार नामक बेरोजगार युवक है तो दूसरी ओर सम्भ्रान्त परिवार की निरुपमा। पिता की मृत्यु के बाद अपनी जमींदारी की एकमात्र स्वामिनी निरुपमा।

इस उपन्यास की मूल समस्या सामाजिक जड़ता की मुक्ति है। वह जड़ता जाति, वर्ग, अकुलीनता-कुलीनता, अमीरी-गरीबी आदि क्षेत्रों से जुड़ी हुई है। निराला शाहर तथा गाँव को करीब ले आकर दोनों स्थलों पर व्याप्त दुर्व्यवस्थाओं का न केवल चित्रांकन करते हैं, अपितु उनकी मुक्ति का आश्वासन भी देते हैं। निराला उपन्यास में एक स्थान पर इस सन्दर्भ में टिप्पणी देते हैं—"पहले देर तक बहस हो चुकी थी, गुलामों की कोई जाति नहीं, फिर भी, जातीय ऊँचाई का अभिमान लोगों की नस-नस में भरा हुआ है, इससे मानसिक और चारित्रिक पतन होता है।"[28] निरुपमा के सन्दर्भ में डॉ. रामविलास शर्मा की टिप्पणी है—

"सामन्तों के उत्पीड़न और विलासितापूर्ण जीवन की कठोर आलोचना है।"[29]

डॉ. कुसुम वार्ष्णेय—"निराला के रोमाण्टिक उपन्यास' शीर्षक अपनी पुस्तक में टिप्पणी देती हैं—

"किसानों की गरीबी तथा बेबसी का सजीव चित्रण 'निरुपमा' में हुआ है।"[30] डॉ. बलदेव प्रसाद मेहरोत्रा निराला के निरुपमा उपन्यास पर टिप्पणी करते हुए लिखते हैं—"प्रेम से आबद्ध निरुपमा का चरित्र प्रस्तुत कर लेखक ने अन्य पात्रों तथा घटनाओं के द्वारा समाज की रूढ़ियों पर प्रहार किया है और उसकी गलित मान्यताओं को ध्वस्त करने का प्रयास किया है।"[31]

इन सन्दर्भों के साथ-साथ इस उपन्यास की दो समस्याएँ अधिक महत्त्वपूर्ण हैं। भारतीय स्वाधीनता के सन्दर्भो में नारी की स्वाधीनता और वह स्वाधीनता है, विवाह की। लम्पट यामिनी बाबू से स्वयं कमल-जैसी नारी के द्वारा निरुपमा की मुक्ति और कुमार से उसके विवाह के छल उपाय से उसकी सफलता भले ही जासूसी उपन्यास-जैसे लगे किन्तु नारी द्वारा स्वयं अपनी मुक्ति के लिए किये गये उपाय प्रशंसनीय हैं। यामिनी बाबू जैसे पी-एच. डी. विश्वविद्यालय का अध्यापक उसके सामने मूर्ख बन जाता है। इस समस्या के साथ-साथ दूसरी समस्या आजीविका, श्रम तथा उससे जुड़ी योग्यता है। निराला यहाँ यूरोप का आदर्श देते हैं आजीविका के लिए कोई भी कर्म किया जा सकता है और कर्म से श्रेष्ठता एवं अश्रेष्ठता का समाज में मूल्यांकन नहीं किया जाना चाहिए। यह सीधे-सीधे भारतीय व्यवस्था पर चोट है। जहाँ शारीरिक श्रम को हीन तथा मानसिक श्रम को श्रेष्ठ समझा जाता है। यह पढ़े-लिखे समुदाय का अनपढ़, ललित शिक्षा की सुविधा से वंचित एवं शारीरिक श्रम से आजीविका उपार्जित करनेवाले के ऊपर आतंक तथा दबाव है। भारत की ब्राह्मणवादी व्यवस्था के लिए यही आधार रहा है। निराला इंग्लैण्ड से लौटे एम. ए., डी. लिट्. को उसकी आजीविका के लिए बूट-पालिश के धन्धे का इन्तजाम करते हैं, वहाँ कोई आत्मग्लानि और पीड़ा नहीं है। परम्परित ब्राह्मणवाद के विरुद्ध निराला का यह प्रगतिवादी तेवर है। साम्यवादी व्यवस्था में व्यक्ति की श्रेष्ठता पेशे से नहीं, अपने पेशे की कर्तव्यनिष्ठा से आँकी जाती है। चाहे वह विश्वविद्यालय का प्रोफेसर हो, चाहे चौराहे पर बैठकर बूट-पालिश करनेवाला।

निराला के तीन उपन्यासों—अप्सरा, अलका तथा निरुपमा को रोमाण्टिक उपन्यास कहा गया है और चौथे 'प्रभावती' को ऐतिहासिक। निराला अपने उपन्यास सृजन के देशकाल अर्थात् सन् 1930 से 35 तक के समाज, भारतीय स्वाधीनता के आन्दोलन के विविध पक्ष, भारतीय नवयुवक वर्ग की चेतना के प्रवाह तथा सामन्तवादी व्यवस्था, कृषक, समाज एवं नारी मुक्ति के विविध पक्षों को बड़ी बारीकी से देख रहे थे। इस सन्दर्भ की उनकी प्रतिक्रियाएँ बड़े साफ तौर पर उनके इन उपन्यासों में देखी जा सकती हैं। उनके इन उपन्यासों पर टिप्पणी करते हुए डॉ. नन्दकिशोर नवल ने ठीक ही लिखा है—

"इन उपन्यासों की रचना का काल भारतीय स्वाधीनता आन्दोलन का काल है। स्वाधीनता आन्दोलन एक और उपनिवेश विरोधी था तो दूसरी ओर सामन्त विरोधी।"

निराला के उपन्यास लेखन सन्दर्भ को स्पष्ट करते हुए डॉ. नवल जी बताते हैं कि 'उन्होंने इन्हीं को आधार बनाकर उपन्यास लिखे।'

निराला के उपन्यासों की परिव्याप्ति को चित्रित करते हुए वे पुनः टिप्पणी देते हैं—"लेकिन ऐसी बात नहीं है कि निराला के इन उपन्यासों में केवल उनकी मुक्ति की आकांक्षा की अभिव्यक्ति हुई है, इन उपन्यासों में यथार्थ जीवन का चित्रण भी है।[32] इस प्रकार हिन्दी आलोचकों की यह धारणा निर्मूल है कि निराला के उपन्यास रोमाण्टिक हैं।"

इसी प्रकार निराला के उपन्यास 'चोटी की पकड़' और 'काले कारनामें' हैं। 'चोटी की पकड़' निराला के ही शब्दों में 'स्वदेशी आन्दोलन की कथा है। लम्बी है, वैसी ही रोचक... जितना हिस्सा इसमें है, कथा का हिसाब उससे समझ में आ जायगा। चार पुस्तकें लिखने का विचार है।"[33]

इसी प्रकार, निराला का लघु उपन्यास **'काले कारनामें'** है। ग्राम्य जीवन के यथार्थ का चित्रण निराला यहाँ जमकर करते हैं। नयी व्यवस्था में उत्पंत्र ग्रामीण समाज में आकस्मिक रूप से उत्पन्न ईर्ष्या, द्वेष, कलह से ऊबकर एक स्वस्थ मानसिकता का नवयुवक मनोहर राष्ट्रीय मुक्ति आन्दोलन के लिए स्वयं को समर्पित कर देता है। सन् 1935 के बाद 1945 तक भारतीय ग्राम्य जीवन तथा सामन्त वर्ग की विविध समस्याओं का निरूपण निराला ने इन उपन्यासों में किया है।

निराला के इन उपन्यासों में नारी जीवन की सार्थकता के विविध रूप उभरकर सामने आते हैं। निराला काशी में रहनेवाली रानी विमला देवी का चित्रांकन इसी स्वाधीनता के सन्दर्भ में करते हैं। रानी विमला देवी स्वाधीनता आन्दोलन को चलाने में मनोहर युवक की आर्थिक सहायता करती हुई कहती हैं—"देश के युवक, अब हम वह नहीं हैं, मगर देश की भलाई के लिए तुम्हारे साथ हैं। हमारी तो तौहीन होती है, उसके निराकरण के लिए कम-से-कम हजार युवक तैयार कर दो।"[34] बम्बई का त्याग करके काशी में रहनेवाले इस मनोहर युवक की ब्राह्मणवाद के प्रतिक्रिया विचार करने योग्य है—"हमारा समाज इसी तरह स्वत्वहीन गुलामों का एक समाज हो रहा है, और

यह ब्राह्मणत्व। इस तरह-तरह से नीचा देखने की नौबत आती है। अब इतर जन सिर उठाने लगे हैं। हमारी अवमानना समाज की उन्नति का पहला साधन हो रही है।"[35]

निराला परम्परा के मूल आध्यात्मिक मन्तव्य को स्वीकार करते हैं, किन्तु रूढ़ियाँ उन्हें किसी भी तरह से स्वीकार्य नहीं हैं। निराला का समाज जिस अन्धविश्वास में रहना चाहता है, निराला उसे तोड़ना चाहते हैं। काले-कारनामें का नायक मनोहर काशी में रहकर शूद्रों को संस्कृत पढ़ाता है।

इसी प्रकार निराला का 'चोटी की पकड़' उपन्यास है। निराला ने यद्यपि इसमें स्वाधीनता के आन्दोलन की चर्चा की है, किन्तु यह आन्दोलन यहाँ आकर आवेगकारी रूप नहीं प्रस्तुत करता। लगता है, निराला आजादी के आन्दोलन की भूमिका बना रहे हैं क्योंकि इस उपन्यास के प्रारम्भ में बंगाल के सम्पूर्ण सुधारवादी आन्दोलनों की पृष्ठभूमि देते हुए उपन्यास के घटनाचक्र की पृष्ठभूमि तैयार करते हैं। "उन्नीसवीं सदी का परार्ध बंगाल और बंगालियों के उत्थान का स्वर्णयुग है। यह बीसवीं सदी का प्रारम्भ ही था। कलकत्ता राजधानी थी आदि-आदि।"[36]

निराला चोटी की पकड़ के माध्यम से कलकत्ता में स्वदेशी आन्दोलन की बुनियाद इसी कालखण्ड को मानते हैं, और यह कालखण्ड है, सन् 1899 से 1905 का, जब कर्जन ने बंग-भग की आज्ञा दी थी। इस शोध प्रबन्ध के अध्याय एक में इस बंग-भंग आन्दोलन की व्यापक प्रतिक्रिया पर विचार किया गया है। निराला के सन्दर्भ में मात्र इतना ही कहना है कि स्वाधीनता आन्दोलन के ऊषाकाल की कथा की प्रस्तावना के रूप में वे यह उपन्यास लिखते हैं। खेद है, यह उपन्यास पूरा नहीं हो सका, अन्यथा निराला की स्वाधीनता विषयक चेतना की ओर अधिक स्पष्ट पहचान हो जाती। निराला की राष्ट्र चेतना के इस साक्ष्य पर डॉ. रामविलास शर्मा इस प्रकार टिप्पणी देते हैं।—

"चोटी की पकड़ में राजा है, नर्तकी है, क्रान्तिकारी संगठनकर्ता प्रभाकर हैं। यह उपन्यास कथासूत्र में उलझा होने पर भी अप्सरा-निरुपमा वगैरह से जयादा शक्तिशाली है।"[37]

इस उपन्यास पर टिप्पणी देते हुए डॉ. बलदेव प्रसाद मेहरोत्रा ने कहा है— "औपन्यासिक साहित्य में 'चोटी की पकड़' द्वारा निराला ने देश की सामाजिक, राजनीतिक तथा ऐतिहासिक पृष्ठभूमि में प्रभाकर द्वारा नवीन ज्योति का परिचय कराया है।"[38]

इस उपन्यास में चार प्रमुख नारी पात्र हैं—बाँदी, बुआ, महारानी साहिबा और एजाज।

निराला इनमें से तीन पात्रों को किसी-न-किसी तरह से प्रभाकर के साथ जोड़ते हैं। एजाज अपनी जातीय संकीर्णताओं का त्याग करती हुई राष्ट्रीय आन्दोलन के प्रति अपनी अभिरुचि प्रकट करती है। परिस्थितियों से हताश एवं निराश अन्त में क्रान्तिकारी प्रभाकर की ही शरण प्राप्त करती है और महारानी भी प्रभाकर से बातचीत होने पर क्रान्तिकारी आन्दोलन में पूरी तरह से सहायता का आश्वासन देती है।

प्रभाकर उन्हें स्वदेशी आन्दोलन की प्रेरणा देता है। विदेशी वस्तुओं का त्याग और भारत की बनी हुई वस्तुओं के प्रयोग को प्रभाकर भारतीय स्वाधीनता से जोड़ता है। बाद में चलकर यह स्वदेशी आन्दोलन काफी ते हुआ।

जैसा कि, डॉ. रामविलास शर्मा बताते हैं कि इस उपन्यास की कथावस्तु उलझी हुई है, किन्तु उस कथा के जाल स्वाधीनता के सूत्र पिरोये हुए हमें मिलते हैं। सम्पूर्ण उपन्यास को पढ़ने के बाद यह लगता है जैसे यह उपन्यास स्वाधीनता के आन्दोलन की भूमिका है।

निराला के दो अधूरे उपन्यास चमेली और इन्दुलेखा हैं। इनके प्रारम्भिक अंश जो कुछ भी हैं, वे क्रमशः रूपाभ (1939) तथा ज्योत्सना (पटना) 1960 में क्रमशः प्रकाशित हुए। चमेली की कथा गाँव की है और नवजवान हरिजन पुत्र द्वारा ठाकुर को दण्डित किये जाने की घटना है। दूसरी कथा बाहरी जीवन से सम्बन्धित स्वच्छन्द जीवन की झलक देती है। इन कथाओं से आगे की कथा का कोई स्पष्ट अनुमान नहीं लगता।

अन्त में, निराला की दो महत्त्वपूर्ण कृतियों कुल्लीभाँट और बिल्लेसुर बकरिहा की चर्चा नितान्त आवश्यक है। कुल्लीभाँट का प्रकाशन वर्ष 1939 तथा बिल्लेसुर बकरिहा का 1942 है। इन दो उपन्यासों के सन्दर्भ में निराला रचनावली भाग 4 की भूमिका में डॉ. नन्दकिशोर नवल ने टिप्पणी दी है—

"निराला से शब्द लेकर कहें तो उन्होंने कुल्लीभाँट और बिल्लेसुर बकरिहा में 'सेण्ट-परसेण्ट' निराला रखा है, जिसका स्पष्ट अर्थ यह है कि इन उपन्यासों में उन्होंने प्रचलित रूढ़ि के किसी तरह का समझौता नहीं किया है।"[39]

निराला की स्वाधीनता की चेतना का सर्वाधिक महत्त्वपूर्ण तत्त्व है, रूढ़ियों से समाज को मुक्ति दिलाने की बलवती आकांक्षा और इस प्रकार उनके ये दोनों उपन्यास उनकी स्वाधीनता की चेतना के महत्त्वपूर्ण साक्ष्य हैं। हिन्दी के विद्वानों ने इन्हें संस्मरणात्मक उपन्यास कहा है और ऐसी स्थिति में ये दोनों उपन्यास निराला के यथार्थवादी जीवन के चतुर्दिक घूमते दिखायी पड़ते हैं। निराला ने स्वयं बिल्लेसुर बकरिहा को एक 'स्केच' (संस्मरणात्मक रेखाचित्र) जैसा माना है। कुल्लीभाँट में निराला अपने संस्मरण के साथ कुल्लीभाँट का जीवन चरित जोड़ते हैं, और दोनों जीवन चरित समय-समय पर एक-दूसरे के पूरक, यथार्थ भाव में परस्पर बिम्बित करनेवाले तथा खुले यथार्थ की पीठिका पर आधारित है। कुल्लीभाँट जाति के भाँट इक्केवाले फिर सुधारक तथा सामायिक स्वाधीनता आन्दोलन से जुड़कर राजनीतिक जीवन व्यतीत करने लग जाते हैं। निराला कुल्लीभाँट का परिचय इस प्रकार देते हैं—

मैंने ताज्जुब में पूछा—कौन-सा कार्य

यही तो चल रहा है—कुल्ली ने भी आश्चर्य से मुझे देखते हुए कहा।

'राजनीतिक'—मैंने सीधे-सीधे पूछा।

'हाँ वही आन्दोलनवाला' कुल्ली कुछ कटे से बोले।

निराला के कुल्लीभाँट परिवर्तित होते रहे, और उन्होंने एक मुसलमानिन से शादी की, उसे हिन्दी बनाया। निराला उस मुसलमानिन हिन्दू कमहिला अर्थात् कुल्लीभाँट की पत्नी पर टिप्पणी करते हुए कहते हैं—

"ये जितने कांग्रेसवाले हैं, अधिकांश में मूर्ख और गँवार फिर, कुल्ली सबसे आगे हैं। खुल्लम-खुल्ला मुसलमानिन बैठाये हैं। उसे शुद्ध किया है, कहता है, अयोध्या जाने कहाँ ले जाकर गुरु मन्त्र भी दिला आया है, पर आदमी आदमी है, जनाब जानवर थोड़े ही है। कान फुँकाने से विद्वान, शिक्षक और सुधारक होता है? देखो तो बीबी तुलसी की माला डाले है।"[40]

कुल्लीभाँट अछूत बालकों को पढ़ानेवाले अध्यापक बनते हैं, 'काले कारनामें' के मनोहर की भाँति जो जाति प्रथाम से ऊबकर काशी में हरिजन बालकों को संस्कृत की शिक्षा देता है।

कुल्लीभाँट ने अपनी अछूतोद्धार की गाथा गाँधी को लिखी और जवाहर लाल नेहरू को भी, लेकिन कोई प्रतिक्रिया नहीं मिली। वे उनसे बुरी तरह झल्लाये। वे कांग्रेस नेताओं के बड़प्पनवाद से दुःखी हैं, कुल्ली बीमार है और उस पर निराला की टिप्पणी है—"विजय लक्ष्मी के स्वागत से कुल्ली नम्बरदार की जान ज्यादा कीमती है। कुल्ली कांग्रेसी के बीमारी के लिए कांग्रेस पार्टी ने केवल सात रुपये दिये।

कुल्ली स्वर्गवासी हुए और मुसलमानिन में ब्याह के कारण कोई ब्राह्मण उनका एकादशाह (शुद्धि) कराने को तैयार नहीं। निराला ने ब्राह्मण के रूप में उस अछूत को हिन्दी धर्म के अनुसार एकादशाह शुद्धि का कार्य सम्पन्न कराया।

निराला इस सम्पूर्ण कथा के माध्यम से न कवल समाज की रूढ़िग्रस्तता भरी प्रतिक्रिया जो एक ओर उनके प्रति है तो दूसरी ओर उनसे भी अधिक तीव्र कुल्लीभाँट की ओर दोनों को एक साथ झेलते हैं, दोनों व्यक्तित्वों का पूरी कथा में कहीं-कहीं ऐसा तादात्म्य हो उठता है कि लगता है, निराला और कुल्ली एक या जुड़वा भाई हैं, निराला के मन में रूढ़िग्रस्तता का जो भी आधार बनता है, सामाजिक स्वतन्त्रता का जैसा भी मानक आता है, कुल्लीभाँट उसके उदाहरण बन जाते हैं। हिन्दू-मुसलमान एकता, ब्राह्मणाडम्बरों से मुक्ति, परम्परित ब्राह्मणवाद से लोक को मुक्त कराने की संघर्षपूर्ण चेष्टा, हरिजनों तथा अछूतों की शिक्षा, उनकी सहभागिता और साथ ही कांग्रेस पार्टी तथा उसके छोटे-बड़े नेताओं की लोकनिष्ठा के प्रति न्यूनता का भाव, जो कुछ भी निराला के युग का यथार्थ और उसकी विद्रूपता हो सकती है, सबको निराला यहाँ सँजोते हैं। शत-प्रतिशत निराला बनने का भाव, यहाँ निराला की उपन्यास चेतना का मूल उपजीव्य है। कांग्रेस पार्टी पर व्यंग्य करते हुए निराला की टिप्पणी देखें—

"मैं तो इसीलिए कांग्रेस पार्टी में भाग नहीं लेता। मैं जानता हूँ कि मुझे प्राविंशियल कांग्रेस कमेटी का भी प्रेसीडेण्ट न बनायेंगे, और कहने से भी बाज न आयेंगे कि सिपाही का धर्म सरदार बनना नहीं है, लेकिन सरदार सरदार ही रहेंगे, सैकड़ों पेंच कसते हुए ऊपर चढ़ने देंगे।"

निराला समाज के यथार्थ को सर्वोपरि मानते हुए मुक्ति के लिए आडम्बर, दिखावे तथा अहंकार को निरर्थक मानते हैं।

इस प्रकार, कुल्लभाँट उपन्यास निराला की हिन्दू समाज की दासता, संकीर्णता, गिरती हुई साख और निस्तेजता को झकझोरकर उसमें दीप्ति का भाव उत्पन्न करने का एक प्रयास है। निराला पूरे उपन्यास भर में हिन्दू तथा उच्च वर्गीय ब्राह्मण समाज, सामन्तवाद तथा कांग्रेस के अधिनायकवाद पर क्रूर-से-क्रूर व्यंग्य की बौछार करते हैं, उस समय यह एक बड़ा साहस भरा कार्य था। निराला यहाँ यथार्थ की कटुता की सूक्ष्म-से-सूक्ष्म नस पर चोट करने में चूक नहीं करते।

निराला कृत कुल्लीभाँट में निराला की पत्नी, सास के साथ एक नारी पात्र है, वह है, कुल्ली की मुसलमान पत्नी इस मुसलमान सत्री को निराला हिन्दू-मुसलमान धर्म की एकता से जोड़ते हैं। कुल्लीभाँट तथा निराला से इस विषय में एक रोचक वार्त्तालाप यहाँ उद्धृत है—(कुल्ली) "आप हिन्दू मुसलमान के सम्बन्ध में क्या कहते हैं?",

(निराला) "मैं, हिन्दू मुसलमान बन सकता हूँ, मुसलमान हिन्दू नहीं।"

कुल्ली ने पूरी उदारता देखकर कहा—

एक मुसलमान है। मैं उससे प्रेम करता हूँ। वह मेरे लिये जान देती है। ले चलने के लिए कहती है, पर यहाँ के चमारों से डर लगता है।

यह 'चमार' शब्द यहाँ उच्च वर्ग के प्रति व्यंग्य है।

कुल्ली मुसलमानिन को ले आकर उससे विवाह ही नहीं करते, उसे हिन्दू बनाते हैं।

निराला अपने इस उदाहरण के द्वारा दोनों जातियों की संकीर्णताओं को इंगित करते हैं। उनकी दृष्टि में मनुष्य-मनुष्य पहले है, जाति बाद में और इस दृष्टान्त द्वारा निराला वैचारिक नारी स्वाधीनता का बहुत बड़ा दृष्टान्त रखते हैं।

नारी पात्रों में इसी प्रकार निराला की पत्नी मनोहरा देवी हैं, जो ब्राह्मणवादी संकीर्णताओं की प्रतिकृति है। निराला मांसाहार के प्रसंग पर पत्नी को उसके मैके भेज देते हैं, और फिर उनसे जीवनभर बिछोह सहना पड़ा।

कुल्लीभाँट की तीसरी नारी पात्र निराला की अपनी सास हैं। वे औपचारिक जातीय, ग्राम्य जीवन स्नेह आदि संसकारों से जकड़ी हुई यथार्थ और रूढ़िग्रस्त आदर्श के बीच दोलायमान हैं।

निराला ने नारी से समझौता उसकी मुक्तिवादी चेतना की प्रखरता के कारण ही किया। कुल्लीभाँट की मुसलमान स्त्री की उसके मुक्तिविधायी प्रवृत्ति के कारण समर्थन किया और शेष के प्रति उन्होंने उपेक्षा बरती या सामाजिक औपचारिकता मात्र से जुड़े।

इसी क्रम में निराला का दूसरा उपन्यास है, बिल्लेसुर बकरिहा। निराला का व्यंग्य है 'शिवनामधारी-बिल्लेसुर (बिल्लेश्वर महाराज) ब्राह्मण तरी के सुकुल-बीस बिस्वेवाले

और आजीविका अपनायी बकरी चराने की। इनके सम्पूर्ण परिवार की गरीबी एवं यथार्थ का चित्रण करते हुए वे अन्त में बिल्लेसुर तक पहुँचते हैं। वर्द्धमान में पण्डित सत्तीदीन को खुश करके, पत्नी को बहलाकर, उनकी कृपापात्रता के लिए, गायत्री मन्त्र लिया और कार्य बनते देखकर उसे खरे-खरे शब्दों में वापस कर दिया, मैंने देश जाने की छुट्‌टी ली है। लौटूँ या न लौटूँ। कहने को क्यों रहे! यह माला है और यह कण्ठी, लो अब मैं चेला नहीं रहूँगा, जैसे गुरु, वैसे तुम-यह तुम्हारे मन्त्र हैं।

कहकर गायत्री मन्त्र की आवृत्ति कर गये और सुनाकर चल दिये, फिर पैर भी नहीं छुए।''

धर्म को ठगने का साधन और फिर उसे बीस बिस्वे के ब्राह्मण तरी के सुकुल द्वारा ब्राह्मण समाज पर करारा व्यंग्य है।

निराला के बिल्लेसुर बकरिहा उपन्यास में बहुत कम नारी पात्र हैं। केवल वर्द्धमान की सत्तीदीन की स्त्री, मत्री की सास। निराला के दोनों नारी पात्र अपने स्वार्थों में डूबे बिल्लेसुर की आवश्यकताओं की पूर्ति के माध्यम हैं। निराला इन स्त्री पात्रों के माध्यम से अपने युग के माध्यम वर्ग का एक चित्र खींचते हैं इस चित्र में उनकी पराधीनता के अनेक व्यंग्यचित्र सन्निहित हैं।

कुल मिलाकर, निराला के उपन्यास विविध नारी पात्रों से भरे पड़े हैं। सामाजिक विविधता तथा उनके ऊपर एक ओर परम्परा, कुल, वर्ण आश्रम, धर्म, आडम्बर आदि के प्रभाव से उत्पन्न संकीर्णता तथा दासता का भाव है, तो दूसरी ओर स्वाधीनता निर्माण, नयेपन, सामाजिक व्यवस्था में बदलाव के अनेकानेक सन्दर्भ, तेजस्विता आदि नवीन तथा आधुनिक रूप बिम्बित हैं। निराला ने अपने उपन्यासों के माध्यम से समाज के यथार्थ की विकृति का रेखांकन करते हुए उससे मुक्ति और विशेष रूप से नारी मुक्ति की बात अपने उपन्यासों में कही है। उनके उपन्यास नारी से सम्बन्धित केवल रोमानियत का भाव ही व्यंजित नहीं करते वरन् उनमें वैयक्तिक, सामाजिक, वैचारिक तथा परम्पराबद्धता से पूर्णतः मुक्ति का भाव दिखायी पड़ता है। उनके प्रारम्भिक प्रमुख उपन्यास अप्सरा, अलका, इन्दुमती, निरुपमा तथा चोटी की पकड़ नारी स्वाधीनता की चेतना सके समाज में उनके योगदान का प्रश्न भी बार-बार उठाते हैं और बताते हैं, नवीन एवं प्रगतिशील भारत को बनाने में इनका महत्त्वपूर्ण योगदान है।

सामन्त, जमींदार, सत्ताधारी, अंग्रेज और कृषक वर्ग

निराला में सामन्तवाद तथा जमींदारी प्रथा के प्रति निरन्तर आक्रोश दिखायी पड़ता है। सम्भवतया इसका महत्वपूर्ण कारण महिषादल में रहते हुए वहाँ की रीति-नीति, चाटुक्रिया, गरीबों का शोषण आदि सन्दर्भों के प्रति आक्रोश या प्रतिक्रिया हो। निराला ने स्वयं महिषादल स्टेट से अपना त्यागपत्र भी इसी आक्रोश में दिया था और न स्वीकार होने पर भी अपना सारा सामान बेचकर गढ़कोला चले आये थे। यहाँ भी,

उन्होंने, भागवत बाँचने तथा कथा बाँचकर आजीविका चलाने के स्थान पर चरखा चलाने को वरीयता दी। निराला स्वयं कृषक आन्दोलन से जुड़े हुए हैं। उनकी 'सखी' में छपी कहानी 'ठाकुर साहब को ठेंगा दिखाया' में लाठी के मूठे से पुजारी की उँगलियों को कुचलकर प्रताड़ित करने की घटना के सम्बन्ध में निराला ने जो प्रतिक्रिया दी है, द्रष्टव्य है। निराला को इसीलिए आलोचक 'सामन्त विरोधी' जन चेतना का लेखक मानते हैं। निराला रचनावली भाग 4 में डॉ. नन्दकिशोर नवल की टिप्पणी है—

"निराला सामन्त विरोधी प्रखर जनवादी चेतना के लेखक थे।"[41] डॉ. रामविलास शर्मा ने निराला की साहित्य साधना, भाग-2 में निराला के सामन्तविरोधी सन्दर्भ का उल्लेख करते हुए बताया है कि—

"पटियाला राज्य में प्रजा पर बर्बर अत्याचारों का विवरण पढ़कर निराला ने क्रोध में लिखा था—

"सभ्यता तथा न्याय का ढोंग रचनेवाली ब्रिटिश सरकार यदि अपने हिमायती दुष्ट, व्यभिचारी, देशी नरेशों की विलासिता और अत्याचारों को इस प्रकार छिपाने का प्रयत्न करेगी, यदि वह उनकी इच्छाओं को पूर्ण करने के लिए निरीह और निब्रल प्रजा का इस प्रकार बलिदान करेगी, न्याय का गला इस प्रकार घोंटेगी तो शीघ्र ही, उसे सभ्य जातियों के सामाने मुँह काला करना पड़ेगा। उसे इन पापों का दण्ड शीघ्र ही मिलेगा।

कुला मिलाकर, निराला के मन में उत्पन्न सामन्तवादी व्यवस्था तथा जमींदारी प्रथा के प्रति तीव्र विद्रोह का भाव उनकी कहानियों, उपन्यासों, निबन्धों, टिप्पणियों तथा कविताओं में सर्वत्र देखा जा सकता है। निराला के प्रायः सभी उपन्यासों में कोई-न-कोई सामन्त या जमींदार है, उसके द्वारा किया जानेवाला शोषण है। उसकी विलासित, सुरा-सुन्दरी के प्रति संसक्ति, नाच-गाने के प्रति प्रेम तथा दूसरी ओर गरीब किसान, खेतिहर मजदूर आदि का शोषण एवं उत्पीड़न है। यही नहीं, निराला सामन्तों तथा जमींदारों को प्रायः विदेशी ब्रिटिश सत्ता के प्रति समर्पित एवं कर्तव्यनिष्ठ के रूप में चित्रित करते हैं। इसके कुछ-कुछ अप्रवाद, काले कारनामें में राजा राजेन्द्र प्रताप हैं, लेकिन शेष को निराला इस कालखण्ड की विलासिता एवं अत्याचार के बीच कण्ठ तक डूबा पाते हैं।

निराला के 'अप्सरा' उपन्यास में विजयपुर के राजकुमार प्रतापसिंह तथा अलका में बाबू मुरलीधर का उदाहरण। 'निरुपमा' उपन्यास में निरुपमा स्वयं जमींदार और मालकिन है।

बिल्लेसुर के पास 'जमींदार' अपनी नजर पाने के लिए आते हैं। 'चोटी की पकड़' में राजा राजेन्द्र प्रताप और काले कारनामें में यमुना प्रसाद जी जमींदार हैं। और उनका अधूरा उपन्यास 'चमेली' तो पुलिस एवं जमींदार के संयुक्त उत्पीड़न के बीच लिखी जाने की योजना थी। बख्तावर सिंह जो जमींदार का सिपाही है, निराला इस उपन्यास का प्रारम्भ उसके उत्पीड़न से करते हैं। उनकी यहाँ बड़ी स्पष्ट टिप्पणी है—

"पुलिस और जमींदार अपने बाप को भी नहीं छोड़ते।"[42]

निराला स्वाधीनता के आन्दोलन में जमींदार तथा सामन्तों को सदैव विरोधी तत्त्व मानते रहे हैं क्योंकि ब्रिटिश हुकूमत को सहयोग देना उनका मुख्य लक्ष्य था। निराला उस तथ्य की बराबर चर्चा करते हैं। और विशेष रूप से यह वर्ग ब्रिटिश प्रशासन के कर्मचारी-मजिस्ट्रेट-दारोगा एवं पुलिस सिपाहियों की मदद से अपने स्वार्थों की पूर्ति में लिप्त था। स्वाधीनता के प्रेमी निराला को यह वर्ग कभी रास नहीं आया। निराला 'अप्सरा' उपन्यास में विजयपुर स्टेट के राजकुमार प्रतापसिंह का स्वभाव, उनके कार्यकलाप, स्वास्थ्य, विलासिता का मजाक उड़ाते हुए बड़ा ही मर्मस्पर्शी चित्र प्रस्तुत करते हैं—

"इक्कीस वर्ष की उम्र में ही हाथ-पैर सूखी डाली की तरह, मुँह सीप की तरह पताल हो गया था, आँखों में लाल डोरे अत्याधिक अत्याचार का परिचय दे रहे थे।"

इसी प्रकार, निराला अलका उपन्यास में लम्पट मुरलीधर है। आकण्ठ विलासित में डूबे निराश्रित युवतियों को पकड़वाकर मँगाते थे। निराला ने इस उपन्यास में उनका जो चित्र खींचा है, वह निराला की घृणा तथा आन्तरिक अन्मनस्कता को व्यंजित करता है—

"जब से मुरलीधर पैतृक सिंहासन पर अपने नाम की मुरली धारण कर बैठे, बराबर सनातन प्रथा के अनुसार सकरारी अफसरों की सोहबनी सोहनी छेड़ते जा रहे थे।"[43] आदि आदि।

निराला ने अपने इन दोनों उपन्यासों में जमींदारों को खलनायक के रूप में रखा है और दोनों के हाथों में फँसी कनक तथा शोभा-जैसी श्रेष्ठ नारियों को मुक्त कराया है। निराला की स्वाधीनता की चेतना हमेशा इन्हें देश के लिए भी खलनायक मानती रही है जो पुलिस तथा प्रशासन के अफसरों के साथ मिलकर, उनके ऐशो-आराम की सारी सामग्रियाँ उपलब्ध कराकर गरीबों का उत्पीड़न तथा शोषण करते रहे हैं। यह उपन्यास इसी खलनायक मुरलीधर की ट्रेजेडी पर समाप्त होता है। शोभा (अलका) के अहरण के समय अपनी ही पिस्तौल से अलका द्वारा मारे जाने के बाद एक उत्पीड़क जमींदार की कथा का पटाक्षेप होता है।

'निरुपमा' उपन्यास में निरुपमा स्वयं जमींदार है। यद्यपि वह उपन्यास की नायिका है, फिर भी, निराला अपने अनुचरों द्वारा की जा रही सुनार के बाग की बेदखली कराने के लिए अनुमति देती है। यह पक्ष निराला की यथार्थ की सोच का अंग है किन्तु उससे उपन्यास की नायिका को भी मुक्त नहीं करते। 'चोटी की पकड़' में निराला सामन्ती वैभव, विलासिता तथा पतन की कहानी एक साथ कहते हैं। विलासी राजा राजेन्द्र प्रताप सिंह की एजाज वेश्या के साथ निरन्तर नाच-गाने में लिप्तता इस वर्ग की विलासित को चित्रित करता है। यही नहीं, निराला राजपरिवार के नग्न यथार्थ की ओर ध्यान आकर्षित करने में कोई कोर-कसर यहाँ नहीं छोड़ते। निराला के अनुसार यदि ये लोक जीवन से नहीं जुड़ते तो इनका भविष्य अन्धकारमय होगा।

काले कारनामें में भी जमींदार यमुना प्रसाद पुलिस एवं चौकीदार की मदद से प्रजा का उत्पीड़न करते हैं और मनोहर-जैसे युवक को गाँव में रहने नहीं दते।

निराला का अधूरा उपन्यास 'चमेली' जो केवल छपे हुए बारह पृष्ठों में है, जमींदार उत्पीड़न के विरुद्ध निम्नवर्गीय चेतना को जागरूक करता है। महादेव हरिजन-हरिजन पुत्र चमेली के उत्पीड़न पर जमींदार के सिपाही बख्तावर सिंह को पटककर लातों-घूसों से मारता है यह कथा इतनी ही रखी गयी है और निराला का यह अधूरा उपन्यास यदि पूरा हो पाता तो निश्चित ही समान्त वर्ग के अत्याचारों को भलीभाँति उजागर करता।

निराला सामन्त वर्ग को रिन्तर अंग्रेजी सत्ता के साथ जोड़कर देखते हैं और परस्पर एक-दूसरे के जुल्म में वे एक-दूसरे को सहायक मानते हैं भारत स्वतन्त्र होने पर जमींदारी उन्मूलन अधिनियम बना और इस वर्ग पर एकाएक नियन्त्रण लग गया किन्तु अंग्रेजों के शासनकाल में यह वर्ग एक प्रकार से सत्ता का दलाल था और अंग्रेजों की मैत्री अपने प्रभुत्व के लिए जोड़े इसकी आवश्यकता थी। निराला बंगाल के राजा राजेन्द्र प्रताप सिंह तथा अन्य जमींदारों का उल्लेख करते हैं, जो स्वाधीनता के आन्दोलन की ओर उन्मुख होते हैं, किन्तु चेहरा छिपाकर, मात्र प्रच्छन्न भाव से।

निराला सामन्तों तथा जमींदारों के साथ कृषक तथा मजदूरों को भी उन्हीं के साथ ले आते हैं विशेष रूप से, किसान सामन्तवाद के ठीक विरोध में स्थित उसके विलोम भाव के रूप में दिखायी पड़ते हैं। निराला की सहानुभूति कृषक वर्ग के प्रति है और उसके जागरण को वे भारतीय क्रान्ति का अदर्श मानते हैं। निराला भारतीय किसान की अशिक्षा, गरीबी, उत्पीड़न, बेरोजगारी तथा भूख के लिए चिन्तित हैं। उन पर किये जा रहे सामन्तों के अत्याचार की वे चर्चा करते हैं और कुल मिलाकर कृषक की बदहाली तथा सामन्त के भोग-विलास एवं उत्पीड़न उनके उपन्यासों के आमने-सामने है।

निराला के उपन्यासों में सामन्तों के संरक्षक पुलिस तथा प्रशासक हैं और निराला सत्ताधारी अंग्रेज एवं उनके चमचों जमींदारों एवं सामन्तों को उन्हीं की श्रेणी में रखते है। दूसरी श्रेणी किसानों, मजदूरों, समाज सुधारकों एवं कांग्रेस वर्करों की है। गरीब चेतना के असन्तोष, शिक्षा एवं टकराहट को वे स्वाधीनता की चेतना का अभ्युदय मानते हैं। वे अंग्रेजों की सत्ता को जमींदारों तथा सामन्तों द्वारा पोषित सत्ता मानते हैं।

निराला की अपनी वृत्ति सामन्तवाद के प्रति सर्वथा विद्रोह की थी उनके राग-रंग, विलास उत्पीड़न, लूटपाट, अनाचरण से निराला कहीं भी समझौता नहीं करते। निराला कृषकों की उनसे मुक्ति की बराबर चर्चा करते हैं, जैसे उनकी यह मुक्ति निराला की अपनी मुक्ति हो। निम्नवर्गीय चेतना के प्रति आत्मीयता तथा सामन्तवर्ग के प्रति असन्तोष निराला में सर्वत्र मिलती है। निराला के उपन्यासों के कथा शिल्प के बीच इस प्रकार के पात्र सामाजिक यथार्थ को चित्रित करते हुए, निराला की आत्मतुष्टि तथा अन्तर्मुखी विद्रोह दोनों को बिम्बित करते हैं। निराला इस प्रकार दोनों वर्गों के पात्रों को आमने-सामने ले आकर उनके उपयोग द्वारा परम्परित व्यवस्था मुक्ति का

व्यवस्थित आदर्श देते हैं निम्नवर्गीय कृषकों तथा मजदूरों की व्यवस्थामुक्ति की कामना भी उनकी मुक्ति विषय अवधारण का ही एक रूप है, जो उनके गद्य साहित्य में सम्पूर्णतः फैला हुआ है।

निष्कर्ष

इस प्रकार निष्कर्ष के रूप से कह सकते हैं कि निराला के उपन्यासों की मूल चेतना क्रमशः स्वाधीनता के आन्दोलन, धर्मान्धता तथा धार्मिक रूढ़िग्रस्तता से मुक्ति, नारी जाति की मुक्ति तथा शक्ति के संगठन द्वारा सामाजिक पुनर्निर्माण, सामन्त, जमींदार एवं सत्ताधारी अंग्रेजों की शासन व्यवस्था से निम्नवर्गीय खेतिहर, मजदूर, तथा गुलाम वर्ग की मुक्ति की आकांक्षा से सम्बन्धित है। निराला की स्वाधीनता विषयक यह समझ सामान्यतया उन्हें जीवन के यथार्थ तथा कटु अनुभवों से प्राप्त हुई है और उनसे सम्बद्ध सामाजिक ग्रन्थियों को वे अपने उपन्यासों में बार-बार तथा स्थान-स्थान पर खोलते हैं।

•

सन्दर्भ

1. देखिये, निराला का कथा साहित्य, डॉ. कुसुम वार्ष्णेय, पृ. 19
2. निराला रचनावली, भाग-3, भूमिका, पृ. 10
3. निराला रचनावली, अलका, भाग-3, पृ. 152
4. निराला रचनावली, अलका, भाग-3, पृ. 153
5. निराला रचनावली, अप्सरा, पृ. 62
6. निराला रचनावली, (कुल्लीभाँट), भाग-4, पृ. 62
7. निराला रचनावली, (कुल्लीभाँट), भाग-4, पृ. 71
8. निराला रचनावली, भाग-3, पृ. 154
9. निराला रचनावली, अलका, भाग-3, पृ. 160
10. निराला रचनावली, भाग-4, चोटी की पकड़, पृ. 133
11. निराला रचनावली, भाग-4, चोटी की पकड, पृ. 132
12. निराला रचनावली, भाग-3, पृ. 51
13. निराला रचनावली, भाग-3, पृ. 253-54
14. निराला रचनावली, भाग-4, पृ. 102
15. निराला रचनावली, भाग-4, पृ. 104
16. निराला रचनावली, भाग-4, पृ. 63
17. निराला रचनावली, भाग-4, पृ. 260
18. निराला रचनावली, भाग-4, चोटी की पकड़, पृ. 148
19. निराला रचनावली, भाग-6, पृ. 121-22
20. निराला की साहित्य साधना, डॉ. रामविलास शर्मा, पृ. 463

21. अप्सरा, निराला रचनावली, भाग-3, पृ. 68
22. अप्सरा, निराला रचनावली, भाग-3, पृ. 73
23. निराला रचनावली, भाग-3, अलका, पृ. 220
24. निराला रचनावली, भाग-3, अलका, पृ. 226
25. निराला साहित्य साधना, भाग-2, पृ. 1
26. निराला रचनावली, भाग-3, पृ. 352
27. निराला रचनावली, पृ. 350, भूमिका, निरुपमा
28. निराला रचनावली, पृ. 263, निरुपमा
29. निराला की साहित्य साधना, पृ. 465
30. निराला की कथा साहित्य, पृ. 21
31. कथाशिल्पी निराला, पृ. 54
32. निराला रचनावली, भाग-4, पृ. 126, चोटी की पकड़, भूमिका
33. निराला रचनावली, भाग-4, पृ. 126, चौटी की पकड़, भूमिका
34. निराला रचनावली, भाग-4, पृ. 255, काले कारनामें
35. निराला रचनावली, भाग-4, पृ. 255, काले कारनामें
36. चोटी की पकड़, पृ. 131, 'निराला रचनावली, भाग-4', सं.-नन्दकिशोर नवल
37. निराला की साहित्य साधना, भाग-2, पृ. 465
38. कथाशिल्पी निराला : डॉ. बलदेव प्रसाद मेहरोत्रा,पृ. 259
39. निराला रचनावली, भाग-4, पृ. 11, भूमिका
40. कुल्लीभाँट, पृ. 60, 63
41. भूमिका, पृ. 13
42. निराला की साहित्य साधना, भाग-2, पृ. 21
43. अलका, पृ. 141, 142, निराला रचनावली, भाग-4

उपसंहार

'स्वाधीनता की चेतना' मनुष्य की विवेक सम्पन्नता का धर्म है। विधि विहित सन्दर्भों के अन्तर्गत स्वविवेकानुसार निर्णय के संकल्प की बोधात्मक वृत्ति तथा उसकी अभिव्यक्ति स्वाधीनता की चेतना है। 'स्वाधीनता की चेतना' स्वयं में मनुष्य मात्र की एक नैसर्गिक सामाजिक प्रवृत्ति (Social Instinct) है—किन्तु प्रायः देखा जाता है कि जन्म के बाद विशिष्ट मानवीय परिवेश तथा सामाजिक दबाव आदि के कारण यह सामाजिक प्रवृत्ति दब-सी जाती है। विलक्षण प्रतिभासम्पन्न मनुष्य कभी-कभी समाज में पैदा होते रहते हैं, जिनकी संकल्पशक्ति उनके स्वविवेक को व्यक्त करके काल तथा परिवेश के दबाव से मुक्त निर्णयों को लेने, उसके अनुसार कार्य करने तथा जनसमूह को उन कर्मों की ओर प्रेरित करती है। महाकवि पं. सूर्यकान्त त्रिपाठी 'निराला' ऐसे ही सृजनधर्मी व्यक्ति हैं जिनकी स्वविवेक शक्ति उनके अन्तर्सँकल्प में मण्डित सदैव निर्णय लेकर जीवनपर्यन्त उसके साथ सम्बन्ध बनाये रखते हुए रचनाधर्म की ओर उन्हें ले जाती है। निराला के स्वविवेक से मण्डित संकल्प इस प्रकार उनकी स्वाधीनता की चेतना से जुड़कर उनके सृजन की पृष्ठभूमि निर्मित करती है।

निराला का जन्म महिषादल में हुआ था। उन्होंने अपनी आँखों से राजवैभव का उल्लास देखा था। आत्मसम्मान के कारण उन्होंने महिषादल छोड़ा और कृषक जीवन के कटु यथार्थ के संकटों को भोगा, झेला तथा उसी का जीवन जिया। एक बिन्दु पर विलास का शीर्ष और दूसरे बिन्दु पर भयंकर यथार्थ का संकट। निराला की आजीविका का कोई निश्चित आधार नहीं था। वे पुनः महिषादल गये, मतवाला कार्यालय में कार्य किया, सुधा-माधुरी की टिप्पणियाँ लखनऊ रहकर लिखीं। कलकत्ता, काशी, लखनऊ, कानपुर, इलाहाबाद, गढ़ाकोला कितने स्थानों से आजीविका के लिए जुड़े। पत्नी ने युवावस्था के प्रारम्भिक सोपान में साथ छोड़ दिया, आगे चलकर प्रिय पुत्री सरोज ने भी साथ छोड़ा। निराला आर्थिक संकटों में जूझते रहे—केवल सृजनधर्मिता के लिए। हिन्दी साहित्य के रूढ़िवादी आलोचकों ने उन्हें जीवनभर साँस नहीं लेने दिया। निराला ने सब-कुछ झेला किन्तु गहन-से-गहन आत्मसंघर्ष एवं संकट के क्षणों में भी सृजन नहीं छोड़ा। प्रिय पुत्री सरोज की मृत्यु की खबर पाकर अन्तर्पीड़ा से भरे शान्त रहे—और उसकी परिणति सरोज स्मृति में दिखायी पड़ती है। निराला का संकल्प भरा मन कभी नहीं टूटा, कहीं भी नहीं खण्डित हुआ, जैसे सृजनधर्मिता ही निराला की आत्ममुक्ति हो।

निराला का परिवेश स्वाधीनता के आन्दोलन का भारतीय परिवेश था। कांग्रेस आन्दोलन के विविध रूपों को निराला ने देखा था। बंगाल में रहने के कारण उनकी चेतना भारतीय स्वाधीनता आन्दोलन की अनुगूँज से आप्लावित थी। निराला के मुक्तिकामी व्यक्तित्व को बनाने में बंगाल के परिवेश का बहुत बड़ा हाथा रहा है। निराला छायावाद से जुड़े थे और अपने को प्रथम छायावादी कवि मानने के लिए वे अनेक तर्क भी देते हैं किन्तु हिन्दी प्रदेश के छायावादी कवियों की भाँति सामाजिक चेतना से पलायन की बात नहीं करते। कल्पना विलास, सामाजिक संघर्षों से पलायन, वैयक्तिकता आदि की सीमाओं में मुक्ति जुड़े निराला छायावाद के सशक्त कवि होते हुए भी सामाजिक यथार्थ की प्रतिबद्धता और प्रगतिशीलता से जुड़े दिखायी पड़ते हैं।

निराला जिस परिवेश में पले और बढ़े वह नैतिक संकट, गुलामी, परम्परित मूल्यों के जकड़ाव, आर्थिक दासता, सामन्तवादी तथा जमींदारी प्रवृत्ति, जातिवाद, वर्ण-व्यवस्थावाद गरीब-अमीर के भेदभाव, कृषकों की विपन्नता तथा सामन्तों की विलासित का युग था। देश के शासक अंग्रेज थे। उनके हथयार पुलिस प्रशासन के लोग थे। सामन्त तथा जमींदार उनके दलाल और बिचौलिये थे। कृषक भूमिजोत के बा भी उसका स्वामी नहीं था। आर्थिक, सामाजिक, शैक्षिक, जातीय दासता से सर्वथा जकड़ा हुआ भारत वह जो सदियों-सदियों से ज्ञान के प्रभामण्डल से दैदीप्यमान (भा+रत) था, निस्तेज हो चुकाथा। नारी वर्ग की कोई स्वतन्त्र सत्ता नहीं थी। स्वतन्त्रता का आन्दोलन शहरों में अधिक प्रभावी था। गाँवों में उससे सम्बन्धित 'किसान आन्दोलन' अवश्य था। कांग्रेस के कार्यालय कहीं-कहीं अवश्य खुल गये थे किन्तु सामान्य जनजीवन अशिक्षा से ग्रस्त अपने तात्कालिक स्वार्थों के प्रति ही निष्ठावान् था। कृषक आन्दोलन, मजदूर आन्दोलन, अशिक्षा आदि से सम्बन्धित बड़े संघर्ष राष्ट्रीय मंच पर अवश्य घटित हो रहे थे किन्तु सामान्य जनजीवन उससे पूरी तरह से प्रभावित नहीं था।

निराला अपने काव्य तथा गद्य साहित्य में इन समस्त सन्दर्भों को उठाते हैं। वे नारी मुक्ति चाहते थे, वे सामाजिक अन्यायों तथा दासता से मुक्ति चाहते थे। वे अशिक्षा से मुक्ति चाहते थे। वे राजनीतिक चेतना की उस आकांक्षा के समर्थक थे, जहाँ किसान का अपना राज्य स्थापित हो। वे सुराज का अर्थ भारत की निम्नवर्गीय जनता का राज्य बताते हैं। भूमि का स्वामित्व कृषक का हो। सारे राष्ट्रीय निर्णयों में निम्नवर्गीय चेतना की भागीदारी ही स्वतन्त्रता है। नारी को सम्पूर्णतः मुक्ति मिले। जातीय बँटवारे की समाप्ति निराला का प्रिय विषय था। उनकी मुक्तिकामी चेतना के अन्तर्गत ब्राह्मण एवं हरिजन में कहीं कोई भेदभाव नहीं है। निराला छूआछूत के विरोधी थे। वे युवाशक्ति को आन्दोलन तथा संघर्ष में लगाने से अच्छा समझते थे, गाँवों के शिक्षा के विकास में लगाना। निराला की गुलामी की अवधारणा बड़ी ही स्पष्ट है। वे सम्पूर्ण आनन्द तथा ऐश्वर्य में जीवन व्यतीत करनेवाले को भी अन्ततया

गुलाम तथा दास के नाम से पुकारते थे। मुक्तिकामी निराला की मुक्तिकामिता का परिवेश इस प्रकार अत्यन्त व्यापक था और वे आजादी के युद्ध को केवल 'अंग्रेजों भारत छोड़ो' तक ही सीमित नहीं रखते थे। उनकी स्वाधीनता का दृष्टिकोण व्यापक, नैतिक, भारतीय तथा राष्ट्रवादी है।

व्यापक अर्थ में कि वे स्वाधीनता का अर्थ वैचारिक स्वाधीनता से लगाते हैं, केवल प्रादेशिक या भौगोलिक स्वाधीनता से नहीं। वैचारिक इस अर्थ में कि सबको समान सुविधा, समान सम्मान, समान पवित्रता तथा समान अधिकार प्राप्त हो। भारतीय इस अर्थ में कि स्वाधीनता की निष्पत्ति गणतन्त्रात्मक व्यवस्था में हो। भरतीय जीवन पद्धति को बरगरार रखते हुए बिना उसकी चेतना को विच्छिन्न किये, यहाँ जनतन्त्र स्थापित हो। निराला भारत में साम्यवादी व्यवस्था नहीं चाहते थे और गणतन्त्र के बारे में उन्होंने अपने निबन्धों में यह धारणा व्यक्त की है कि यह व्यवस्था यहाँ प्राचीन राजतन्त्र के अन्तर्गत भी वर्तमान थी।

इस अर्थ में कि निराला एक राष्ट्र, राष्ट्रगान, राष्ट्रभाषा तथा राष्ट्रीय रीति-नीति (संविधानादि) की आरे से संकेत करते हैं। वे हिन्दू-मुसलमान को राष्ट्रीय इकाई के तत्त्व के रूप में स्वीकार करते हैं और वर्ण-व्यवस्था का समूल विनाश चाहते हैं। उनकी अवधारणा के अनुसार भारत की सम्पूर्ण जनता भारतीय बने तथा जाति-पाँति, वर्ण-व्यवस्था, ऊँच-नीच, अमीर-गरीब, शिक्षित-अशिक्षित, सामन्त-जमींदार और कृषक-जैसे भदेभाव समाप्त हों। देश में सामाजिक वर्गीद तथा जातिभेद से ऊपर उठी हुई समान कर्तव्यों तथा समान अधिकारों की जनता को निराला भारतीय जनता कहते हैं।

निराला का सम्पूर्ण गद्य-साहित्य उनकी इसी स्वाधीनता की चेतना से ओतप्रोत है।

निराला का निबन्ध साहित्य प्रायः उनकी इसी स्वाधीनता की अवधारणा तथा विचारों पर लिखा गया है। उनका यह साहित्य निबन्धों तथा टिप्पणियों के रूप में है। निराला अपने निबन्धों में राजनीतिक चेतना से जुड़ी समस्याओं को विशेष रूप से उठाते हैं। राजनीतिक विषयों से जुड़े उनके निबन्धों की संख्या अधिक है। कांग्रेस के मंचों पर राष्ट्रभाषा हिन्दी के प्रयोग न होने पर निराला की चिन्ताएँ बराबर द्रष्टव्य हैं। नारी स्वाधीनता से सम्बन्धित उन निबन्ध उनके जागरण की भावना से सम्बन्धित है। निराला ने सर्वत्र नारी जाति की स्वाधीनता, उनको पुरुष वर्ग के समान अधिकार देने, राजनीतिक तथा सामाजिक जीवन में उनका आगे आने तथा समाज-कल्याण विषयक कार्यक्रमों में समान रूप से भागीदारी की निराला खुलकर चर्चा करते हैं। हरिजन-उत्पीड़न, जातिवाद, वर्गीद, सामन्तवाद तथा जमींदारों के शोषण से जुड़े उनके निबन्ध स्वतन्त्र भारत की लोकतान्त्रिक व्याख्या तथा उनकी मुक्ति की समस्या पर बार-बार सवाल उठाते हुए उनसे उत्पन्न सामाजिक विकृतियों की निराला बार-बार निन्दा करते हैं। निराला ने अपने निबन्धों में 'कृषक-संघर्ष' और उनकी मुक्ति की समस्या पर बार-बार सवाल उठाया है। इसी प्रकार निराला शिक्षा से सन्दर्भित प्रश्नों को उठाकर

भारतीय लोकतन्त्र के लिए उन्हें अपरिग्रह बताते हैं। निराला ने अपने निबन्धों में सुधारवादी समाज सेवकों की भी वकालत की है जिनका दायित्व समाज के पिछड़े, दलित एवं असहाय वर्ग के समुदाय के बीच सेवा के रूप में शिक्षा का प्रचार-प्रसार करना है।

निराला की स्वाधीनता की चेतना इस प्रकार लोकतान्त्रिक व्यवस्था की स्थापना पर बल देकर जन-जन के अधिकार, दायित्व, सामाजिक न्याय, समानता, वैचारिक अभिव्यक्ति की स्वतन्त्रता, शिक्षा तथा नारी जाति के सम्पूर्ण अभ्युदय को प्रेरित करती है।

इसी प्रकार की उनकी दृष्टि कहानियों तथा उपन्यासों में भी मिलती है। निराला के उपन्यासों तथा कहानियों में मूल समस्या नारी जागरण की है। उन्होंने उपन्यासों में निरुपमा, अलका, कनक, प्रभावती, मुन्ना आदि पात्रों की कल्पना के द्वारा नारी जाति के स्वैच्छिक जीवनयापन की समाज से माँग की है। नारी वर्ग के जीवनयापन के प्रति बनाये गये पुरुषों की आचरण संहिता में निराला विश्वास नहीं करते। वे नारी जाति के ऊपर स्थित बन्धनों को स्वीकार नहीं करते। उनकी कहानियाँ भी इसी तथ्य को इंगित करती हैं। निराला नारी शिक्षा, उनके सम्मान, स्वतन्त्रता तथा सामाजिक जीवन में सह-अस्तित्व की सार्थकता पर अपने कथा-साहित्य में सर्वाधिक महत्त्व देते हैं। नारी-जागरण उनकी मुक्तिकामी चेतना का एक प्रमुख पक्ष बनकर सामने आता है।

निराला के कथा-साहित्य की अन्य समस्याएँ हैं, वर्ण-व्यवस्था तथा जातिवाद-जैसी कुरीतियों का विरोध, निर्धन तथा समाज के निर्बल वर्ग के लिए शिक्षा-व्यवस्था, जाति-पाँति के भेदभाव का परित्याग, स्वाधीनता आन्दोलन में सशस्त्र क्रान्तिकारी आन्दोलन को कांग्रेस के स्वाधीनता आन्दोलन से अधिक वरीयता देना। कर्मकाण्ड तथा आडम्बरपूर्ण धर्माचरण से मुक्ति आदि कतिपय समस्याएँ हैं, जो उनके कथा-साहित्य में बार-बार उभरकर आती हैं।

निराला की स्वाधीनता की चेतना उनके सृजन-कर्म का अनिवार्य अंग हैं। वे स्वयं को परम्परित संस्कारों से मुक्त करते हुए सम्पूर्ण समाज की उससे मुक्ति चाहते हैं। निराला के जीवन तथा कृतित्व, उनके संघर्ष तथा उनकी क्रान्तिकारी दृष्टि के मूल में उनकी स्वाधीनता की चेतना ही दिखायी पड़ती है। निराला अपनी जिस स्वाधीनता की अवधारणा को अपने कथा-साहित्य में व्यक्त करना चाहते हैं, उसमें आधुनिकता से परिपूर्ण जीवनदृष्टि वर्तमान है किन्तु इस आधुनिकता के मूल में वे भारतीय संस्कार की अस्मिता को भी देखना चाहते हैं। निराला के अनुसार बिना बारात, बिना द्वारचारादि कर्मकाण्ड के नारी का स्वेच्छपूर्ण वरण से विवाह हो सकता है किन्तु बिना सिन्दूर के विवाह का कोई अर्थ नहीं है। निराला केवल विवाह के सन्दर्भ में ही नहीं, अपने कथा-साहित्य में आधुनिकता तथा भारतीयता के बीच दिखायी पड़नेवाले विरोधों को पाटते हैं। इस प्रकार निराला के द्वारा लिये हुए निर्णय उनकी स्वेच्छा तथा वैचारिक स्वतन्त्रता के रूप में देखे जा सकते हैं। इन निर्णयों पर न किसी का दबाव है और न

प्रभाव। निराला सम्पूर्णतः अपने निर्णयों में परम्परा की मुक्ति से जुड़े हुए हैं, और यह मुक्तिचेतना उन्हें जन्मजात प्राप्त हुई थी।

कुल मिलाकर यदि हम सम्पूर्णतः निराला की स्वाधीनता की चेतना को निष्कर्षबद्ध करना चाहे तो कह सकते हैं—

(क) निराला की स्वाधीनता की भावना उन्हें नैसर्गिक रूप से प्राप्त हुई थी और वे साहित्य, समाज, विचारधारा, नारी जीवन आदि सन्दर्भों में पूर्णतया परम्परा तथा इतिहास से हटकर नव-स्थापनाओं की बात करते हैं यह उनकी मुक्तिकामी चेतना का प्रतिफल है।

(ख) वैचारिक स्वाधीनता निराला के चिन्तन की मूलपीठिका है। स्वविवेकानुसार निर्णय लेने की समझ और इस निर्णय की व्यापक व्यावहारिक परिणति उनकी स्वाधीनता का सन्दर्भ है, जो सामाजिक स्वीकृति के रूप में उनके साहित्य सृजन में सामने आता है।

(ग) निराला आजादी के अन्दोलन को दुहरे अर्थों में विवेचित करते हैं। उनके अनुसार अंग्रेजों का भारत छोड़ देना मात्र आजादी नहीं है। स्वाधीनता का सन्दर्भ है, जातीय दासता, अशिक्षा, जातिवाद की दुर्व्यवस्था, सामन्तों तथा जमींदारों की भूमि पर स्थिति एकाधिकारवाद, नारी जाति की पराधीनता आदि से मुक्ति। निराला का सम्पूर्ण जीवन उसी आचरण में बीता और अपने काव्य, निबन्ध, कहानी, कथा-साहित्य में वे बराबर इसी को बार-बार स्पष्ट करते हैं। निराला परम्परावाद और शास्त्रवाद के घोर विरोधी हैं क्योंकि उनकी मुक्ति चेतना में इन दोनों का कोई सम्बन्ध नहीं है। निराला इन सबमें सर्वाधिक महत्त्व तीन समस्याओं पर देते हैं, नारी मुक्ति, दलित मुक्ति तथा कृषक मुक्ति। निराला सन् 1925 से 1950 तक स्वस्थ मनःदशा में रहकर तीन मुक्तियों की वरीयतापूर्वक से कामना करते रहे।

(घ) निराला समाजमुक्ति के सन्दर्भ को प्रगतिवाद की ओर कहीं-कहीं मुड़ते से जान पड़ते हैं किन्तु दलित चेतना की बात करते हुए भी समाज का अपना आदर्श भारतीय ही रखते हैं। निराला सामाजिक संघर्ष को भारतीय आध्यात्मिकता की आत्ममुक्ति की ओर इंगित करते हैं, और इस प्रकार वे प्रगतिवाद से अपने को बचा ले जाते हैं। उदाहरण के लिए वे सामाजिक समता की व्याख्या स्वामी विवेकानन्द के नव-वेदान्तवाद के सापेक्ष्य में करते हैं, जबकि उनके निबन्धों से ज्ञात होता है कि आज के युग में कार्ल-मार्क्स ने उसके लिए एक व्यापक मंच तैयार कर रखा है।

(ङ) निराला के कथा साहित्य में एक वर्ग दिखायी पड़ता है जो अपने प्रभाव तथा अधिकारों से आतंकित करता है और दूसरा वह जो उनसे आतंकित है। प्रथम वर्ग के अन्तर्गत नगर एवं पुलिस प्रशासन और विशेषकर प्रशासनिक अधिकारी, सामन्त तथा जमींदार हैं। दूसरे वर्ग के अन्तर्गत हैं—नारी जाति, कृषक, मजदूर और प्रजावर्ग। निराला अपनी मुक्ति की अवधारणा के अन्तर्गत प्रथम वर्ग के आचरण में सुधार चाहते हैं और समाज पर दूसरे वर्ग का अधिकार। निराला का सम्पूर्ण कथा-साहित्य उनकी स्वाधीनता की इसी अवधारणा से ओत-प्रोत है।

निराला भारतीय जन-जीवन की दृष्टि का बहुमुखी विकास पाश्चात्य योरोपीय देशों जैसा चाहते हैं किन्तु उसके मूल में भारतीय संस्कारों का लोप नहीं चाहते। आज जबकि, भारत पश्चिमी सभ्यता के रंग में रंग उठा है और भीतर तथा बाहर दोनों तरफ पाश्चात्य संस्कृति का सम्पूर्णतः प्रभाव हमें बाँधे जा रहा है, निराला की मुक्ति की चेतना का सन्दर्भ ठीक इसके प्रतिकूल है। पश्चिम का स्वागत करते हुए निराला यह मानते हैं कि भारत में आकर उसे भारतीयता में सम्पूर्णतः विलीन होकर भारतीय बन जाना चाहिए। उनके अनुसार यही भारतीयता है क्योंकि इतिहास साक्ष्य है कि कितनी विदेशी जातियाँ भारत में आकर सम्पूर्णतः अपने अस्तित्व को खोकर भारतीय बन बैठीं। निराला की प्रगतिशीलता के विकास का सन्दर्भ भी कुछ ऐसा ही है।

●

सन्दर्भ ग्रन्थ-सूची

स्वतन्त्रता तथा आवश्यकता, दर्शन कोश : प्रगति प्रकाशन, मास्को
भारत का स्वतन्त्रता संघर्ष : प्रो. विपिन चन्द्र पाल
आधुनिक भारत का इतिहास : डॉ. रामलखन शुक्ल
भारत का राष्ट्रीय आन्दोलन : प्रो. मुकुट बिहारी लाल
आधुनिक भारत का इतिहास : बी. एल. ग्रोवर तथा यशपाल
भारत की प्रथम जनक्रान्ति : डॉ. रामविलास शर्मा
मनोविश्लेषणवाद और साहित्यालोचन : प्रो. कलीमुद्दीन अहमद
प्रगतिवाद और समानान्तर साहित्य : रेखा अवस्थी
साहित्य और विचारधारा : ओमप्रकाश ग्रेवाल
निराला रचनावली, भाग-1, : सम्पादक, डॉ. नन्दकिशोर नवल
निराला रचनावली, भाग-2, : सम्पादक, डॉ. नन्दकिशोर नवल
निराला रचनावली, भाग-3, : सम्पादक, डॉ. नन्दकिशोर नवल
निराला रचनावली, भाग-4, : सम्पादक, डॉ. नन्दकिशोर नवल
निराला रचनावली, भाग-5, : सम्पादक, डॉ. नन्दकिशोर नवल
निराला रचनावली, भाग-6, : सम्पादक, डॉ. नन्दकिशोर नवल
निराला रचनावली, भाग-7, : सम्पादक, डॉ. नन्दकिशोर नवल
निराला रचनावली, भाग-8, : सम्पादक, डॉ. नन्दकिशोर नवल
निराला : विश्वनाथ प्रसाद तिवारी
क्रान्तिकारी कवि निराला : बच्चन सिंह
कवि निराला : आचार्य नन्ददुलारे बाजपेयी
निराला : आत्महन्ता आस्था, : डॉ. दूधनाथ सिंह
कथाशिल्पी : निराला : डॉ. बलदेव मेहरोत्रा
निराला : डॉ. रामविलास शर्मा
निराला और नवजागरण : डॉ. रामरतन भटनागर
निराला का कथा-साहित्य : डॉ. कुसुम वार्ष्णेय
निराला काव्य का सांस्कृतिक पक्ष : डॉ. हरिश्चन्द्र वर्मा
निराला काव्य और व्यक्तित्व : धनंजय वर्मा
निराला काव्य का अध्ययन : डॉ. भागीरथ मिश्र
निराला का गद्य : डॉ. सूर्य प्रसाद दीक्षित
निराला का साहित्य : प्रमिला बिल्ला
निराला का गद्य साहित्य : प्रेम प्रकाश भट्ट
निराला : जीवन और साहित्य : (संकलन) राजकमल प्रकाशन
निराला : जीवन और साहित्य : डॉ. गोपाल राय
निराला का साहित्य और साधना : डॉ. विश्वम्भर नाथ उपाध्याय
निराला की साहित्य साधना (भाग 1, 2) : डॉ. रामविलास शर्मा
महाकवि निराला : व्यक्तित्व एवं कृतित्व : आचार्य नन्ददुलारे बाजपेयी

महाकवि निराला का व्यक्तित्व और कृतित्व : प्रो. रामनिरंजन
महाकवि निराला संस्मरण श्रद्धांजलियाँ, : डॉ. रामकुमार वर्मा
महाप्राण निराला : डॉ. गंगाप्रसाद पाण्डेय
विश्वकवि निराला : डॉ. बुद्धदेव नीहार
निराला का साहित्य चिन्तन : स्नेहलता इन्दवार
निराला साहित्य में दलित-चेतना : विवेक निराला
निराला की वेदना और अन्य निबन्ध : श्री विष्णुकान्त शास्त्री
निराला ग्रन्थावली, भाग-1 : ओंकार शरद
निराला ग्रन्थावली, भाग-2 : ओंकार शरद
निराला ग्रन्थावली, भाग-3 : ओंकार शरद
निराला : सं. इन्द्रनाथ मदान
निराला साहित्य और युगदर्शन : शिवशेखर द्विवेदी
टैगोर और निराला : अवध प्रसाद बाजपेयी
महाकवि निराला का कथा साहित्य : डॉ. नरपतचन्द सिंघवी
निराला की आत्मकथा : सूर्यप्रसाद दीक्षित
युगाराध्य निराला : गंगाधर मिश्र
निराला जीवन और साहित्य : संकलन
निराला का गद्य साहित्य : डॉ. निर्मल जिन्दल
निराला की कविताएँ और काव्यभाषा : रेखा खरे
आधुनिक साहित्य : नन्ददुलारे बाजपेयी
हिन्दी आलोचना और बीसवीं शताब्दी : निर्मला जैन
कवि दृष्टि : अज्ञेय
काव्यकला तथा अन्य निबन्ध : जयशंकर प्रसाद
सुमित्रानन्दन पन्त : जीवन और साहित्य : भाग-1 तथा 2
महादेवी की रहस्य साधना : विश्वम्भर मानव
हिन्दी साहित्य का इतिहास : आचार्य रामचन्द्र शुक्ल
दूसरी परम्परा की खोज : डॉ. नामवर सिंह
हिन्दी साहित्य की भूमिका : पं. हजारीप्रसाद द्विवेदी
हिन्दी साहित्य भाग-3 : सम्पादक, डॉ. ब्रजेश्वर वर्मा
हिन्दी साहित्य और संवेदना का विकास : डॉ. रामस्वरूप चतुर्वेदी

शोध पत्रिकाएँ

1. हिन्दी अनुशीलन : भारतीय हिन्दी परिषद्, प्रयाग
2. नागरी प्रचारिणी पत्रिका : नागरी प्रचारिणी सभा, काशी
3. हिन्दुस्तानी : हिन्दुस्तानी एकेडमी, इलाहाबाद
4. सम्मेलन पत्रिका : हिन्दी साहित्य सम्मेलन, प्रयाग

●●●